ギリシャ危機と揺らぐ欧州民主主義

緊縮政策がもたらすEUの亀裂

尾上修悟 著

明石書店

目次

第二章　ギリシャの社会的保護体制の崩壊

第三章　ギリシャの政治的混乱の進行

第二部　新たな金融支援と超緊縮政策

第四章　ギリシャの債務危機とツィプラス政権の成立

第六章　ギリシャにおけるレファレンダムと第三次金融支援

終　章　欧州建設の課題と展望

序章　ギリシャ危機で問われているもの

一　問題の所在と分析の視点

ギリシャは、欧州の中で実に小さな国である。総人口（約一一〇〇万人）は東京都と同じぐらいであり、そのＧＤＰは、フォルクスワーゲン社の年間売上げ高程度にすぎない（欧州全体の二％ほど）。しかし、その小国ギリシャが二〇一〇年以降に、国家債務危機からディフォールト（債務凍結）危機、さらにはユーロ圏離脱（Ｇｒｅｘｉｔ・グリクシット）危機に晒されたことは、欧州全体に大きな問題を投げかけた。そうした危機は、ギリシャが小国であるがゆえに乗り越えられると思われるほどに軽い出来事ではなかった。そこには、将来の欧州を根底から揺り動かすような深刻な問題が横たわっていたのである。そして、このギリシャ危機で念頭に入れておかねばならないことは、それが経済だけでなく社会や政治の領域にまで及ぶ全般的な危機の様相を表すと共に、最終的には社会的保護の崩壊から生じた人道的危機に至っている点であろう。

フランスの著名な政治哲学者であるＪ・ランシエール（Rancière）が説くように、民主主義が、不平等な扱いを受ける弱者の解放を目的とするのであれば、数えきれないほどの人が社会的に排除され貧民と化しているギリシャは、まさに民主主義の目的を果せない危機的状況にある(1)。ギリシャは、一体どうして民主主義が脅かされるほどに悲惨な状態に陥ったのか。この点が真先に問われねばならない。

歴史を紐とけば直ちにわかるように、ギリシャこそが古代において直接民主制に基づく民主主義を発明した国であった。さらに銘記すべき点は、現代においてもギリシャは、欧州の他の小国から民主主義の星として崇められてきたという点である。ギリシャは、一九七四年に軍事政権を打ち倒すと、新しい欧州モデルとして国民的レヴェルでの民主主義を復権させた(2)。この動きは、一九八一年のEUへの一〇番目の加盟国になることで保証された。ギリシャで確立された民主主義のモデルは、その後の三〇年間に欧州中に拡がった。例えば、一九七〇年代に依然と全体主義体制をとっていたスペインやポルトガルも、一九八六年に民主主義の保証を目的としてEUに加入する。そして、ベルリンの壁崩壊後に、すべての旧ソ連圏ブロックはギリシャ・モデルを採用したのである。

ところが今や、このギリシャ・モデルは完全に崩壊してしまった。それはまた、欧州の分裂を象徴するものであった。なぜなら、ギリシャ危機に直面して欧州は、かれらをユーロ圏から離れさせる意向を表したからである。EUとユーロ圏への加入が、民主主義の保証の下で将来の繁栄をもたらすというプロジェクトは、もはや根本から掘り崩されてしまった。

現実にギリシャの状況は悲劇的である。かれらは、欧州の経済・社会政策を設定する実験場と化した。その下でギリシャの人々は貧窮し、家族は崩壊し、自殺者は増えるというように、その社会的保護システムは完全に破壊されてしまった。それゆえ、このギリシャ危機は、欧州が長い時間をかけて具現しようとしてきた民主的かつ社会的なプロジェクトの永続性に対し疑問を投げかけた。現代のギリシャはその意味で、欧州建設の矛盾を読み解くことができる鏡の役割を担う。しかし、それにも拘らず、フランスの哲学者であり社会学者のN・ブルギ（Burgi）が指摘するように、欧州の中でさえギリシャは依然として一貫した研究対象となっていないのである(3)。

そうした中で、深刻なギリシャ危機を前にして、その打開のための動きをいち早く示したのはやはり、欧州の大学人を中心とする知識人であった。それは、かれらがそうした危機を、ギリシャのみならず欧州全体における民主主義の危機と捉え、その解消をぜひとも目指す必要があると考えたからに他ならない。ここで民主主義そのものを論じることはもちろんできない。ただ、民主主義の成立要件として、第一に個人、企業、並びに国家を含めた弱者の保護、そして第二に権力に対する抵抗勢力の存在、を指摘することは可能であろう。欧州では、これらの要件が失われつつある。欧州の知識人の眼にはそのように映ったに違いない。

そうした危機意識の下に、二〇一三年一月、フランスのパリ第八大学でギリシャ危機をめぐる大規模な国際シンポジウムが開かれた。それは、同大学の名誉教授であるランシエールを中心に、様々な国の哲学者、経済学者、社会学者、並びに政治学者などが集結して行われた。そのテーマは「ギリシャの症候」であり、そこでの参加者の報告は翌年に論文集として刊行された(4)。かれらは、「ギリシャを救済者から救おう」という皮肉に満ちたスローガンを掲げ、ギリシャの人々と連帯する意思を表明したのである(5)。

他方でかれらは、ギリシャが非民主的なプロセスの中で政策を制定している状況を分析するための基本的なフレームワークを提示する。それは、このシンポジウムを理論的に主導したランシエールの「ポスト民主主義」論であった(6)。この考えは単純なパラドックスを表す。すなわち、それは、民主主義の名の下で民主的な行動を一致して消滅させることを意味する。そして留意すべきことは、このポスト民主主義のプロセスが、実は資本のグローバル化（グローバル金融資本主義）の発展と歩を合わせて生じた点である。そこでの政府は、国際金融資本の動きを促す一機関にすぎなくなる。これにより、政府と資本は一致した利害関係を築く。その中で、一般市民の政治的・社会的権利は気づかれないうちに喪失してしまう。ポスト民主主義論をごく簡単にまとめると以上のようになる。もちろん、この分析フレームワークは一般的なものであってギリシャに即したものではない。しかし、ギリシャがそうしたポスト民主主義の道を辿った典型であることは明らかである。

一方、ギリシャ危機の分析を進める上で、より具体的なフレームワークも必要とされる。それは、金融・債務危機や緊縮政策の民主主義との関連を問うためのものである。金融の自由化が進展するにしたがい、周知のように金融危機がより頻繁にかつより強く起こった。そしてこの危機は、財政や雇用をつうじて一国の社会全体に大きなインパクトを与えた。それゆえ金融危機は、経済と民主主義の関係について問題を提起した(7)。そうした危機は、失業や不平等を招いて富裕者と貧困者との格差を拡げるというように、悲惨な社会的結果を導いたからである。グローバル危機はこうして、ポスト民主主義のプロセスを一層促した。

ギリシャの国家債務危機は、このような金融危機の一環に組み入れられた。したがってギリシャが、その結果としてポスト民主主義の道を歩んだことは言うまでもない。さらに、それればかりでない。ギリシャ危機が国家債務に由来することによって、そうした道はより厳しいものとして現れたのである。それはまた、債務と民主主義の関係を問うことになる。この点について、先に示したパリ第八大学でのシンポジウムの参加者であるY・スタヴラカキス（Stavrakakis）が詳しく分析している。以下では、彼の行論に沿いながらこの問題を考えることにしたい(8)。

まず押さえておくべき点は、債権者と債務者の関係が支配―従属の関係として現れることにより、債権者がヘゲモニーを握るという点である。実際に新自由主義的権力のブロックとして現れた債権団（ＥＵ、欧州中央銀行（ＥＣＢ）、ＩＭＦから成るトロイカ）は、ギリシャに対して国家債務の返済義務という脅威を与えた。そこでは、債務はもはやたんなる金融の問題ではない。それは支配―従属のメカニズムとして、民主化を逆転させる反民主主義のプロセスを意味した。債権者は債務者を救済する代わりに、かれらの社会的権利を奪う。ギリシャはまさしく、そうした戦略の実験場と化した。債務の返済ができないギリシャに対して懲罰の必要が正当化された。この債務未返済国への懲罰は、人間的苦痛を伴う人道的悲劇を引き起こすほどに残忍なものであった。それはまた、債権団による支配の野蛮な仕方を如実に示した。それこそシェークスピア流に表現すれば、債務返済の中に人体そのものが組み込まれたのである。そして、そのことを課したのが、債権団の財政緊縮プランに他ならなかった。

債権団が財政困難国に緊縮政策の採用を強要したのは、それによって当該国が金融市場の信頼をえることができると信じられたからである。しかし、事態は全く逆に動いた。緊縮策は、成長が低下し債務負担が悪化するという地獄の悪循環をもたらしたにすぎなかった(9)。そしてギリシャこそが緊縮策を最も荒っぽく課せられた国であり、かれらの債務はそれによって著しく増大した。同時にギリシャは、深刻なデフレの下で失業とそれによる社会的緊張を高めたのである。現実にギリシャに限らず欧州経済全体に関して、「ロー・インフレ」とも称されるリスクが確実に高まっている(10)。そのことがまた、債務の返済を難しくさせていることは言うまでもない。

そこでギリシャは、一体いつまで苛酷な緊縮に従い続けられるのかが問われた。国家主権の剥奪と結びついた緊縮という名の債権団による弾圧は、ギリシャにとってもはや耐えられるものではなかった[11]。構造改革の条件付き救済の連続によって、ギリシャは文字通り地獄への道を歩み始めたのである。緊縮策はまさしく、人民不在の経済政策以外の何ものでもなかった。

一方、経済学の側も、正統派と称される新古典派のアプローチは、ハーヴァード大学教授のN・ファーガソン（Ferguson）の議論に典型的に示されているように、国家の介入を否定することで公共支出の著しい削減を求めた[12]。それはまた、社会政策に対抗するものとして厳しく財政均衡を追求するものであった。そこでは、反景気循環論を唱えるケインズ派の考えは完全に無視された。同時に、そうした緊縮論は、一般の人々を実に理解し易く説得することができた。かれらは、次世代の財政負担を回避するために現世代の我慢が必要なことを訴えたのである。しかし現実には、緊縮策の導入によって一国の社会的保護システムが崩れ、現世代の生活が困窮すれば、次世代の将来不安が高まることは疑いない。正統派の経済学者は、この点をいかに考えるのか。あるいはかれらは、緊縮策の下でも富裕層だけが生き延びればよいと考えているのであろうか。

こうした中で欧州は、この緊縮政策にどう対応すべきかが当然に問われる。果してかれらは、それに対するオールタナティヴを政治的な現実として考えないで済むであろうか。後に詳しく論じるように、ギリシャの人々が二〇一五年一月二五日に急進左派と称されるシリザ（SYRIZA）を主導とするツィプラス（Tsipras）政権を選択し、緊縮政策をはっきりと拒絶したことを、欧州のリーダーはまず受け入れねばならない[13]。もしも欧州がそうした一般市民の意思決定を尊重しないのであれば、それこそ欧州は、ポスト民主主義の中で権威主義的かつ全体主義的な反民主主義の姿勢を世界に露呈するに違いない。それはまた、欧州がこれまでに累積した民主主義の赤字を一層膨らませることを意味する。他方でギリシャ市民が、欧州に抵抗し続けることも確かであろう。

現代の欧州は、間違いなく民主主義の危機にある。この点について、コロンビア大学歴史学教授のM・マゾワ（Mazower）は再三にわたりファイナンシャル・タイムズ（Financial Times、以下FTと略）紙に投稿して警告を発してきた(14)。彼は、ギリシャに対して緊縮策を伴う第二次金融支援が決定された直後に、緊縮を説く人々は自分達が民主主義の危機の原因になるとは考えていないことを鋭く指摘した。そしてシリザが勝利した直後にも、彼は、欧州がコースを変更しないのであれば、かれらは欧州自体の崩壊をもたらすリスクを犯すことになる、と警告した。こうしたマゾワの警告に、我々は真摯に耳を傾ける必要がある。欧州は今こそ、再び民主主義を真に民主的なものにすることを求められている。我々はそのことを、ギリシャ危機を例としながら確認することにしたい。

二　本書の目的と構成

本書は以上のような問題意識と分析視角の下で、ギリシャが、欧州の金融支援の条件として課された緊縮政策により、その危機を一層深めて人々の生活をいかに悲惨な状態に追い込んだかを明らかにする。したがって、ギリシャ危機が生じた元の要因は本書で論じられない。それよりは、二〇一〇年以降にギリシャが遂行した緊縮政策によるネガティヴ・インパクトを追究することが、本書の第一の目的である。

同時に本書は、そうした危機的状況を打開すべく、ギリシャの人々が反緊縮の願いを抱いて選択したツィプラス政権の下で、逆により厳しい緊縮策を強いられたプロセスを詳細に検討する。これらをつうじて、欧州のこれまで標傍してきたはずの民主主義的な欧州建設が、ここにきて脆くも崩れつつあることを確認すると共に、それを再び取り戻すための道を探ること、これが本書の根底に潜むねらいである。ランシエールは、社会科学の根本的な使命は不平等の探求とその告発にあることを唱える[15]。筆者も、この点に全く首肯する。現代のギリシャ危機はその点で、社会科学の一つの格好の研究対象となるのではないか。そこでは数多くの人々が不平等による苦しみに喘いでいるからである。筆者は、ギリシャ危機の分析により、そうした使命を果せることを切に願っている。

本書は、このような目的に沿う形で大きく二つの部分から成る。第一部は、ツィプラス政権の成立する以前に行われた緊縮政策がギリシャの経済、社会、並びに政治の側面でいかにネガティヴ効果を及ぼしたかを各側面について検討する。このことはまた、ツィプラス政権が誕生する背景を探ることになる。そして第二部は、ツィプラス政権成立後の動きを、金融支援と緊縮政策との関連にスポットを当てながら、クロニクルに詳しく辿る。それによって、二〇一五年一月から一年あまりのごく短期の間にギリシャで起こった諸々の重大な出来事を歴史的ドキュメントとして正しく伝えると共に、それらがギリシャと欧州に与えたインパクトの大きさを認識する必要がある、と考えられるからである。さらに最後に、やや長い終章を置いた。そこで筆者は、ギリシャ危機を通して浮かび上がった欧州の様々な課題を摘出すると同時に、それらの課題を克服することで描かれる欧州の未来図を示すことに努めた。

【注】

（1）Rancière, J., *Aux bords du politique*, Gallimard, 2012, p.90.

(2) Rachman, G., "Europe's dream is dying in Greece", *FT*, 30, June, 2015.

(3) Burgi, N., "Introduction", in Burgi, N., dir., *La grande régression—La Grèce et l'avenir de l'Europe*, Le Bord de l'au, 2014, pp.15-18.

(4) Badiou, A., et al., *Le symptôma Grec*, Éditions Llignes, 2014.

(5) Kakogianni, M., "Essayer encore, rater encore. rater mieux—À propos d'un colloque symptomal— ", in Badiou, A., et al., *op.cit.*, pp.8-9.

(6) Stavrakakis, Y., "La société de la dette: La grèce et l'avenir de la post-démocratie", in Badiou, A., et al., *op. cit.*, p. 73.

(7) Lacoste, O., *Les crises financières—Histoires, mecanisms et enjeux—*, Eyrolles, 2015, pp.191-194.

(8) Stavrakakis, Y., *op.cit.*, pp.75-89.

(9) Santi, M., *Misère et opulence—Chroniques d'austérité globalisée—*, L'Harmattan, 2014, pp.109-111.

(10) Chevallier, A.,"Introduction", in CEPII, *L'économie mondiale 2015*, La Découverte, 2014, p.3.

(11) Lordon, F., *La malfaçon—Monnaie européenne et souveraineté démocratique—*,Les liens qui libérent, 2014, pp.95-96.

(12) Santi, M., *op.cit.*, pp.179-181.

(13) Économistes européens pour une politique économique alternative en Europe, *Euro mémorandum 2015*, éditions du croquant, 2015, p.11.

(14) Mazower, M., " Democracy in Europe is not as safe as you think", *FT*, 1, March, 2013. do., " From dawn to dusk—European democracy enters dangerous times", *FT*, 31, January/1, February, 2015.

(15) Rancière, J., *op.cit.*, p.84.

第一部　緊縮政策が経済・社会・政治に与えた影響

第一章　ギリシャの経済システムの破綻

一　はじめに

ギリシャは二〇一〇年の債務危機が始まって以来、トロイカと称される債権団から金融支援を受ける代わりに、そのコンディショナリティ（貸付条件）として、厳しい緊縮政策を覚書の下に課されてきた。債権団は、そうした政策によりギリシャは財政収支を改善して債務を返済できるようになると共に、国際金融市場での信頼を回復させ、さらには競争力を向上させて対外不均衡を解消させることができると信じた。事はそのとおりに運ばれたであろうか。

実は、その当時からすでに、緊縮政策によってギリシャ経済が立ち直る可能性はないことが、多くの専門家により指摘されていた。中でもフランスの著名な経済ジャーナリストであるM・サンティ(Santi)は、金融支援と引換えの緊縮政策が、ギリシャの経済復興に導かないどころかむしろ逆効果をもたらすとして、債権団の方針を当初より一貫して厳しく批判した(1)。緊縮政策は消費力を奪い、投資を破壊し、最終的にリセッション（景気後退）を展開する。その結果、ギリシャでは成長が低下して債務負担が一層大きくなる。彼はこのように唱えた。

結論を先取りすれば、ギリシャ経済の状況は金融支援と緊縮政策のくり返しによって、まさにサンティの描いたシナリオのとおりになった。当時のギリシャにおける経済パフォーマンスが、緊縮策とそれに基づく構造改革によりどれほどひどいものと化したか。また、そこにはいかなる要因が潜んでいたか。本章の目的は、これらの問題を実証的に検討することである。

二　景気後退の進行

（一）金融支援後のマクロ経済の後退

まず、ギリシャの主要なマクロ経済指標を見ることで二〇一〇年以降の経済状況を確認することにしたい。最初に、ギリシャの国民所得の変化を見てみよう。表1-1からわかるように、ギリシャのGDPは二〇一〇年以降に明らかに減少した。この点は、それまでGDPが安定的に維持されてきたことと決定的に異なる。二〇一四年のGDPは、二〇一〇年のそれよりも二〇%以上低下したのである。そして、こうした傾向は、一人当りのGDPについてもあてはまる。さらに注目すべきは、ギリシャの総人口が二〇一〇年以降に減少した点であろう。

表1-1　ギリシャの国民所得、2006-2014年

年次	国民所得（GDP、100万ユーロ）	総人口（万人）	1人当り国民所得（ユーロ）
2006	217,862	1102	19,770
2007	232,695	1105	21,058
2008	241,990	1108	21,840
2009	237,534	1111	21,380
2010	226,031	1112	20,327
2011*	207,029	1110	18,651
2012*	191,204	1105	17,304
2013*	180,389	1097	16,444
2014*	177,559	1093	16,245

（注）*推定値
（出所）Hellenic statistical authority, *Main Macroeconomic aggregates* の各年より作成。

二〇一四年の総人口は、二〇一〇年に比べて一九万人ほど少ない。したがって、それにも拘らず一人当りのGDPが減少したことは、それだけGDPの落込みが激しいことを物語る。

次いで表1-2を見ると、ギリシャの総固定資本形成、並びに消費支出はいずれも、二〇一一～二〇一五年の期間に、それ以前の五年間と比べて大きく減少した。中でも、総固定資本形成の低下が著しい。それは、以前の期間のものの半分以下にまで減少した。そうした下落を象徴するのが、金融、機械、並びに輸送設備（自動車が中心）などの産業と住宅建設である。とりわけ住宅建設の減少が目立つ。それは、以前の期間のものの四分の一以下にまで落ち込んだ。このことだけからも、二〇一一年以降にギリシャの景気がいかに悪化したかを知ることができる。また消費支出も、家計と政府の双方に関して同じく減少した。

このようにギリシャは、二〇一〇年に緊縮政策を開始して以来、主要なマクロ経済指標を大きく悪化させた。この点は、それ以前の傾向と実に対照的であった。実際に一九九五～二〇〇八年のギリシャのマクロ経済指標は、EUの平均を上回っていた[2]。ギリシャの経済成長は、つねにEUの平均以

表1-2　ギリシャの総資本形成と消費、2006-2015年
（五ヵ年平均、100万ユーロ）

年次		2006-2010年	2011-2015年*
総資本形成		52,303	23,095
総固定資本形成		51,768	23,713
	農・林・漁業	105	97
	金属・機械	9,903	5,314
	輸送設備	9,152	3,587
	住宅	18,689	4,532
	その他の建設	9,862	7,261
消費支出		203,951	169,832
	家計	150,323	126,148
	政府	49,472	38,829

（注）*2015年は推定値
（出所）Hellenic statistical authority, *Gross capital formation*並びに*Final consumption*の各年より作成。

上であり、二〇〇〇～二〇〇八年には平均で四%もの成長率を誇ったのである(3)。そして、そうした傾向を支えていたのが、ギリシャの高い生産力であった。その発展は金属や機械などの基礎部門に限らず、化学やハイ・テク部門にも及んでいた。

しかし、このギリシャの経済発展は、二〇一〇年以降に脆くも崩れ去った。ギリシャにおけるリセッションは、一九三〇年代の米国の大恐慌にも匹敵したのである(4)。そこでは、ギリシャ経済を大きく特徴づける小企業(小売店が代表)がひどいダメージを受けた。二〇一〇～二〇一二年に、小企業のうち六万社が毎年倒産したと言われる。その結果、ギリシャの総企業数は、二〇〇八～二〇一二年に十万社も減少した。

(二) 緊縮政策とリセッション

以上に見たように、ギリシャは緊縮策の施行により、債権団の予想とは正反対に経済状況を著しく悪化させた。そうした政策は残忍としか言いようのないものであった。それは、欧州の新自由主義に基づく構造改革を進める上で容赦なかった。ギリシャはまさに、欧州の他国経済に対する警告としてモルモットと化したのである。

ここで、欧州のギリシャに対する金融支援と、そのコンディショナリティとして緊縮政策が課された経緯を簡単に振り返っておこう(5)。ギリシャはまず、二〇一〇年五月に第一次金融支援(一一〇〇億ユーロのローン)を受ける代わりに覚書を欧州と交わす。それは、賃金や公共支出の減少、課税の増大、民営化、並びに年金改革を含んでおり、思って見ないほどに厳しいものであった。欧州はこれにより、ギリシャの財政赤字を対GDP比で三%基準に戻すことを期待した。ところが、このプロジェクトはリセッションが深まることによって実行困難となった。そこでギリシャと債権団は、二〇一〇年一〇月に第二次金融支援（一三〇〇億ユーロのローン）に合意する。そして、この新プログラムに緊縮策がさらに追加された。欧州はこれで以て、ギリシャの公的債務を対GDP比で二〇一〇年に一六〇％、また二〇二〇年に一二〇％にまで下落させると予想した。しかし、この予想も見事にはずれてしまったのである。

そこで問われるのは、本質的に経済困難に陥ったギリシャに対し、金融支援と引換えに財政緊縮を強いることが正しかったのかという点であろう。以上に見た二つの救済プログラムの成功は、実は当初より非常に疑わしかった。それらは、ギリシャ経済のリセッションを思っていた以上に深めると考えられたからである(6)。

トロイカの課した緊縮政策の目的は、ギリシャの財政を安定させると共に、プライマリー収支（利子支払いを除いた財政収支）の黒字を生み出すことであった。何とその黒字は、二〇一六年にGDPの四・五％という驚くべき値を目標とするように計画された(7)。それは、ギリシャに公的債務を返済させるためであった。しかし、このあまりに苛酷な緊縮策の総需要に対するインパクトは、ギリシャ経済を完全にくじかせた。それゆえ、緊縮策の目的がギリシャの債務を持続可能にすることにあるとすれば、トロイカの戦略は全く失敗したと言わねばならない。緊縮→リセッション→GDP下落→債務の対GDP比上昇→一層の緊縮、という悪循環が生じるからである。しかも問われるべき点は、すでにリセッションに入っている国に緊縮政策を課してよいのかという点であろう(8)。以上からわかるように、ギリシャは緊縮策によって結局、景気の後退を余儀なくされたのである。

三　財政危機の存続

（一）財政赤字の構造

ギリシャ経済が深刻な危機的状況にある点は、その財政危機に端的に現れている。それは、極めて大きな公的赤字と記録的に高い公的債務で特徴づけられる。そして、この巨大な公的債務の返済のために、ギリシャ政府は二〇一〇年以降に、債権団から金融支援を受ける一方で、それと引換えに財政緊縮政策を強要された。それは、税の引上げによる収入の増大と公共支出の削減を二大支柱とするものであった。しかも、そうした政策が先に見たように、厳しい不況の中で遂行されたことに留意しなければならない。では、この財政緊縮によって、ギリシャは財政赤字を解消して財政危機から脱することができたであろうか。

ギリシャの財政赤字の要因は、一般にその浪費的な公共支出と寛大な社会的支出にあると主張されている(9)。それゆえ欧州も、公務員や一般労働者の賃金、並びに年金に代表される社会的利益に対するアタックをしかけたのである。しかし、ここで問われるべき点は、そうした赤字の発端は何であったかという点であろう。それは実は、二〇〇八年のグローバル金融危機と密接に関連していた。当時のギリシャ政府は、危機の当初の段階で前例のない財政刺激策を採用した。それはとくに、経営危機に陥ったギリシャの金融機関とりわけ銀行を救済するためであった。この支出がギリシャの財政不均衡を悪化させたことは明らかである。こうした歴史的経緯を無視して、一般的な公共支出の削減により財政赤字の改善を図ることは、事態の真相を見過ごすと言わねばならない。

ギリシャは、グローバル金融危機により、欧州の中でも極めて脆弱な経済構造を持った国であることを露呈した。かれらは、非常に大きな国内での財政赤字と対外的な経常赤字のいわゆる双子の赤字に見舞われていたのである。対GDP比で見ると、財政赤字は一〇%弱、経常赤字は一五%弱にも達していた(10)。また、かれらの公的債務と対外債務も、すでに当時から非常に高いレヴェルであった。対GDP比で前者は一一三%、後者は一六七%を示していた。こうしてギリシャの公的赤字と公的債務は対GDP比で各々、欧州の財政協定で謳われた基準を大きく上回る。

表1-3は、ギリシャの財政収支の推移を表している。見られるように、ギリシャの公的赤字と公的債務は、二〇〇八〜二〇〇九年に大きく膨らんだ。二〇〇九年の公的赤字の対GDP比は一五・八%であり、これは欧州の財政ルールによる基準値(三%)の五倍以上である。また、同年の公的債務の対GDP比も一三〇%弱であり、それはやはり欧州で決められた基準値(六〇%)の倍以上を示した。とくに公的債務

表1-3　ギリシャの財政構造、2007-2015年(100万ユーロ)

年次	財政収支	対GDP比(%)	政府支出	対GDP比(%)	政府収入	対GDP比(%)	政府債務	対GDP比(%)
2007	-14,475	-6.5	106,066	47.6	90,915	40.8	239,300	107.4
2008	-22,880	-9.8	117,992	50.6	94,848	40.7	263,284	112.9
2009	-36,166	-15.7	124,736	54	88,628	38.4	299,690	129.7
2010	-25,036	-11.1	117,774	52.1	92,738	41.0	330,291	146.0
2011	-21,205	-10.2	112,282	54.2	91,077	44.0	356,003	172.0
2012	-16,870	-8.8	105,675	55.3	88,805	46.5	305,094	159.6
2013	-23,503	-13	112,068	62.1	88,565	49.1	320,510	177.7
2014	-6,476	-3.6	89,939	50.7	83,463	47.1	319,718	180.1
2015	-12,757	-7.2	97,419	55.3	84,662	48.1	311,452	176.9

(出所) Hellenic statistical authority, *Fiscal data* の各年より作成。

の中で長期証券の発行が最大であり、それは大きく伸びた。

では、そうした傾向は二〇一〇年以降の財政緊縮の下でいかに変化したか。まず公的赤字を見ると、それは大きく減少することはなかった。二〇一四年を除いて大きな赤字が続いたのである。一方、公的債務はむしろ一層増大した。他方でＧＤＰは低下したため、公的債務の対ＧＤＰ比は二〇〇九年のレヴェルを大きく上回った。二〇一三年以降に、それは平均で約一七八％をも示すほどであった。

このようにして見ると、ギリシャの財政状態は緊縮策の導入によって改善されることは全くなかった。否、それどころか逆に、とくに公的債務の状況はむしろ悪化した。それが対ＧＤＰ比で一七〇％を超えるということは、もはやギリシャがその債務を持続できるような状態にないことを如実に示していた。

（二）財政緊縮と債務の持続可能性

実は、ギリシャの債務が持続不可能なことは、金融支援の行われた当初からＩＭＦによって継続的に主張されてきた(11)。その際の最大の問題点は、ギリシャに課された調整プログラムの非現実的な性質である。確かに、二〇一二年二月に行われた債務スワップにより、ギリシャの債務は対ＧＤＰ比で二〇％カットされた。これにより、二〇二〇年にギリシャは同比率を債務の持続可能な一二〇％に達成されると予想された。そこでは、同年までにプライマリー収支の黒字を対ＧＤＰ比で四・五％、成長率を三％、並びに民営化による収入を五〇〇億ユーロにすることが目標とされたのである。

しかし、これらの予想と目標自体が、あまりに非現実的であると言わざるをえない。ＩＭＦは、ユーロ圏の成長率をつねに下方修正してきた。それは、かれらが全体として緊縮プログラムを遂行してきたからである。それにも拘らず、ギリシャの内外で緊縮策にコミットすることが和らげられることは決してなかった。実際に二〇一〇年の最初の財政緊縮策において、ギリシャの一般的な政府赤字は、二〇一四年にGDPの三％にすることが謳われた。ところが、そうした極めて厳しい緊縮政策は、予想以上のリセッションを引き起こした。その結果、債務比率（債務の対GDP比）がより上昇したことはすでに見たとおりである。それはまさに、財政緊縮↓債務比率上昇のスパイラル効果を出現させた。こうした中で欧州のリーダーは、緊縮政策の失敗を正視することなく、それに対して反省する姿勢を全く表さなかった。これこそが大きな問題であった。

欧州の課した緊縮政策が、ギリシャの財政赤字を解消してその債務比率を引き下げることに効果的でない、というよりはむしろ逆効果であることはもはや明らかであろう。ではどうすればよいか。まず、そこにはギリシャに固有の構造的問題が横たわっている点に留意する必要がある。

ギリシャの債務比率はすでに一九九〇年代の初めから高い値を表していた。しかもそれは、二〇一〇

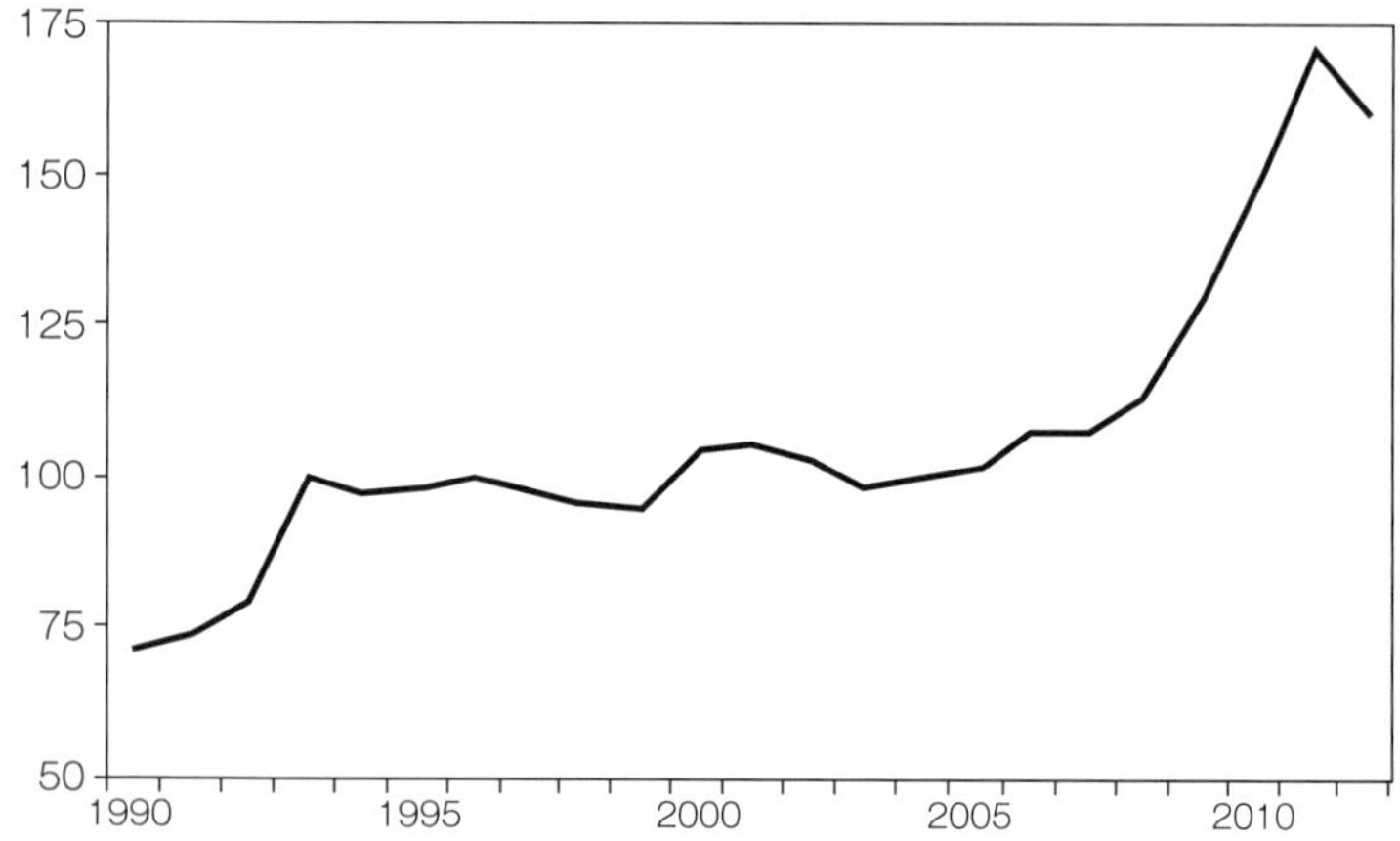

図1-1　ギリシャの債務比率の推移（対GDP比、％）

（出所）Laskos, C., & Tsakalotos, E., *Crucible of resistance*, Pluto press, 2013, p.96 より作成。

年以降に一層増大する。この点は図1-1に見られるとおりである。さらに気をつけるべき点は、そうした高い債務比率の要因が支出の大きさにあるのでは決してなく、逆に収入の少なさにあるという点であろう。実際に図1-2からわかるように、二〇〇〇年代以降にギリシャの政府収入はEU15※の平均より一貫して小さかった。この点について、もう少し詳しく見てみよう。

表1-4は、ギリシャとEU15の財政構造を概観している。これを見るとわかるように、ギリシャは乱費国家であると言われているにも拘らず、政府支出の対GDP比はEU15の平均と変わらない。同比が二〇〇八年以降に若干上回ったのは、同時期のGDPの劇的な下落による。これに対して公的収入は、欧州の平均よりもはるかに低い。それゆえギリシャの欧州平均に比べてより大きな財政赤字は、支出の増大では

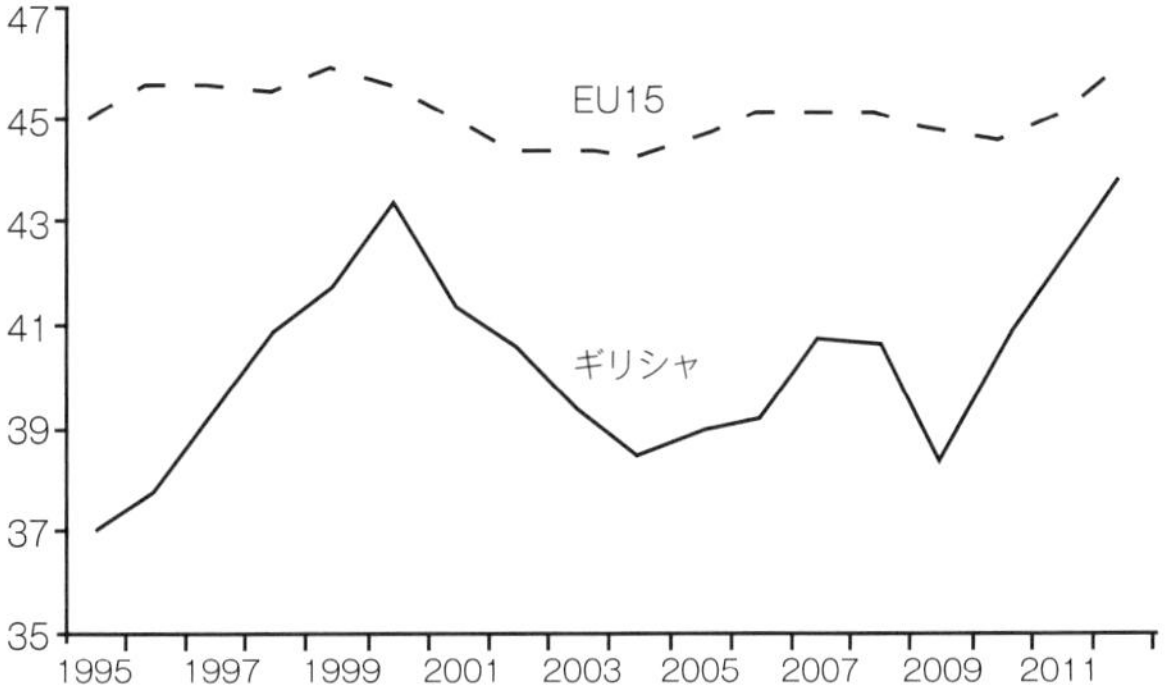

図1-2　ギリシャの政府収入の推移（対GDP比、%）
（出所）Laskos, C., & Tsakalotos, E., *op. cit.*, p.97 より作成。

※EU15は、二〇〇四年五月一日以前にEUに加盟している一五ヵ国（オーストリア、ベルギー、デンマーク、フィンランド、フランス、ドイツ、ギリシャ、アイルランド、イタリー、ルクセンブルグ、オランダ、ポルトガル、スペイン、スウェーデン、イギリス）を表す。

なく、むしろ収入の減少によると言ってよい。

そこで、ギリシャの財政構造を支出と収入の両側面からその中味を見ることにしたい(12)。まず支出については、一般に指摘されるように、ギリシャでは公務員への賃金支払いの対GDP比が低くない。それは欧州の平均に近い。しかし他方で、ギリシャでは社会福祉の伝統的な領域すなわち、健康、教育、並びに社会的保護（年金や失業保険など）に対する支出が欧州の平均に立ち遅れている。

一方、そうした公務員の賃金や社会福祉と無関係な公共支出のカテゴリーを見ると、ギリシャはそのすべてで欧州の平均を上回る。その一つが利子支払いで、それは欧州平均のほぼ倍に相当する。その額は財政赤字額にほとんど等しい。ということは、二〇一二年までの期間で、利子支払いを除いたプライマリー財政収支はバランスされていたことになる。また注意すべき点は、ギリシャの軍事支出が一貫して大きいことである。それは欧州の平均を上回っている(13)。ギリシャは、軍事支出大国の側面を歴史的に捨てていない。この点は後に大きな問題となる。

他方で収入の面を見ると、まず税収についてギリシャはEU平均に比べて低い。それには様々な要因がある(14)。第一に、民間企業に対する課税率の低下が挙げられる。それは、とくに法人の利潤

表1-4　EU15とギリシャの財政比較（対GDP比の平均値）

	EU15（A）	ギリシャ(B)	差（B－A）
政府支出（1995-2012年）	48.1	48.7	0.6
政府収入（1995-2012年）	45	41.4	-3.6
財政収支（1995-2012年）	-3	-7.3	4.3
公共支出（1995-2011年）			
教育	5.1	3.5	-1.6
医療	6.6	5.5	-1.1
社会的保護支出	18.8	17	-1.8
利子支払い	3.5	6.9	3.4
軍事支出	1.6	2.9	1.3
総税収入	26.9	22.1	-4.8

（出所）Maniatis, T., " The fiscal crisis in Greece : Whose fault ?" ,in Mavroudeas,S.,ed., *Greek capitalism in crisis*, Routledge,2015,p.36より作成。

に対して著しい。これにより、民間セクターの企業からの税収は二％下落したと言われる。この課税政策は、グローバル金融危機以前に行われたギリシャ経済の近代化プログラムの一環に組み込まれた。これに対して間接税は欧州平均に近い。そして社会保障税がギリシャで低いことも指摘しておく必要がある。この点はまた、南欧で共通に見られる。

そして第二に、税逃避が指摘されねばならない。これによってギリシャにある九〇万の民間企業からの税収は、全体のたった四％にすぎない。この税逃避については、一九九〇年代以来ギリシャの歴代政権が抑制を試みてきた(15)。しかしかれらは、様々な誤った計画によりそのことに成功しなかった。さらに、ここでよく指摘される点がある。それは、ギリシャでは自営業と小ビジネスの割合が高く、かれらが収入を実際より低く見積って課税の申告を偽るという点である。ただし、この点は誇張されてはならない。実際にギリシャの自営業者一人当りの収入隠しは、国際的に報告された平均のそれよりも高くないのである。

それより一層問題となるのは、伝統的にギリシャの寡頭支配者によって牛耳られてきた海運業が、法的に大きな税免除を受けている点であろう。しかも、こうした課税の優遇措置を受けているのは海運業のような産業に限らない。一般に社会的な支配者層=上流階級（医者や弁護士など）も、縁故主義に基づく政治的連盟の中でそうした特権を享受している。税逃避を全く行えないのは、まさに一般の賃金労働者だけである。そうだとすれば、税逃避の問題は、ギリシャの税当局の無能力に還元されるものでは決してない。それは、ギリシャの抱える大きな社会問題であり、ここにこそメスが入れられねばならない。

このようにして見ると、ギリシャの財政構造にはあるバイアスが存在している。それは、低い社会的支出と上流階級（個人と企業）への低い税金で表される。その点で、公共セクターにおける雇用は、そうした社会的トランスファーの低さを補う手段として考えることができる。そこで、もしもその部分が、緊縮政策の下で削減されれば、それこそギリシャの中流階級以下の一般市民は二重の損害を受けることになるのは決まっている。

一国の財政赤字はもちろん、埋められねばならない。そこで最も大事な点は、一体誰がそれを行うかという点であろう。ＶＡＴ（付加価値税）の増大、公務員賃金の減少、並びに年金の削減などを通して非支配者層がそれを担うのであれば、これほど理不尽な話もない。

四 「対内切下げ」戦略の失敗

（一）「対内切下げ」戦略の基本的問題

それでは、債権団の課した緊縮政策は、ギリシャの対外経済的側面にいかなる影響を及ぼしたか。次にこの点を考えることにしたい。

単一通貨から成るユーロ圏において、よく指摘されるように、各加盟国の経済力の改善を図る上で一つの大きな問題がある。それは、かれらが輸出競争力を改善して対外不均衡を解消するために、自ら為替相場を切り下げることはできないという点である[16]。ところが欧州では長い間、競争力の増強こそが経済を活性化させると信じられてきた。そこで欧州が案出したアイデアは、いわゆる対内切下げと呼ばれるものであった。それは、ユーロを切り下げる代わりに、国内での単位時間当り労働コストを下げることで輸出競争力を改善できるという考えを示す。このアイデアは欧州で一つの教義とさえなり、ユーロ圏で支配的なものとなった。欧州が二〇一〇年以降に、覚書の中でギリシャに対して対内切下げを求めたのは、そうした教義の伝幡を図るためであった。

では、この対内切下げ戦略はギリシャ経済に功を奏すであろうか。確かにギリシャは、後に詳しく論じるように、長期にわたって経常収支の赤字を経験してきた。それゆえ、その解消をつうじて経済成長を図ることはギリシャにとって喫緊の課題であった。それが輸出の増大を目指すことは言うまでもない。

そこでまず、一つの大きな問題が、そうした戦略の前に立ちはだかっていることを指摘しなければならない。それは、ユーロ圏の基本戦略そのものの中にある。かれらは一方で、各加盟国の経常収支の赤字調整は、その国自身で行う必要があると謳う。つまり、赤字国は自己責任の下に、自分達の能力で赤字をなくすべきとされる。それは、貿易のパートナーが需要拡大にコミットすることなしに行われなければならない(17)。このようなことがほんとうに可能なのか。この点が真先に問われる。赤字国のギリシャが対内切下げで輸出競争力のアップを図ったとしても、最大の貿易パートナーであるドイツが輸入需要を拡大するつもりがなければ、そうした戦略が効果を発揮するとは到底考えられない。また、ギリシャの経済構造における輸出の占める地位も問題となる。ギリシャでは輸出性向がそもそも低い(18)。したがって、仮に対内切下げで輸出競争力をアップできたとしても、そのことがギリシャの総需要に対して与えるポジティヴ効果は限られている。要するに、ギリシャの経済成長は伝統的に、外需に依存することはなかった。しかも近年のギリシャの輸出は、化学製品や薬品などの資本集約財に集中しているため、それらの輸出増を図る上で労働コストは比較的マージナルな役割しか持たない。

さらに他にもいくつかの問題が指摘できる。対外切下げ戦略の眼目は、労働コストを引き下げて輸出価格を下落させることにある。そこでは、労働コスト引下げ→価格下落→輸出競争力増大というシェーマが描かれる。しかし、この価格効果は、ギリシャのように独占・寡占的な市場構造が定着している国では十分に働かない。他方で、仮に価格効果が働いたとしても、今日の貿易が必ずしも市場メカニズムに沿って行われていないことを踏まえると、それは即輸出増には結びつかない。とくにギリシャでは、多くの外国直接投資が行われており、それによって設置されたギリシャ内子会社と本国親会社との貿易取引は、いわゆるトランスファー価格により、市場メカニズムとは無縁な価格設定の下で行われてしまう。

一方、対内切下げは労働者の購買力を低下させることから、それは結局家計の消費支出を減少させて経済成長にマイナス効果を及ぼすという問題もある。それでなくてもギリシャは、財政緊縮を強いられることによって政府支出を削減せざるをえない。しかもリセッションの状態で投資支出は低いままである。それらに加えて消費支出が下落すればどうなるか。言うまでもなく内需は総崩れになる。外需の伸びが限られる中で内需が縮小すれば、ギリシャの経済成長の見込みが絶望的なのは当然であろう。

このようにして見ると、ギリシャ経済にとって対内切下げ戦略は、対外不均衡の調整手段としても、また総需要刺激の潜在的要因としてもプラスの効果を発揮できないと言ってよい。それは、ギリシャ経済の閉鎖性という観点からよく理解できる。しかもギリシャの労働者は、緊縮策の遂行でただでさえ生活の困難に陥っている中で、賃金の低下による一層の苦しみを受けなければならない。これは、人道的観点からも決して許されるものではない。ところが、これらの事情にも拘らず、ギリシャで対内切下げ戦略が緊縮に基づく覚書に沿って実行されたのである。

(二)「対内切下げ」戦略の実施

まず、ギリシャがトロイカと交わした覚書の中で、対内切下げがどのように謳われたかを見てみよう。そこでは、最低賃金の引下げが次のように記された[19]。最低賃金は、すべての賃金労働者に対して二二%、そして二五才以下の若者に対して三二%減少させる。これにより、勤続年数のない独身者の月額総賃金は、かつての七五一ユーロから五八六ユーロに崩落する。同時に、勤続年数と結びついたすべての賃金の増加は、失業率が就業人口の一〇%以下になるまで凍結された。ギリシャの当時の失業率が極めて高い(二〇%以上)ことを前提にすれば、労働者の賃金引上げが一層遠のくことは直ちにわかる。ギリシャにおいて、国民的な労使協定で固定されたはずの最低賃金の規律は、この覚書によって全く通用しなくなった。最低賃金は今や毎年下げることができる。最低賃金はもはや最小の賃金を意味しない。その下限が取り外されたのである。これによって賃金労働者が、賃金水準を一層低下させられる不安にかられたことは言うまでもない。そして実際に、そのようなことが行われたのである。

ギリシャ政府は、この対内切下げ戦略によってもう一つの道を開いた。かれらは、ギリシャの社会的グループを公的セクターと民間セクターの二つに区分けし、後者の労働者に対して前者の賃金優遇を非難させるように仕向けた。このねらいは、ギリシャの労働者一般に労働コストの低下を受け入れさせてかれらの抵抗を封じ込めることにある。このようにして政府は、社会的対立を人工的につくり出すことで、全体として労働条件の質を低下させたのである。

ところで、対内切下げ戦略による労働コストの削減は、最低賃金の引下げのような直接的方法によるばかりでない。それは、労働時間の短縮と共に、雇用形態の変更すなわち非正規雇用の増大によっても推進された。まず、労働時間の問題について見てみよう。労働時間は言うまでもなく、労働供給の量的次元を表す。そこで新古典派のアプローチは、労働時間は労働者の選好で規定されるとみなす。果してそうであろうか。実は、それは社会的に決定されるのである。ギリシャに課せられた規制は、この点を如実に示している。

ギリシャの労働者は賃金が下落するに伴い、その損失を最小限に留めるために労働時間の増大を願う。これと反対に雇用者は、リセッションによる需要の低下から労働時間の減少を図る。結果としてどうなったか。ギリシャでの通常の週当り労働時間は、二〇〇九年の三九・五時間から二〇一一年には三九時間へと減少した(20)。ギリシャの多くの企業で、労働時間は明らかに減らされた。他方で、未払いの超過勤務は増大した。新古典派によれば、その未払い分は将来のプロモーションのような形で支払われるので問題ないとされる。しかし、その恩恵に授かるのはほんの一握りのエリートであり、大部分の一般労働者にとって、未払い分は賃金増を伴わない過剰労働以外の何ものでもない。実際にギリシャでは、危機以前からすでに未払いの超過勤務が、より脆弱な労働者（日雇い労働者のような）に対して強く課せられたと言われる。ギリシャにおいて労働時間が減少する一方で、未払いの超過勤務が増えている。それはまた、ギリシャの労働者が、失業増による大きな産業予備軍の圧力を受けていたことを示す。

一方、雇用形態の変化はどうであったか。ギリシャでパート・タイムの労働者が二〇〇九〜二〇一一年に増大した(21)。そもそもギリシャの労働法は、フル・タイムの仕事を促しており、労働組合もそれを実行してきたはずである。しかし現実には、フル・タイムで働きたい労働者が仕事を探せないでいる。この点は危機で一層はっきりと現れた。

以上に見たように、ギリシャ政府は覚書に沿いながら対内切下げ戦略を様々に実行した。その結果、ギリシャの労働コストはどれほど減少したであろうか。表1-5は、二〇〇八年と比べた二〇一四年のギリシャの労働コスト（指数）を主たる経済活動別に示したものである。見られるように、そうした労働コストは、同期間に鉱山業と卸売・小売業を除くすべての活動分野で低下した。とくに、電気、ガス、水道のような公共事業部門と公共行政部門での低落が激しい。ただし、ここで注意を要する点がある。それは、賃金の下落率が即賃金の絶対額の相対的低下を意味しないことである。そもそも公的セクターの賃金は高いため、それは引下げ後も絶対的レヴェルでは依然として民間セクターに比べて相対的に高い。これに対し、対内切下げ戦略の最大のねらいである製造業部門での賃金引下げは、それほど達成されていない。製造業の労働コストが一〇％強ほどしか低下していないのである。

ギリシャは確かに、対内切下げ戦略の下に賃金を急速にかつ強制的に低下させられた。それは、図1-3に見られるとおりである。この点はとくに民間セクターにおいて顕著であった。公共セクターの被雇用者は、縁故主義的な政党政治と緊密に結びついているため、かれらは危機後も

表1-5　ギリシャの労働コスト、2014年（2008年を100とした指数）＊

経済活動セクター	総コスト	賃金
鉱業	99.7	105.1
製造業	87.3	88.7
電気、ガス	76.7	71.9
水道	57.2	56
建設	82.9	83.5
卸売・小売	100	104.7
輸送	94.9	98
情報	76.1	82.2
金融	64	83.2
不動産	80.7	77.9
教育	77	77.6
医療	64.2	67.9

（注）＊季節変動調整した第４四半期のもの
（出所）Hellenic statistical authority, *Labour cost index* より作成。

政府により保護された[22]。このことは、ギリシャにおけるモラル上の公正さの問題を示す。一方トロイカも、実は生産セクターでの労働コストの引下げを強く要求したことから、ギリシャは公的セクターの逃げ道を用意できたのである。

　このようにして、ギリシャでは民間セクターの賃金が大きく減少した。労働コストの調整は、二〇一二年初めまでは雇用の減少をつうじて行われたため、労働者の定期収入自体は安定していた。ただし、そうした中でも賃金以外は急減したことに気をつける必要がある。そこでは、ボーナスの支払いや食費クーポンの配給などがストップされた。そして二〇一二年初め以降に最低賃金が下がる一方で労働法が改正されると、賃金の決定はよりフレキシブルになり、定期収入の低下に拍車がかかったのである。

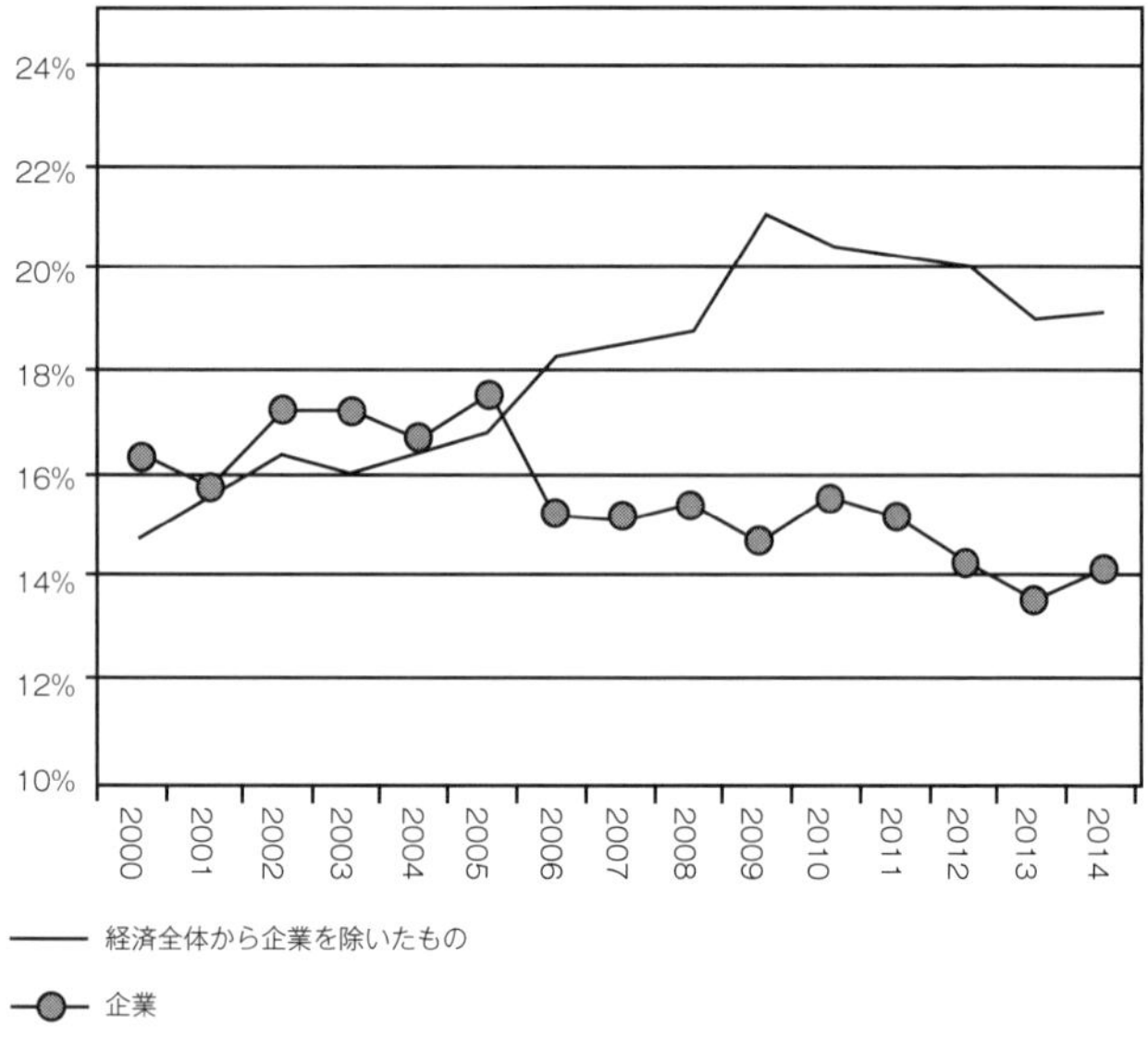

図1-3　ギリシャの被雇用者の報酬率（対GDP比、%）
（出所）Pelagidis, T., & Mitsopoulos, M., *Who's to blame for Greece?*, Palgrave Macmillan, 2016, p.160 より作成

そもそもギリシャの被雇用者の全体的な報酬は、絶対的レヴェルで欧州の平均以下であった。それが二〇一〇年以降に、なお一層低下した。図1-4はこの点をよく表している。かれらの総所得は、二〇〇九～二〇一三年に一五％以上も下落した。その結果、一人当りの名目報酬は二〇一三年にユーロ圏の平均より四三％も低くなった(23)。さらに、競争力をつけねばならない輸出セクターでの賃金がより引き下げられた。

他方で、二〇一〇年以降の緊縮策で求められた労働市場の改革も、賃金の低下を促す大きな要因となった(24)。ギリシャの企業とりわけ小規模の企業は、リセッションが加速する中で生き残るためのレイ・オフ（一時解雇）をアグレッシヴに進めた。同時にかれらは、被雇用者に対して最低賃金に向けた賃金の引下げに力を注いだ。労働法の改正によって、賃金の低下が容認されたからである。しかもそれは、フル・タイムの被雇用者を増やすことなく行われた。また中規模の企業も、同期間に新規雇用を進めたものの、それは低賃金で行われた。さらに、より

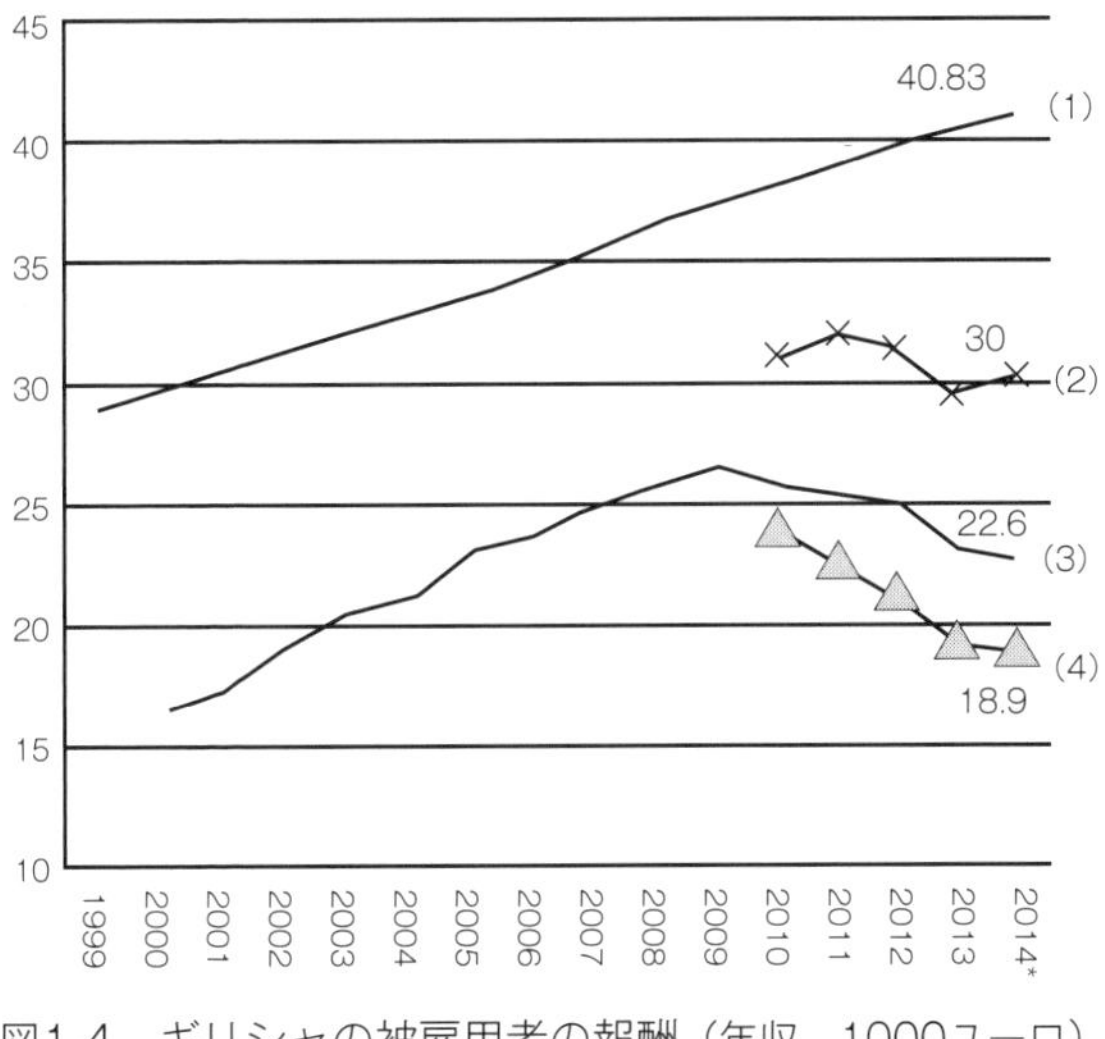

図1-4　ギリシャの被雇用者の報酬（年収、1000ユーロ）
(1)ユーロ圏（18ヵ国）(2)ギリシャの政府部門のみ(3)ギリシャの民間と公共のセクター(4)ギリシャの民間セクターのみ
（注）*推定値。
（出所）Pelagidis, T., & Mitsopoulos, M., *op.cit.*, p.169 より作成

大きな企業は、たんに雇用を増大するだけであった。こうして、より小さな企業ほど、最低賃金の引下げによる優位性を生かすと共に、パート・タイムの雇用を増大した。

（三）「対内切下げ」戦略の誤り

それでは、以上に示した労働コストの削減は、価格効果を通してギリシャの輸出増を実際に引き起こしたであろうか。結論から言えば、ギリシャはそうした戦略で輸出を大きく伸ばし、それによって成長をもたらすことに失敗した。どうしてであろうか。そこには、ギリシャ固有の構造的問題が様々に潜んでいた。この点について、ギリシャの経済学者であるT・ペラギディス（Pelagidis）とM・ミツォプーロス（Mitsopoulos）が詳細な分析を行っている(25)。以下では、かれらの行論を整理しながらこの問題を考えることにしたい。

ギリシャの民間セクターの賃金引下げは、以上で示したように競争力をほとんど増大させなかった。それは簡単な理由で説明できる。実は、ギリシャの競争的な民間セクターにとって、賃金の下落は最も重要な課題ではなかったのである。そこには、民間の競争力を抑制している他の諸問題が横たわっていた。しかし、それは公にされることがなかった。それらは、生産にイノヴェーションを導入する際のコストや、供給ラインの効率性を増す際のコストなどで表される。例えば、陸上貨物輸送に厳しい規制が設けられている。このことは、ギリシャ経済のサプライ・チェーンにとって大きな非効率を生み出した。

あるいはまた、ギリシャは緊縮策による調整プログラムの一部として、エネルギーに対する課税を著しく増大した。これにより、工業用エネルギー価格は二〇〇九年に比べて六〇％以上も上昇した。

ギリシャの電力と天然ガスの高価格は高い課税による。それが、国営電力供給者の価格引上げをもたらしたのである。その結果、ギリシャの企業は、他のＥＵ諸国の企業よりもエネルギーに八〇％以上も多く支払うことになった。そこでエネルギーを集約的に用いる鉄鋼業やアルミニウム産業は、労働コストの一層の低下を余儀なくされた。それは、エネルギー・コストの増大を補うためであった。しかし、そうしたコストの急増は、賃金の大幅下落では到底カヴァーできなかった。それゆえ、鉄鋼や繊維のような代表的な輸出産業において、輸出は二〇一〇年以降に大きく低下した。図1‐5はこの点をよく表している。とりわけ繊維と衣類の生産は大きな損害を被った。それらの産業はエネルギーをそれほど使わないのに、より高いエネルギー価格による支払いを強いられたからである。実は、欧州の中で大きな綿生産国はギリシャのみであった。ところが、それはほとんど未加工で輸出された。エネルギー・コストの上昇により、綿製造業のベースがつくれないからである。

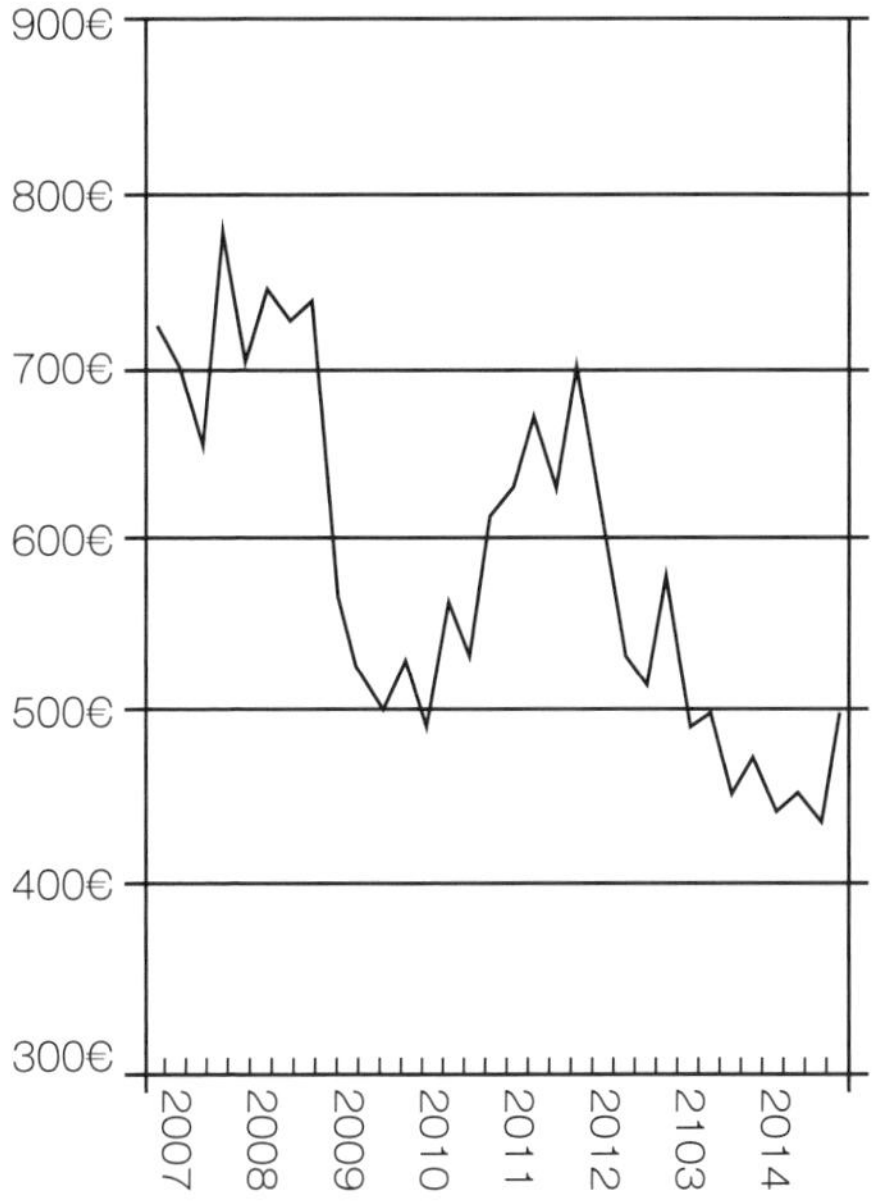

図1-5　ギリシャの鉄鋼と繊維・衣類の輸出*（100万ユーロ）
（注）*各年次の第１四半期の値
（出所）Pelagidis, T., & Mitsopoulos, M., *op.cit.*, p.186 より作成

　このようなギリシャ経済の特殊性に、緊縮政策のもたら

す矛盾が集約されていると言ってよい。トロイカは一方で、労働コストの削減による競争力のアップを強要しながら、他方では課税の増大による政府収入の引上げを求めた。以上に見たように、そうした課税が生産コストの上昇を引き起こしたのである。その分が労働コストの減少分を上回るのであれば、それは競争力の改善には何の意味もない。

一方、債務危機とリセッションから金融市場の信頼を失ったギリシャにおいて、コーポレート・ローンのコスト（金利）が増大したことも、輸出主導の復興を掘り崩すもう一つの大きな要因であった。これにより、ギリシャの輸出企業は思い切った投資を進めることができなくなっていたのである。

これまでの議論を振り返って見て、次の点がはっきりと言えるであろう。それは、ギリシャにおいて対内切下げ戦略が輸出競争力の上昇を図る上で完全に誤っていたという点である。しかもそのことは、経済の側面のみならず、労働者の生活を映す社会の面でも明白に示された。そこで次に、そうした対内切下げ戦略の失敗の結果、ギリシャは最終的に対外不均衡を是正することができたかどうかを国際収支構造の観点から検討することにしたい。

五　対外不均衡の拡大

（一）経常収支の不均衡の存続

ギリシャはすでに、グローバル金融危機が生じた時点で経常収支の大きな赤字を抱えていた(26)。それは、二〇〇八年に対ＧＤＰ比で一四・九％であった。また、ギリシャの対外債務も対ＧＤＰ比で一六七％を示すほどであった。そこでまず銘記すべき点は、そうした経常収支の赤字体質がギリシャのみならず、南欧の周辺諸国（ポルトガルやスペインなど）にも鮮明に現れていたという点である。これに対し、ドイツやオランダなどの北欧諸国は全く逆に経常収支を黒字化していた。このコントラストは、図1－6を見るとよくわかる。

そこで二〇〇八年までは、このような経常収支の欧州内不均衡は、より貧しい国のキャッチ・アップのプロセスを示すものと考えられた。周辺諸国は、短期で投資を刺激して貯蓄を低下させる。その結果、かれらの経常収支は悪化する。おなじみの方程式（貯蓄－投資＝輸出－輸入＝経常収支）で表せば、貯蓄（S）が投資（I）を下回ることにより、輸出（X）から輸入（M）を差引いた経常収支が負（S－I<0よりX－M<0）となる。そして、この赤字分は、より豊かな中心国の民間資本によりカヴァーされる。それゆえ、そうした不均衡は不安の対象にならない[27]。こうみなされたのである。

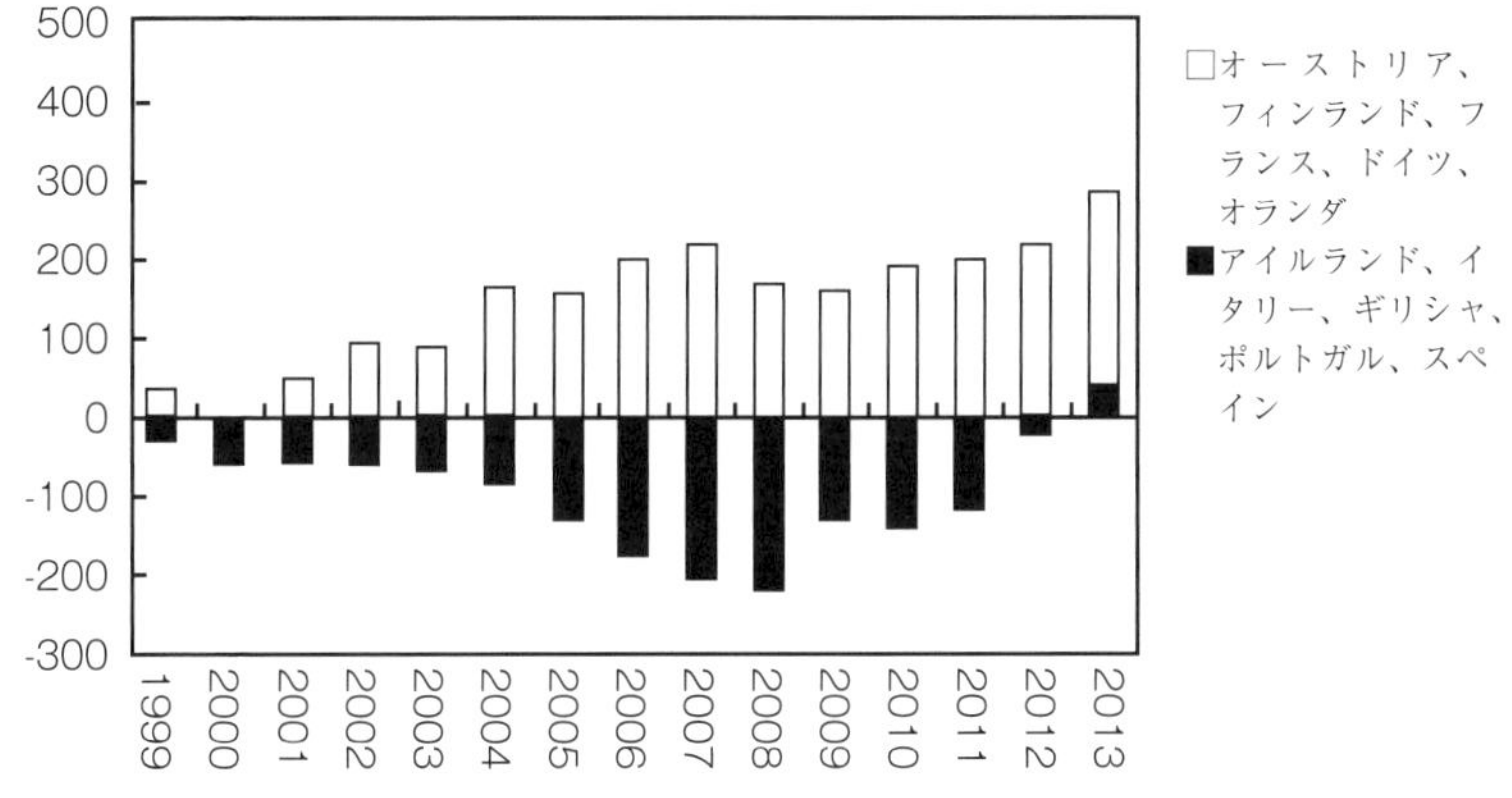

図1-6　ユーロ圏における経常収支の不均衡（10億ユーロ）

（出所）Piton, S., " Déséquilibres des balances courantes en zone Euro : où en est-on ? ", in CEP II, *L'économie mondiale* 2015, La Découverte, 2014, pp. 45. より作成

ところが、グローバル金融危機が起こると、そうした資本フローは途絶えた。これにより、周辺諸国の経常収支の不均衡は、かれらの経済政策の上で第一のプライオリティを持つことになる。それゆえ、先に見た対内切下げ戦略は最有力な政策の一つとして導入されたのである。しかし、それはすでに明らかにされたように、ギリシャで功を奏さなかった。それどころか、そうした戦略が失敗したことにより、単位時間当り労働コストにおけるギリシャと北欧諸国との差はむしろ拡がってしまった。表1-6はこの点を如実に示している。とくにドイツとの格差が著しく大きい。これではギリシャの輸出競争力が増大しないのは当然である。このことはまた、南欧諸国全般についてあてはまる。

表1-6　欧州における単位時間当り労働コストの国際比較（2000年を100とした指数）

年次	2003	2007	2011
ギリシャ	111.4	125.3	138.1
スペイン	109.4	124.3	130.5
ポルトガル	111.4	118.9	128.9
イタリー	111.0	121.3	133.9
ドイツ	102.4	99.3	105.3
オランダ	112.8	115.1	122.9
スウェーデン	105.9	109.0	116.8

（出所）Defossez,A., *Le Dumping social dans l'Union européenne*, Larcier, 2014,p. 561 より作成。

一方、理論的には、一国の財政収支の黒字化は経常収支を改善すると考えられる。以上に示した方程式で、貯蓄と投資を民間部門（p）と政府部門（g）に分ければ、X−M=Sp−Ip+Sg−Igと表せる。そこで政府予算式（Sg−Ig）が正であれば、それは確かに経常収支（X−M）を改善する要因となる。

しかし他方で、IMFが国際収支表の作成マニュアル（BPM）で指摘したように、財政収支の改善の仕方によっては、それは経常収支の改善にネガティヴ効果を及ぼしてしまう(28)。例えば、財政収支の改善が課税の増大で図られると、それは民間の貯蓄を下落させる。あるいは公共投資を削減すれば、それはやはり民間貯蓄を減少させる。それらによって経常収支に悪影響が及ぶ。このように、一国の財政収支の黒字化は、ストレートにその国の経常収支を改善することにならない。この点は、もともと民間貯蓄のレヴェルが低いギリシャのような周辺諸国でより気をつける必要がある。

では、実際にギリシャの経常収支はいかに推移したか。表1-7は、ギリシャの国際収支を、二〇〇三～二〇〇七年と二〇一〇～二〇一四年の二つの期間に分けて示したものである（二〇〇八～二〇〇九年はグローバル金融危機による変動が激しいため除いている）。同表より経常収支について見ると、それは二〇一〇年以降に改善されてはいるものの、依然として大きな赤字を表していることに変わりがない。財の収支について、その赤字幅は確かに縮小した。輸出の増大がその要因であることも疑いない。しかし、輸入もそれに合わせて増えた結果、財収支の赤字が著しく減少することはなかった。

これに対して、むしろ財以外の部分の収支の改善がより鮮明に現れている。サーヴィス収支の赤字は、二〇一〇年以降に大幅に減少する。その下落幅は財収支のそれよりも大きい。また、純対外投資収益を主とする第一次所得収支の赤字も大幅に低下した。とくに注目すべきは、そうした収益の債権が大きく増大したことである。ということ

表1-7　ギリシャの国際収支、2003-2014年
（5カ年平均値、100万ユーロ）

年次	2003-07年	2010-14年
A.経常収支	-23733	-14970
財収支	-38541	-31582
輸出	18000	29773
輸入	56451	61335
サーヴィス収支	-19871	-11124
第一次所得収支	-7677	-3101
債権	4278	8533
債務	11955	11633
第二次所得収支	3805	-744
債権	8272	3672
債務	4467	4416
B.資本収支	3349	3367
C.誤差脱漏	396	1067
D=A+B+C	-19988	-10536
E.金融収支	-18515	-4463
F.準備資産	-1473	-6073
G=E+F	-19988	-10536

（出所）IMF, *Balance of Payments Statistics* の各年より作成。

は、ギリシャがそれだけ対外投資を行ったことを意味する。他方で、経常移転を表す第二次所得収支は、二〇一〇年以降に赤字に転化した。それは、債権の大幅な削減による。ギリシャは、個人間を含めてそれだけ対外的に経常移転を行っていたのである。

このようにして見ると、ギリシャの経常収支が、対内切下げ戦略や財政緊縮策によって著しく改善されたと言うことは到底できない。ここで留意すべき点は、財収支というよりは第一所得収支の改善であろう。それはまた、ギリシャにとって深刻な内容を意味した。その点を確かめるため、次にギリシャの国際収支全体をもう少し詳しく見ることにしたい。

(二) 基礎的な対外不均衡の拡大

まず、表1‐7を振り返ることにより、ギリシャの経常収支以外の国際収支を見てみよう。資本移転を主とする資本収支はほとんど変化していない。そこで、経常収支に資本収支と誤差脱漏を加えたものに注目すると、その赤字幅は二〇一〇年以降に大きく減少したことがわかる。IMFのBPM第六版（最新版）によれば、その合計額は金融収支と準備資産の合わせたものに等しい(29)。その中で、準備資産は二〇一〇年以降に資産を大きく減少させている。ということは、ギリシャの総合収支が同時期にかなり悪化させたことを示す。一方、それと反対に金融収支は負債を著しく減少させた。このことは一体何を意味するか。

表1‐8は、ギリシャの純対外投資収益と純対外投資を示したものである。まず投資収益の資産を見ると、それは二〇一〇年以降に増大した。その主たる要因は、ポートフォリオ投資収益の大きな増加であった。他方で、投資収益の負債はそれほど変わっていない。その結果、純対外投資収益の赤字

幅が二〇一〇年以降に減少した。それは、とくにポートフォリオ投資収益の赤字が大きく下落したことによる。

そして、このような対外投資収益の増減は、そのまま対外投資の変化を表していた。同表より、まず直接投資の動きを見ると、その資産は二〇一〇年以降にそれ以前の時期の三五%ほどまでに減少した。また、その負債もかなり下落した。このことは、ギリシャが同時期にリセッションが深まる中で、対外直接投資と対内直接投資の双方を低下させたことを意味する。他方でポートフォリオ投資の方はどうか。その資産はやはり直接投資の場合と同じく減少している。問題なのは負債の方である。それは、二〇一〇年以降に、それ以前と同じ規模でプラスからマイナスに転じた。これは、ギリシャに対して行われたポートフォリオ投資の償還もしくはギリシャからの資本逃避を示した。つまり、資本はギリシャから流出したのである。そこで、ギリシャの純対外直接投資と純対外ポートフォリオ投

表1-8　ギリシャの純対外投資収益と純対外投資、2003-2014年（5カ年平均値、100万ユーロ）

年次	2003-07年	2010-14年
A.対外投資収益:資産	3880	4568
直接投資収益	648	890
ポートフォリオ投資収益	1800	2470
B.対外投資収益:負債	11653	10519
直投投資収益	1553	-1468
ポートフォリオ投資収益	6976	6428
C=A-B.純対外投資収益	-6496	-5951
直接投資収益	-1465	2358
ポートフォリオ投資収益	-5176	-3958
D.対外直接投資:資産	2473	879
E.対外直接投資:負債	2291	1583
F=D-E.純対外直接投資	182	-704
G.対外ポートフォリオ投資:資産	15569	11769
H.対外ポートフォリオ投資:負債	30270	-27731
I=G-H.純対外ポートフォリオ投資	-14701	39300
J=F+I.純対外投資	-14518	38595
K.経常収支	-23733	-14790
L=K-J	-9215	-53385

（出所）IMF, *Balance of Payments Statistics* の各年より作成。

資を加えた純対外投資は、二〇一〇年以降にそれ以前とは真逆に大幅な黒字（資本流出）を表した。

かつて、一国の基礎的な国際収支は経常収支と長期資本収支を加えたものとして表された。そこで、それに準じるものとして、経常収支から純対外投資を差引いた収支を考えるとどのようなことが言えるであろうか。表1-8を振り返って見ると、そうした収支（L）の赤字幅は、二〇一〇年以降にそれ以前の六倍近くにまで膨らんだことがわかる。もちろん、これを以て直ちにギリシャの基礎的な対外不均衡が悪化したとみなす訳にはいかない。現代においては、直接投資とポートフォリオ投資のいずれも短期性の投資を含んでいるからである。しかし、それでもなお、そうした準基礎的な収支がおおよその傾向を表していると言ってよいのではないだろうか。少なくとも、かつて欧州の経済学者が考えたような、周辺部の経常収支の赤字を中心部からの資本流入でカヴァーするというシナリオは、ギリシャに関して言えば完全に崩された。そこでは、緊縮プランを遂行した二〇一〇年以降に逆の資本流出が引き起こされたのである。

このように、ギリシャは経常収支の赤字を続けたばかりでなく、それを外国資本によって埋めることにも失敗した。それでは、ギリシャはそうした対外不均衡をどのように是正すればよいか。この点について、あのY・ヴァルゥファキス（Varoufakis）が、ツィプラス政権の成立するより以前に一つの見解を表していた(30)。彼は、ユーロ圏内の黒字国が、その余剰分を周辺部の生産部門に投資することで、被投資国は経常収支の赤字をカヴァーできると共に生産力を増大して成長をもたらすと唱える。この考えは妥当であろうか。

まず指摘しなければならないことは、そうした投資を行う主たる主体は企業であり、かれらが利益第一主義の行動をとる以上、リセッションに見舞われ、かつまた競争力を持たないギリシャのような赤字国に大きな投資を行うことはありえないという点である。さらに、仮に対内直接投資が盛んに行われるようになったとしても、そのことが被投資国の輸出に一方的なポジティヴ効果をもたらすことはない。先に示したように、現代の直接投資に基づく貿易は企業内貿易を主としている。そこではサプライ・チェーンに組み込まれた貿易のネットワークが設けられる。それによって被投資国は、逆に輸入を増やして貿易収支を悪化させる可能性がある。しかもその際にトランスファー・プライシング（移転価格）が行われることから、被投資国の輸出代金が低く押えられることも十分に考えられる。

このようにして見ると、ヴァルゥファキスの主張するような外国投資の誘引効果は、とりわけ緊縮策を強いられたギリシャに関して乏しい。さらに銘記すべき点は、ギリシャが債務返済義務を負っていることから、外国投資家の信頼を失った点である。かれらが、ギリシャのディフォールト危機を不安視したことは疑いない。このことによって、ギリシャは資本流入どころか、逆に資本逃避に伴う資本流出に見舞われた。その結果、すでに見たようにギリシャの基礎的な対外不均衡は大きく悪化した。そうだとすれば、ギリシャが対外不均衡を根本的に是正するためには、やはり緊縮政策の放棄、並びに債務の削減以外にないのではないか。そう思えてならない。

六　おわりに

以上の実証的な検討からわかるように、ギリシャは、緊縮政策とそれに基づく構造改革によって経済を復興させることができなかった。同時にかれらは、競争力を増大して対外不均衡を改善させることにも失敗した。緊縮策を課した複数の覚書はまさしく、ギリシャの経済システムを打ち壊した。それは、ギリシャ経済の復興する機会を何世紀にもわたって奪ってしまった。これは決してオーヴァーな表現ではなかった。それほどにギリシャは、緊縮策によって痛めつけられたのである。

そうだとすれば、ギリシャのマセドニア大学元教授のM・ネグレポンティ-デリヴァニス（Negreponti-Delivanis）が唱えるように、ギリシャの経済崩壊をもたらした緊縮策を強要したトロイカの責任が問われねばならない[31]。とくに欧州債権団はドイツを中心に、ギリシャに対し、新自由主義を推進する厳格な手段として緊縮策を課した。かれらは他方で、そうした政策がギリシャの人々の生活に及ぼす影響に目を配ることを怠った。永続的なリセッションとデフレの傾向は当時より非難されていたにも拘らず、かれらはそれを無視した。そこには反省の気配は全く見られなかった。しかも忘れてならないことは、そのような経済的惨状の中で、次章に詳しく見るように社会問題が様々に噴出し、ギリシャが明白な社会危機に陥ったという点であろう。これらの事象が、その後のギリシャの経済と社会を強く規定したのは言うまでもなかった。

【注】

（1）Santi,M., *Misère et opulence —Chroniques d'austérité globalisée*—L'Harmattan, 2014, pp.141-142.

（2）Laskos, C., & Tsakalotos, E., *Crucible of resistance—Greece, the eurozone and the world economic crisis*—, Pluto press, 2013, pp.34-37.

（3）Karyotis,G., & Gerodimos, R., ed., *The politics of extreme austerity: Greece in the eurozone crisis*, Palgrave Macmillan, 2015, p.2.

（4）Laskos C., & Tsakalotos, E., *op.cit.*, pp.104-106.

（5）Karyotts, G., & Gerodimos, R., " Introduction: Dissecting the Greek debt crisis", in Karyotis, G., & Gerodimos, R.,

ed., *op.cit.*, p.3.
（6）Theodoropoulou, S., & Watt, A., "An evaluation of the austerity strategy in the eurozone : was the first Greek bailout programme bound to fail? ", in Karyotis, G., & Gerodimos, R., ed., *op.cit.*, p.72.
（7）Flassbeck, H., & Lapavitsas, C., *Against the troika—Crisis and austerity in the eurozone*—, Verso, 2015, p.90.
（8）Matsaganis, M., " The crisis and the welfare state in Greece: A complex relationship", in Triandafyllidou, A., Gropas, R., & Hara, K. eds., *The Greek crisis and European modernity*, Palgrave Macmillan, 2013, p.154.
（9）Maniatis, T., " The fiscal crisis in Greece　— Whose fault? ", in Mavroudeas, S., ed., *Geek capitalism in crisis*, Routledge, 2015, p.35.
（10）Theodoropoulou, S., & Watt, A., *op.cit.*, p.73.
（11）Laskos, C., &Tsakalotos, E., *op.cit.*, p.93.
（12）Maniatis, T., *op.cit.*, pp.36-37.
（13）Laskos, C., & Tsakalotos, E., *op.cit.*, p.93.
（14）*ibid.*,p.96.
（15）Theodorpoulou, S., & Watt, A., *op.cit.*, p.75.
（16）Kapsalis,A., & Kouzis, Y., " Le travail, la crise et les mémorandums ", in Burgi, N., dir., *Le grande régression— La Grèce et L'avenir de L'Europe*—, p.157.
（17）Theoropoulou,S., & Watt, A., *op.cit.*, p.80.
（18）*ibid.*, pp.82-83.
（19）Kapsalis, A., & Kouzis, Y., *op.cit.*, pp.165-167.
（20）Ioannides, A., " A comparative study of aspects of employment and unemployment in Greece before and after the crisis ", in Mavroudeas, S., ed., *Greek capitalism in crisis*, Routledge, 2015, pp. 205-206.
（21）*ibid.*,pp.206-207.
（22）Pelagidis, T., & Mitsopoulos, M., *Who's to blame for Greece? — Austerity in charge of saving a broken economy* — ,

Palgrave Macmillan, 2016, p.161.

(23) *ibid.*, p.169.

(24) *ibid.*, pp.175-176.

(25) *ibid.*, pp.182-190.

(26) Theodoropoulou, S., & Watt, A., *op.cit.*, p.73.

(27) Piton, S., " Déséquilibres des balances courantes en zone euro : où en est-on ? ", in CEP II, *L'économie mondiale* 2015, Éditions La Découverte, 2014, pp. 43-45.

(28) IMF,*Balance of Payments Manual*, 5th ed., 1993, p.159.

(29) IMF,*Balance of Payments and International Investment Position Manual*, 6th ed., 2009 ,pp.9-11.

(30) Varoufakis, Y., "We are all Greeks now ! The crisis in Greece in its European and global context ", in Triandafyllidou, A., Gropas, R., & Hara, K., eds., *The Greek crisis and european modernity*, Palgrave Macmillan, 2013, pp. 50-53.

(31) Negreponti-Delivanis, M., " La Grèce toujours dans l'impasse. Peut-elle en sortir ? ",in Lafay, G., dir., *Grèce et euro : quel avenir ?*, L'Harmattan, 2015, pp.94-95.

第二章　ギリシャの社会的保護体制の崩壊

一　はじめに

欧州諸国は二〇〇〇年代まで、少なくとも形式的には民主主義の原則を尊重してきたとされる。それは、社会的機構の改革によってである。しかし、その点は二〇一〇年を境に消えてしまう。緊縮という新たな規範的秩序が、最も乱暴な仕方で欧州全体に植え付けられたからである。そのことは、民主主義を保たせるはずの法制的かつ政治的な根本原則を破る形で進められた。A・カプサリス（Kapsalis）とY・クーズィス（Kouzis）が正しく指摘したように、ギリシャはまさしくその出発点に立たされた(1)。

ギリシャ社会における反民主主義的な姿は、まずもって労働の場面に鮮明に現れた。ギリシャは、M・サッチャー（Thatcher）の開いた二つの道、すなわち、一つは労働組合の破壊、もう一つは労働条件の悪化に対する抵抗を防ぐための社会的グループの分断、という道をひたすら歩む。その社会的なネガティヴ効果は計り知れないほどに大きかった。ギリシャ国民の大多数の貧困化は、ギリシャ社会のそうした劇的な変化を如実に物語っている。ギリシャ危機は、こうして反民主主義的な性格を装いながら悪化の一途を辿った。

そうしたギリシャ社会に対する反民主主義的な圧力は、もちろん労働の場面にのみ働いたのではない。それは、年金や医療などを代表とする社会福祉全般にわたった。本章の目的は、債権団の課した想像を絶する緊縮政策とそれによる構造改革の下に、ギリシャの社会的保護システムがいかに機能不全に追い込まれたかを明らかにすることである。このことはまた、欧州の厳しい緊縮策が社会的ヨーロッパを破壊する過程を、ギリシャを例としながら追認することを意味している。

二　労働市場改革と失業の増大

（一）「覚書」と労働市場改革

ギリシャは、二〇一〇年五月と二〇一一年九月の二回にわたって覚書をトロイカと交わした。これによってギリシャは、債権団の要求する労働市場改革を受け入れる(2)。それらの覚書で、よく監視された労働市場にフレキシビリティを導入することが謳われた。この市場の弾力化により、労働の非正規化が正式に容認される。さらにトロイカは改革に一層の圧力をかけた。かれらは、賃金交渉システム、労働組合の財政構造、並びに基本的な労働法の部門までにも及ぶ改革を促したのである(3)。

ところで、そうした労働市場改革は欧州の主張する構造改革の一環であった。フレキシブルな労働の実践も、そこでは競争力にポジティヴな効果が与えられるとみなされた。それによってリセッションは和らげられると唱えられたのである。しかし、事態は全くその逆であった。すでに前章で見たように、リセッションは深まると共に、それに伴って失業がはっきりと増大した(4)。現実に雇用は減少し、失業率も二〇％を超えるほどに高まった。とくに若者の失業率はつねに高く、それは二〇一二年の秋に五〇％を上回るほどであった。また留意すべき点は、それらの失業者の六割以上が長期的失業を被ったことであろう。

さらに気をつけるべき点は、この労働市場改革が結局は労働条件の悪化をもたらしたという点である。それにより、フレキシブルな労使関係が一つのルールとなった。緊縮策導入以前においてはフル・タイムのジョブが新規雇用のほぼ八〇％を占めていたのに対し、構造改革後の二〇一二年に、それはたった五六％にすぎない。しかも悪いことに、雇用契約の変更も急増した。二〇一〇年前半まで、一方的なジョブ・ローテーションの変更は六〇ケースであったのに対し、それは二〇一二年前半に実に七三五〇ケースに著増したのである。ギリシャは実際に、二〇一〇年以降に雇用を著しく喪失した(5)。それに伴って失業者が増大したことは言うまでもない。

他方で、覚書で要求された労働市場改革は、労働者の権利を露骨に排除するものであった(6)。労働組合は、集団交渉を切り崩された。これにより集団解雇が当然容易になる。ユーロ・スタットの「労働力サーヴェイ」が説くように、現代のギリシャで労働者の自由意思は大して残されていない。かれらは失業の恐怖に晒され、生活水準を急速に悪化させた。それはまた、労働組合の弱体化をよく物語っていた。

(二) 失業者の増大

こうした中でギリシャは、二〇一〇年以降に失業者を急増させた。表2-1は、ギリシャの失業者の推移を性別、年齢別、並びに失業期間別に示したものである。それを見ると、まず二〇一〇年の失業者は、それ以前よりも飛躍的に増大した。その数は二〇〇九年より一〇万人以上増える。そして、それ以降も失業者は増え続けた。二〇一四年の失業者は二〇一〇年のそれの倍以上に膨らみ、全体で一三四万人を超えるほどに至る。ギリシャの人口は一一〇〇万人ほどであるから、その数は莫大である。また性別で見ると、当初（二〇一〇年まで）は、やはり女性の失業者が男性のそれを大きく上回っていた。ところが、二〇一一年以降に両者の差は縮まり、二〇一三年からはついに男性の失業者が女性の失業者を上回る。もはや失業は女性に固有の現象ではなく、むしろ男性によりはっきりと現れたのである。

　さらに年齢別で見ると、当初は二五～四四才の年齢層で失業者が群を抜いて最大であった。ところがその後は、四五～六四才の中堅からヴェテランの労働者においても、失業者が著しく増えていることがわかる。それは二〇一四年

表2-1　ギリシャの失業者の推移、2009-14年（1000人）

年次		全体				男性				女性			
		15~24才	25~44才	45~64才	総計	15~24才	25~44才	45~64才	総計	15~24才	25~44才	45~64才	総計
2009	合計	95.4	286.2	94.3	476.7	41.5	115.5	44.2	201.8	54	170.7	50.1	274.9
	1年未満の失業	68.8	184.1	57.2	310.6	31.2	83.7	29.9	145.1	37.7	100	27.3	165.4
	1年以上の失業	25.6	100.1	35.8	162	9.6	31.1	13.6	54.7	16.1	68.9	22.2	107.2
2010	合計	109.9	359.8	129.5	600.2	47.5	151.1	67.2	266.7	62.4	208.7	62.3	333.5
	1年未満の失業	70.6	200.8	70.3	342.1	31.6	92.7	41.3	165.8	39.3	107.7	29	176.2
	1年以上の失業	37.4	156.8	58.2	252.7	15.1	56.2	25.2	96.8	22.3	100.5	33	155.9
2011	合計	134.4	491.3	172.2	799.6	62.2	225.4	93.7	382.3	72.2	265.9	78.5	417.3
	1年未満の失業	80.9	264.5	88.5	435	38.9	135.3	52.9	227.7	42.3	171.5	35.6	207.5
	1年以上の失業	51.8	221.9	81.5	355.9	22.5	87.8	39.5	150.1	29.4	134.1	42.1	205.8
2012	合計	175.8	681.3	260.1	1119.1	82	328.2	141.1	552.4	93.8	353	119	566.7
	1年未満の失業	90.9	297.2	112.4	501.3	44.7	157.4	67.1	269.8	46.3	139.9	45.2	231.6
	1年以上の失業	83.4	380.1	146	610.7	36.3	168.8	72.7	278.6	47	211.2	73.3	332.1
2013	合計	192.1	990.3	341.4	1336	97.1	489.6	187.6	680.6	95	405.7	153.9	655.4
	1年未満の失業	92.2	276.2	105.6	474.6	46.4	145.7	204.7	251.4	45.8	130.3	46.6	223.1
	1年以上の失業	96.8	612.9	233.1	849.5	50.2	244.6	126.8	424.6	46.6	271.5	16.3	424.9
2014	合計	172.1	975.2	358.9	1342.3	85.3	671.2	190.1	677.8	86.9	494.3	168.8	664.5
	1年未満の失業	68.1	295.5	79.1	376.3	31.1	117.6	46.6	196.3	37	109.9	142.5	179.8
	1年以上の失業	102.4	571.2	278.4	958.7	53.4	275.6	142.5	477	49	295.7	135.8	481.7

（出所）Hellenic statistical authority,*Unemployed persons of 15years and over by age groups,duration of unemployment and sex* の各年より作成。

に、二五～四四才におけるものに匹敵している。これらの事実は、失業がギリシャの労働者全体に広まっていることを明白に示すものである。

このようにして、ギリシャの失業率も二〇一〇年以降に急上昇する。図2-1に見られるように、二〇〇〇年代までの全体の失業率が一〇％ほどであったのに対し、それは二〇一〇年に一五％を超え、ピークの二〇一二年には実に二五％にまで達した。ここでとくに留意すべき点は、ギリシャの若者の失業率が非常に高いという点である。同図からわかるように、二四才以下の若者の失業率は二〇〇〇年代でもすでに三〇％近くの値を示していた。そして二〇一〇年以降に、その値は著しく増大して二〇一二年には何と六〇％までに至る。それは、全体の失業率の倍以上であった。

このギリシャの失業率について、さらに注意を要する点がある。それは、失業率が人々の受けた教育のレヴェルによって大きく異なるという点である。表2-2より、ギリシャの失業率を人々の受けた教育のレヴェル別で見ると、そのレヴェルが低いほど失業率が逆に高まることがよくわかる。初等教育しか受けていないかあるいはそれすらも受けていない人々の失業率は、高等教育を受けた人々のそれに比

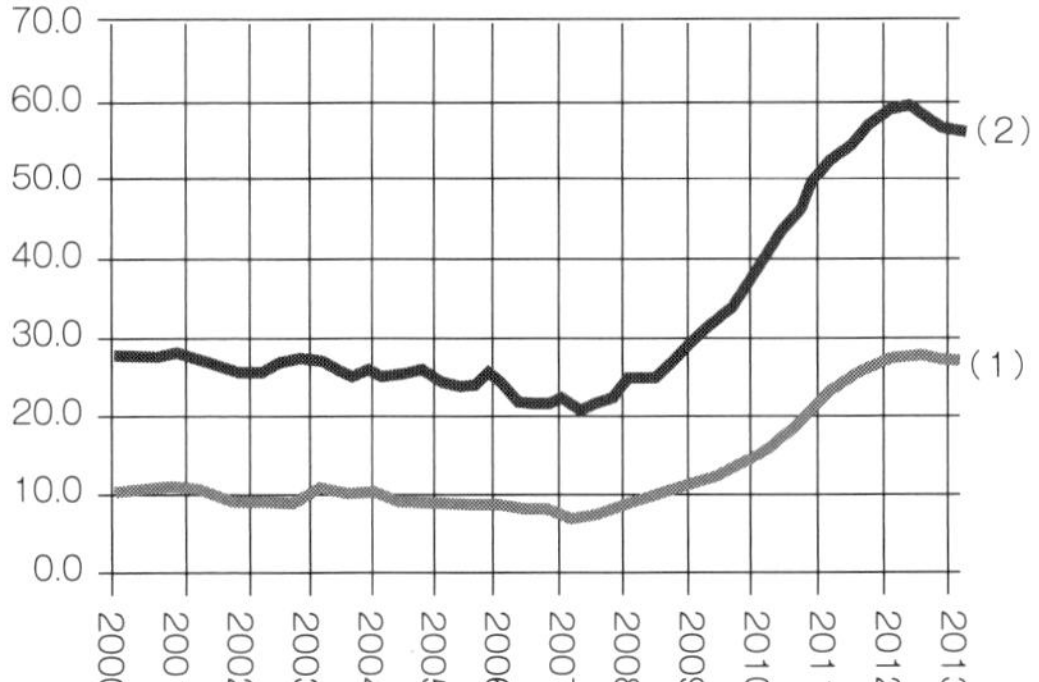

図2-1　ギリシャの失業率の推移、2000～2013年
（第四半期の平均値、％）
(1)全体　(2)24歳以下の若者
（出所）Flassbeck, H., & Lapavitsas, C., *Against the Troika*, Verso, 2016, p.109より作成。

べてはるかに高い。とくにこの点は、女性に関してより目立っている。

　そこで次のようなことが考えられるかもしれない。それは、そうした人々の受ける教育のレヴェルを上げていけば失業率は低くなるというものである。この考えは妥当であろうか。まず、人々の受ける教育レヴェルと労働の権利とは本来無関係なはずである。そこでは、労働の多様性が認められねばならない。教育を十分に受けていないから労働できないということは決してない。さらに言えば、景気が悪化することで最も底辺に位置する日雇い労働者の雇用が真先に消滅するのも不条理な話であろう。

　他方で、失業が個人の責任に転嫁されては絶対にならない。貧困家庭において、人々はいくら高度な教育を受けたくても受けられない状況に置かれている。このことは個人の責任の範囲を越えている。人々の受ける教育レ

表2-2　ギリシャの失業率の男女別・教育レヴェル別構成、2012-2013年(%)

教育レヴェル	2012年			2013年		
	男性	女性	合計	男性	女性	合計
全体	20.8	27.3	23.6	24.1	31.1	27.1
大学院、Ph.D.	11.7	14.3	12.9	12.3	16.7	14.2
大学	12.8	19.4	16.2	14.8	20.6	17.7
職業専門教育	20.7	31.6	26	23.5	38.1	30.6
中等教育	22.5	31.4	26	25.6	35.1	29.3
より低い中等教育	23	30.9	25.7	30.4	36.7	32.5
初等教育	24	23.8	24	27.4	26.5	27
初等教育の未完	24.7	27.4	25.7	37.6	44.3	39.6
学校教育無し	36	35.4	35.8	38.7	51.4	43.5

（出所）Council of Europe International review, *Youth policy in Greece*, Council of Europe, 2015, pp.19-20 より作成。

ヴェルが、かれらの保有する富と深く関係しているとすれば、これほど理不尽なことはない。そこでは、教育を受ける権利の平等性が侵害されていると言わねばならない。

ところで、ギリシャの失業問題について、さらにもう一つ注意すべき点がある。それは隠れた失業である。以上に見たように、ギリシャの公式発表の失業率はすでに著しく高い。しかし、実質的な失業率は一層高くなることがわかっている。この点については、A・イオアニデス（Ioannides）が詳細な分析を行っているので、以下ではその行論を追うことにしたい⑺。労働の世界では、「落胆した労働者の効果」という現象が見られる。これは、永続的な高い失業率と長期失業のために、労働者が落胆して働かなくなる状態を指す。ギリシャでまさにこのことがはっきりと現れた。二〇〇九～二〇一一年に、少なくとも八万人がこの落胆した労働者に入ると言われる。かれらは働きたいが積極的に仕事を探せない。しかし、かれらの統計的把握は難しい。したがってかれらは、失業者として記録されない。これが隠れた失業である。この部分を加えると、ギリシャの失業率はさらに一・二％も上昇すると推計される。

一方、この隠れた失業は不完全な雇用形態からも生じる。その一つは非正規雇用である。かれらは純粋な失業者ではないにしても、完全な雇用の状態に置かれている訳ではない。また、ギリシャにとくに多く存在する自営業者の問題がある。かれらは十分な資金がなくても、年金の権利を奪われることから事業を簡単に脱け出せない。実際にはギリシャで何千もの自営業者が失業と同じ状況にあるにも拘らず、かれらは公式の統計には記載されない。こうした隠れた失業率は二〇一四年に四・四％にも上ると推計される。

以上に見たように、ギリシャの失業状況は、もはや尋常の域を越えている。失業問題が社会問題の基点になっていることは間違いない。この点が緊縮政策によって改善されるどころか、むしろ悪化するのであれば、そうした政策を採用する意義は全くない。

三　社会的排除と貧困化

（一）貧困問題の悪化

そもそもギリシャでは、貧困問題が一つの最大の社会問題として危機以前から現れていた。それは皮肉なことに、一九九〇年代半ばからギリシャが経済発展を願って推進した近代化プロジェクトの中ではっきりとしたのである。しかも驚くべきことは、中道左派のパソク（PASOK、全ギリシャ社会主義党）政権の下でさえ、貧困問題は全く解消されなかったという点であろう(8)。実際にギリシャにおける所得格差に基づく社会的不平等は危機以前においてもEUの中で最も高かった。二〇〇八年のギリシャのジニ係数は、EU15の中で最大を示した。しかもそれは、その後も上昇し続けた。ギリシャのジニ係数は二〇〇九年に0.349、そして二〇一二年には0.369にまで達する(9)。また、そうした不平等と裏腹の関係にある貧困の度合も、ギリシャで一層高まっていた。

ここで貧困の概念を、ユーロ・スタットなどで用いられているものから規定すれば、それは各国の可処分所得（メディアン）の六〇％を以て貧困の境界とするというものである(10)。その際の家計の可処分所得は次のように表される。（家計のすべてのメンバーの全収入）＋（家計のレヴェルで受け取られた収入）―（所得税＋社会保障支出）。もちろんこうした規定は、あくまでも統計処理を行うための形式的なものであり、貧困の本質的規定を示すものではない。

ところで、現代社会に根づく貧困問題は、グローバル金融・経済危機によって一層深刻になった。そうした危機の要因については様々な見解が出されたとしても、それが貧困に対して、あるいはまた最も脆弱な人々の生活水準の悪化に対して極めて大きなインパクトを与えたことは誰も疑わないであろう。この点は、ギリシャのケースで最もはっきりと現れたのである。図2-2は、一九九〇年代半ばからのギリシャの貧困率の推移を示している。見られるように、ギリシャの貧困率はEU15の平均値よりも一貫してかなり高い。そして二〇〇八年のグローバル金融危機以降に、それは急上昇し、危機以前で最大であった一九九四年のレヴェルを上回るに至る。二〇一一年に貧困率は二三%にも迫っていた。ということは、ギリシャの人々の約四分の一が貧困の状態に陥っていたことを表している。

他方で忘れてならないのは、ギリシャにおけるグローバル危機後の貧困者の増大が、人々の労働条件の悪化から生まれたという点である(11)。確かに、失業は貧困と必ずしも直接に結びつくものではない。しかしギリシャにおいて、賃金雇用の不足は明確に貧困と不平等を決定する要因となった。それればかり

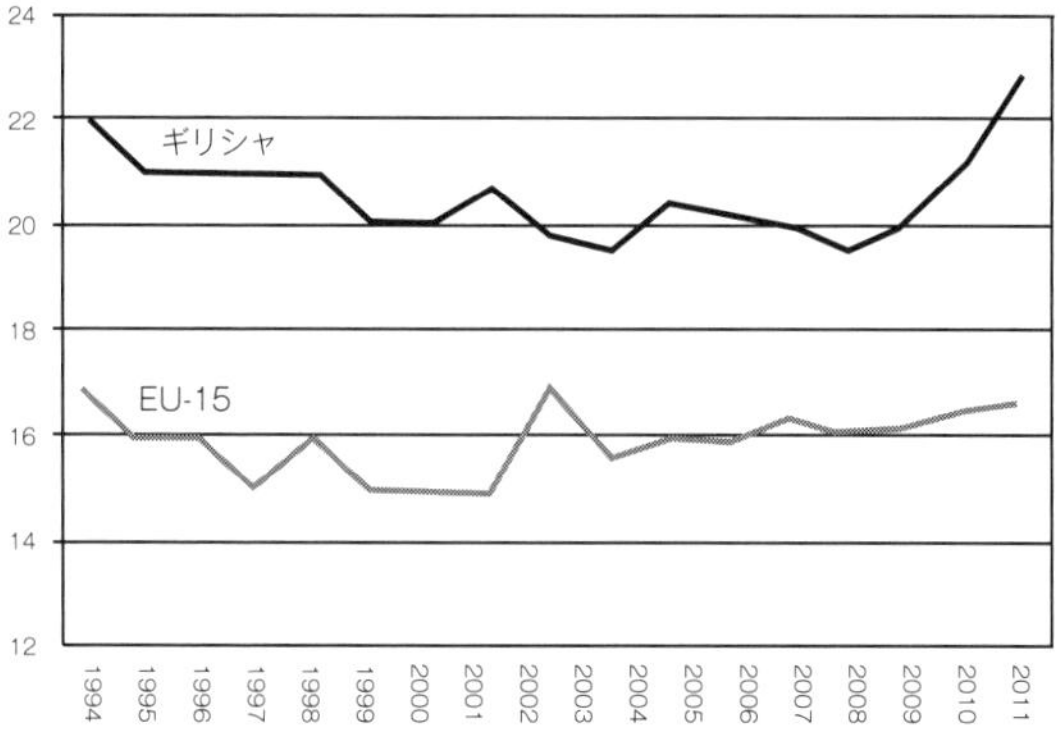

図2-2　ギリシャの貧困率、1994〜2011年（%）
（出所）Papatheodorou, C., “Economic crisis,poverty and depriviation in Greece” ,in Mavroudeas,S.,ed., *Greek capitalism in crisis*, Routledge, 2015, p.183 より作成。

でない。ギリシャにおける雇用形態の変更も貧困リスクを高めた。実際にパート・タイムの被雇用者は貧困に晒された。労働市場のより高いフレキシビリティは同時に、高い貧困率をもたらしたのである。このことはまた、ギリシャに課された厳しい緊縮策による労働市場改革と貧困との関係をよく物語っていた。

（二）緊縮政策と貧困化

ところで、そうした緊縮策による貧困化は、労働の場面にのみ現れたのではない。実は、最も悲劇的なケースは、老人の低額年金受給者の貧困化であった(12)。かれらは、緊縮策が遂行された四年間に十回の年金削減を強いられた。年金はそれによって半額になる。その結果、かれらが暖房用燃料さえ買えることも確かでなくなった。そして、貧窮生活に疲れ果てた老人（男女共）は自殺に追いやられた。現実にギリシャの自殺率は、二〇一〇〜二〇一二年に三五％上昇した。その中に多くの老人が含まれていたのである。

このようなギリシャの人々の悲惨な生活困窮ぶりを踏まえたとき、それでもなお新自由主義に基づく緊縮策を正当化できるであろうか。一般に先進諸国において、経済成長は所得格差をなくして貧困を減少させると信じられている(13)。これはトリックル・ダウン効果と呼ばれ、新自由主義政策＝緊縮政策の論拠となった。こうして政府は、企業家や富裕な人々をサポートした。それは経済全体にポジティヴ効果を及ぼし、結果として貧困者に利益を与える。最終的に経済成長は、不平等と貧困に対してマクロ的に優れたインパクトを与えるとする考えが支配的になる。こうしたシナリオが緊縮策を支えたのである。

　ここでの関心は、それゆえ経済成長と貧困解消との結びつきにある。この結びつきは、ギリシャを例にしても決してエヴィデンスをえられるものではない。危機以前に経験したギリシャの高い成長率は、貧困の削減に貢献しなかった。他の先進諸国を例にした研究も、経済成長の貧困解消に与える強いポジティヴ効果を支持していない。そこで貧困の減少には、全く別の視点が必要とされる。それは所得の再分配の視点、すなわち資金の社会的トランスファーの視点である。実際にEU諸国間の貧困率の相違は、そうした社会的トランスファーのインパクトに大いによることが判明している(14)。

　ギリシャの社会的保護システムは、他のEU諸国に比べて非常に脆弱であり、このことが貧困を削減する上で大きな障害となっている。この点はまた、ギリシャ自身の構造的な弱みと特異性を映し出していた。ギリシャでは年金受給後の所得に関する貧困率は、実はEU15の中で最も低い部類に入る。それゆえ、年金を除く他の社会的トランスファーの低さが、ギリシャの高い貧困率を説き明かす。つまり、ギリシャの社会的トランスファーは年金に使い尽くされているのである。そこで、緊縮策によって年金が削減されれば、ギリシャの貧困率が極度に高まるのは当然であった。

　このようにして、危機と緊縮策の双方がいっしょになってギリシャの人々の貧困と生活水準に非常に悪い影響を与えたのである(15)。とくに二〇一〇～二〇一一年の貧困リスクの高まりは著しかった。同期間に貧困と社会的排除のリスクは三四・六％までに上昇する。実に皮肉にも、二〇一〇年は、EUが「貧困と闘うヨーロピアン・イヤー」と宣言した年であった(16)。

　こうしたギリシャの二〇一〇年以降の貧困が増大する姿を見ると、欧州はほんとうに貧困の撲滅に向けた努力をしたのかが問われるに違いない。しかもギリシャでは、貧困者はより貧困になる傾向が現れた。二〇一一年に、貧民の二人に一人は、何と毎月三三二ユーロ以下の可処分所得しかえられなかった。それは失業手当以下である。そして二〇一二～二〇一三年に行われた緊縮策は、人々の所得に対してなお悪い影響を及ぼした。ギリシャでジニ係数は上昇し、社会の両極化がますます進展する。これはまさに、緊縮策による富の不平等な分配の結果であった。これによって被害を受けたのは低所得層だけではない。中所得層の一ヵ月当り可処分所得も、二〇一〇年の九一五ユーロから二〇一二年には七九三ユーロにまで減少した。さらに、人々の物質的喪失も劇的に増大する。ギリシャで物質的喪失を被った人々の割合は、二〇〇八年の二一・八％から二〇一二年には三三・四％にまで高まった(17)。

しかも、ギリシャで仕事をえることが、そのまま貧困から脱出することにつながらないという点に注意しなければならない。貧困リスクの増大は、先に論じた労働市場に対する緊縮政策の効果を反映しているからである。そこではとくに、最低賃金の減少が大きなインパクトを持っていた。事実、被雇用者の大多数、とりわけ若者に関して、フル・タイム雇用の月額最低賃金は二〇一〇年の段階で貧困ライン以下であった。

こうして緊縮政策は、それでなくてもすでに弱まっていたギリシャの社会的保護システムを一層悪化させた。この点は例えば年金の削減となって現れた。月額三六〇ユーロのベーシックな年金収入は、二〇一一年のギリシャの一人当り貧困ライン収入を下回った。さらに、この額が固定されずに一層引き下げられる可能性があるという点に留意する必要がある。そして失業手当ても、やはりギリシャの貧困ライン収入以下にセットされたのである。

以上からわかるように、新自由主義的処方として導入された緊縮政策は、政府による社会的保護のための分配上の役割を明らかに弱めた。このことが、当然に貧困の削減にネガティヴに働いた一方で、社会的トランスファーを著しく減少させたのである。

四　医療システムの瓦解

（一）新自由主義と医療

現在のギリシャが直面する危機において、その最も暗い面は、公衆の健康を守るはずの国民的医療システムが壊れてしまった点に見ることができる。ギリシャ市民はまさに、死に至る恐怖に晒されている[18]。それはまた、トロイカによる新自由主義的統治としての緊縮政策の遂行によって引き起こされた。この点を忘れてはならない。

そもそも公共サーヴィスは、欧州の周辺諸国のすべてにおいて厳しい財政上の制約を被った。このことは、本来は対象としてはならないはずの医療サーヴィスにまで及んだ。公共病院や国民的な医療システムも、金融支援と引換えの公共支出の削減によって危機的な状況に追い込まれた。そうした公共医療システムの破壊とその民営化が、欧州の構造改革の核心にさえなったのである[19]。

公共医療セクターは長い間、新自由主義が推進される中でも、市場の浸透に対する抵抗を打ち破るのに最も難しい部門と考えられてきた。そこでは、医療を受ける条件の平等が正当化されたからである。ところが一九八〇年代に新自由主義の旗頭として登場したイギリスのサッチャー首相の政策により事態は一変した。彼女は、国民的医療サーヴィスの根本的な問題を提起した。それは、公共医療に市場メカニズムを導入するというものであった。これによって、人々の公共医療へのアクセスの条件は全く変わった。このサッチャー宣言にしたがって他のＥＵ加盟国も、テンポは異なるものの固有の方式で公共医療機関の民営化に向けて次第に舵をとるようになる。このことはまた、社会的支出をめぐる各国間の財政競争の開始を物語っていた。

このような、新自由主義に基づく公共医療システムの改革の流れに沿って、欧州は債務を負った南欧諸国に対し、公共医療サーヴィスへの支出を削減するように圧力をかけた。ギリシャはその典型例であった。それによって、人々の医療サーヴィスが劣化したことは言うまでもない。

それでは、南欧諸国の医療の質は危機以前から悪かったかと言えば全くそうではない。否、むしろその逆であった。二〇〇〇年に出された世界医療保健機関のレポートによれば、一九一の加盟国を医療の質で分類すると、フランスが一位、イタリーが二位、スペインが七位、ポルトガルが一二位、そしてギリシャが一四位であった[20]。かれらの医療は非常に充実していたのである。これに対し、スウェーデンは二三位、並びにドイツは二五位であった。北欧の医療は、南欧のそれより劣っていた。これは驚くべき事実であろう。

そうであればなおのこと、危機後の、そして緊縮策導入後の南欧における公共医療サーヴィスの悪化が際立ってくる。ギリシャはその最も顕著な例であった。どうしてそうなってしまったのか。また、その影響はいかに現れたか。これらの点が問われるのは当然であろう。フランスの研究者ブルギは、ギリシャの大不況と欧州の将来を案じる編書を出版し、その中でギリシャの医療問題を詳しく分析している[21]。以下では、主として彼の行論を整理しながら、緊縮政策により公共医療サーヴィスが悪化した過程を見ることにしたい。

（二）緊縮政策と医療

トロイカの原則すなわち緊縮の原則にしたがった国において、公共医療セクターの再編はそれこそ残忍さをもって進められた。ギリシャはまさにその実験場と化した。ギリシャは、財政緊縮による医療コストのコントロールを課されると共に、医療システムの管理の集権化を強いられた。かれらは、医療支出の裁量的天井とその異常に低い支出を強いられたのである。それは、第一次覚書によりGDPの六％に固定された。この値は非常に低いレヴェルであり、第三世界のかなりの諸国におけるものと同じであった(22)。

ギリシャではそれ以降、医療支出は四〇％減少し、その同じ割合で医師の賃金も低下した。その結果、一三の公共病院（そのうち五つはアテネの病院）が閉鎖し、三三〇の公共クリニックが合併に追いやられた。また、公共病院の五〇〇の研究所かつ試験所は再編され、医療に携わる多くの人々は移動を余儀なくされた。こうした再編の仕方はよく知られたものである。再編の専門家にとって、自動車産業と医療サーヴィスとの間で違いはない。かれらが、それによって生じる人道的結果などを心配することは絶対にない。覚書の目的は、病院サーヴィスの再編で果される。その中には、薬品のコストと払戻しの削減、病院の成果の監視、患者の最大数の増加、並びに雇用のフレキシビリティの拡大などが含まれる。

ところで、こうした医療システムの再編はギリシャに限らなかった。それは、スペインやポルトガルなどの南欧諸国一般で推進された。スペインは非常に充実した医療システムを持つことで知られていた。しかし、それは二〇一一年のM・ラフォイ（Rajoy）政権の緊縮政策により見事に覆された。かれらは、民営化を極限に進めるための法さえも採択した。一方ポルトガルでも、ギリシャと同様の覚書により、公共医療支出の低下が厳しく課された。このように、欧州の中で最も発達していた南欧諸国の医療システムは、欧州から金融支援を受ける代わりに緊縮政策を遂行することで完全に崩されたのである。

このような公共医療サーヴィスの劣化はまた、重大な問題を引き起こした。それは、危機に瀕した国で失業などによって貧困に陥った人々が、医療需要が増すにも拘らず国民的健康システムから排除された点に現れた。他方で、ギリシャでとくにはっきりと示されたように、病院は最も基本的なサーヴィスの供給さえも欠いた。さらに、医師の手当ての未払いや手術も無限に延ばされる事態が生じた。仕事もなく収入もない貧しい病人は、ただ死を待つしかない。これこそ人道的危機以外の何ものでもないであろう。

こうした中でギリシャでは、トロイカによる救済の当初から、医薬品の支出を急速に削減するように強く求められた。二〇一一年にギリシャの公共セクターは、薬品の生産に三七億ユーロ支出していたのに対し、債権団は翌年にその四分の一を削減することを指令したのである。その結果、三〇〇ほどの薬品がギリシャの市場で出回らなくなった。その中には、インシュリンや抗生物質、さらには抗ガン剤などの重要な薬が含まれていた。これによって、二〇一〇～二〇一二年に六五才以上の少なくとも六万人の高齢者の病人が、必要な医療を奪われたと言われる。この数値は、すべての年齢層を含めると一層上がるに違いない。また、「世界の医師団（Médcins du Monde）」で働くソーシャル・ワーカーは、ギリシャでますます多くの子供達がワクチンの接種さえ受けられないでいることを指摘する(23)。このことからも、ギリシャ社会は人々の健康維持の点で極めて危険な状態に置かれていることがよくわかる。

一方、もともとギリシャの国民的医療システムから外された人々、とりわけ移民はどうすればよいか。かれらは、伝統的に最も脆弱な人々の医療を行うNGOに向かう他なかった。ところが、以上のような医療システムの崩壊に直面して、このNGOでさえも再編せざるをえなくなった。そこで、そのような社会的に排除された人々は、薬品を無料で提供する連帯的ネットワークで救われた。ただし、それは唯一、贈与やヴォランティア活動に依存する。したがって、そうした薬品供給が需要を十分に満たすまでに達していないことは明らかである。そして、それさえもえることができない人々は、最終的に病死するか自殺するしかなかった。

他方で、ギリシャの医療システムにおいて、もう一つの重大な出来事が起こった。それは、医療に従事する医師の国外への脱出であった(24)。ギリシャの医者のうち、すでに七五〇〇人もが自国を去って外国で医療活動を行っている。この事態を欧州はいかに説明するであろうか。それは、たんに人的資源の市場に関する競争の全般的強化という観点で論じられては決してならない。もし医療のグローバル化された市場の創出が正当化されれば、欧州で高度に専門化された医療関係者の移民が促されることは疑いない。しかもそれは、欧州のヘゲモニーと結びつく。その結果、医療という人間にとって最も根幹となるサーヴィスにおいて、中心部と周辺部の両極化が進む。そこでは周辺部から中心部へのブレイン・ドレインが高まる。実際にドイツには、すでに一万人の医師が他の欧州メンバーから移民したと言われる。その多くがギリシャの医者であるかもしれない。こうした動きは、人道的観点から絶対に許されるべきでない。

では、このような医療システムの破局に当時のギリシャ政府（パソク政権）はいかに対処したか。実はかれらは中道左派にも拘らず何もしなかった。否、それればかりでない。かれらは、ネオ・ナチス党の人種差別と外国人嫌いというテーマを、極右翼といっしょになって復活させたのである(25)。実際に二〇一〇~二〇一二年の厚生相であったA・ロヴェルドス(Loverdos)は、健康保険のない移民の医療に割り当てられた巨額の支出が、国民的医療システムの財政を悪化させたと主張した。また、外国人嫌悪の作り話も流布した。それは、移民や外国からのクランデスタン(闇就労者)が、伝染病を広めるというものであった。

このようにして、一般に非ヨーロッパ文化圏から来る移民は、公共医療システムからますます排除された。しかし、そうした人々の中には、医療の理由で移民することを決定した人もいたはずである。ギリシャの政府当局が行ったように、移民に対する医療の公然の非難は、公共医療システムの改善に対する責任の転嫁以外の何ものでもない。

最終的に、社会で最も脆弱な人々が医療サーヴィスの悪化から最大の被害を受ける。現実に失業の増大と収入の減少により、ギリシャの貧窮者は肉体的かつ精神的な健康上の問題をますます抱えた(26)。ところがかれらは、医療が必要なのにそれを受けられない。現実に二〇〇万人もの民間人が、国民的医療システムにアクセスできないと言われる。その内訳は、一三〇万人ほどの移民と七〇万人ほどのギリシャの市民(長期失業者、倒産した中小企業経営者など)から成る。そして、かれらの中で自殺者が増大した。事実、ギリシャにおける自殺の上昇率は欧州で最も高い。危機後に一日当り二人の自殺者が現れたのである。

ところで、失業や経営破綻などで社会的に排除された人々のうち、精神的な病を抱える人がギリシャで急増した。それゆえ自殺は、ギリシャの一つの社会現象でもあった。では、この精神病を患った人々に対して政府はどのような医療を提供できたであろうか。ギリシャにおける精神医療問題に関して、K・マツァ(Matsa)による非常に詳しい研究がある(27)。以下では、その研究をフォローしながらこの問題を検討することにしたい。

実は、すべての社会階層の中で、社会的排除から精神の病を最も発現しているのは若者である。かれらの精神的な弱さは、社会組織の深い分裂が個人の精神に及ぼすインパクトを反映している。ギリシャでは、危機が社会から個人の精神の領域へ移行したのである。この点を代表する人々が若者であった。

ギリシャにおける薬物中毒者や精神病者の多くは、社会的に排除された階層に属している。実際に薬物中毒者の十人のうち八人は失業者である。また、かれらの自殺率は他の人達より二〇倍も高い。失業者はまさしく、一連の精神病のリスクに晒されている。ところがかれらは、国民的医療システムにアクセスできない。それどころか、政府は予算削減のために、精神病患者の療養プログラムを二〇一五年末に打ち切ることを決定した。パソクの方針は、薬物中毒者や移民を救済するのではなく、逆にかれらを社会的に危険な存在として一掃することにあった。それはまさに、ナチスと同じインスピレーションを持つと言っても過言ではない。

以上、我々はギリシャの医療システムがトロイカの課した緊縮政策によっていかに打ち壊されたかを、様々な視点から検討してきた。ギリシャの社会が今日、人間の生命と尊厳に最も深く関与する医療体制を崩壊してしまったことは、同社会が福祉の危機を越えてすでに人道的な危機に陥ったことを如実に示している。

かつてのギリシャのすばらしい公共医療は、もはや昔話になってしまった。毎日、二千人もの病人が公共医療サーヴィスを受けられないでいる(28)。しかも、かれらの中には長期失業者、周縁に追いやられた人々、並びに移民などの社会で最も脆弱な人々の多くが含まれている。そうした人々こそが危機の最大の犠牲者であったにも拘らず、ギリシャ政府はかれらを救うことができない、あるいは救おうとしない。この点で、欧州の緊縮策による医療システムの破壊はまさに、反民主主義プロジェクトの中核を成す(29)。そのことはまた、欧州のイメージを根本的に変えるものであった。

五　社会福祉の悪化

(一) 社会的支出の低下

そもそもギリシャでは、社会福祉を向上させるための社会的支出が危機以前から低い水準にあった。パソク政権の登場によって社会的支出は以前より増大したものの、それは依然としてEUの平均を下回っていた(30)。確かに、年金支出は図2-3に見られるように欧州レヴェルに収斂している。しかし、社会的支出はそうでないことが同図からわかる。ギリシャのそれはEUの平均以下であった。このことは、貧困やその他の社会的リスクを低下させる上で、ギリシャは効果を十分に発揮できないことを意味した。それは労働の場面ではっきりと現れた。現実にギリシャの労働者はそれほど保護されていない(31)。それはまた、ギリシャの社会的保護の脆弱さを物語っていた(32)。危機以前にギリシャの社会的支出は増大したものの、一人当りのそれは一人当りのGDPの増大に大きく遅れをとった。ギリシャは富の再分配の点で社会的保護を過小評価した。その結果、貧困率は高位に維持されたままであった。

このように、ギリシャの社会問題は長期にわたって政府により蔑ろにされてきた(33)。そしてこの問題が、危機の高まる中で緊縮政策が課されることにより一挙に噴出したのである。
ところで、こうした社会的支出の減少によって大きな被害を受けたのは、やはり労働者であった。この点を測る一つの指標として、社会的賃金という概念がある。この概念に基づいてT・マニアティス（Maniatis）がギリシャを例に分析しているので、以下では彼の行論を追いながらこの問題を考えることにしたい(34)。

純社会的賃金は、労働者に向けられた社会的利益に総収入を加えたものから税金を差引いた純バランスを指す。したがってこれは、労働者の純財政ポジションを表す。今、純社会的賃金をN、労働者の総利益をLB、労働者への課税をLTとすれば、N=LB−LTとなる。そこで、労働者の利益率lbは、lb=LB/GDPであり、労働者の課税率ltは、lt=LT/GDPである。それゆえ純社会的賃金率をnとすれば、n=N/GDP=LB/GDP−

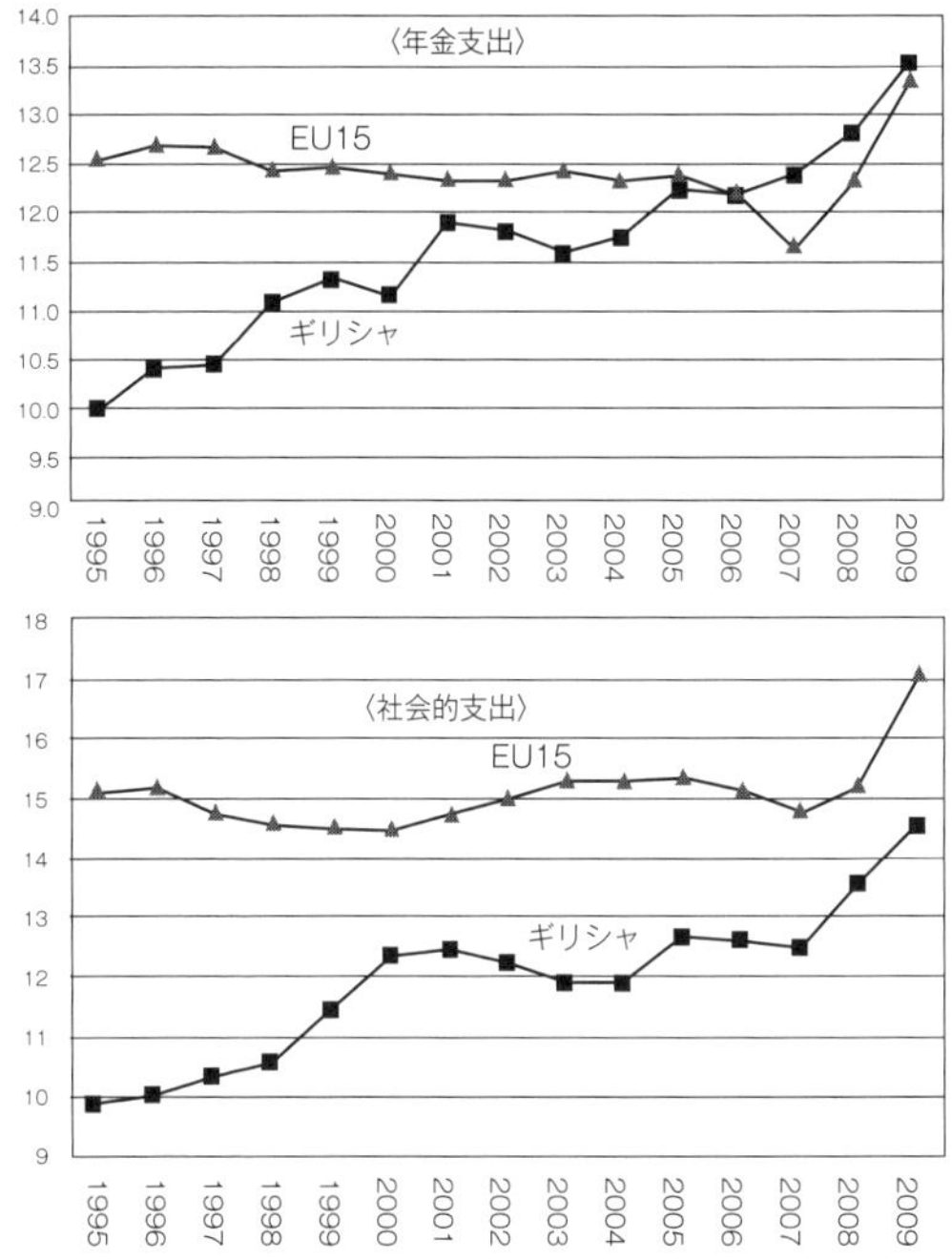

図2-3　ギリシャの年金支出と社会的支出（対GDP比、%）
（出所）Laskos,C.,&Tsakalotos, E., *op.cit.*,p.49 より作成。

LT/GDP=lb−lt、となる。このとき、lb>lt であればn>0であることは言うまでもない。ギリシャにおいて、nはどのように推移したであろうか。

マニアティスの分析結果を図2−4より見ると、純社会的賃金率（n）は二〇〇三年から継続的に上昇し、二〇〇九年のピーク時にはついにプラスに転じた。しかし、それは二〇一〇年以降に低下し続ける。このことは明らかに、二〇一〇年以降にギリシャ政府が遂行した劇的な緊縮政策によって、純社会的賃金率が一転して下落したことを示している。そこでは、社会的支出が減少してlbが下がると共に、課税が増大してltが上昇した結果、nはマイナスと化した。折角二〇〇九年まで純社会的賃金率は続けて上がったにも拘らず、緊縮策はその成果を無にしてしまったのである。

（二）社会保障の改革

ギリシャは、すでに示したことからもわかるように、EUの中で福祉国家としては極めて低い

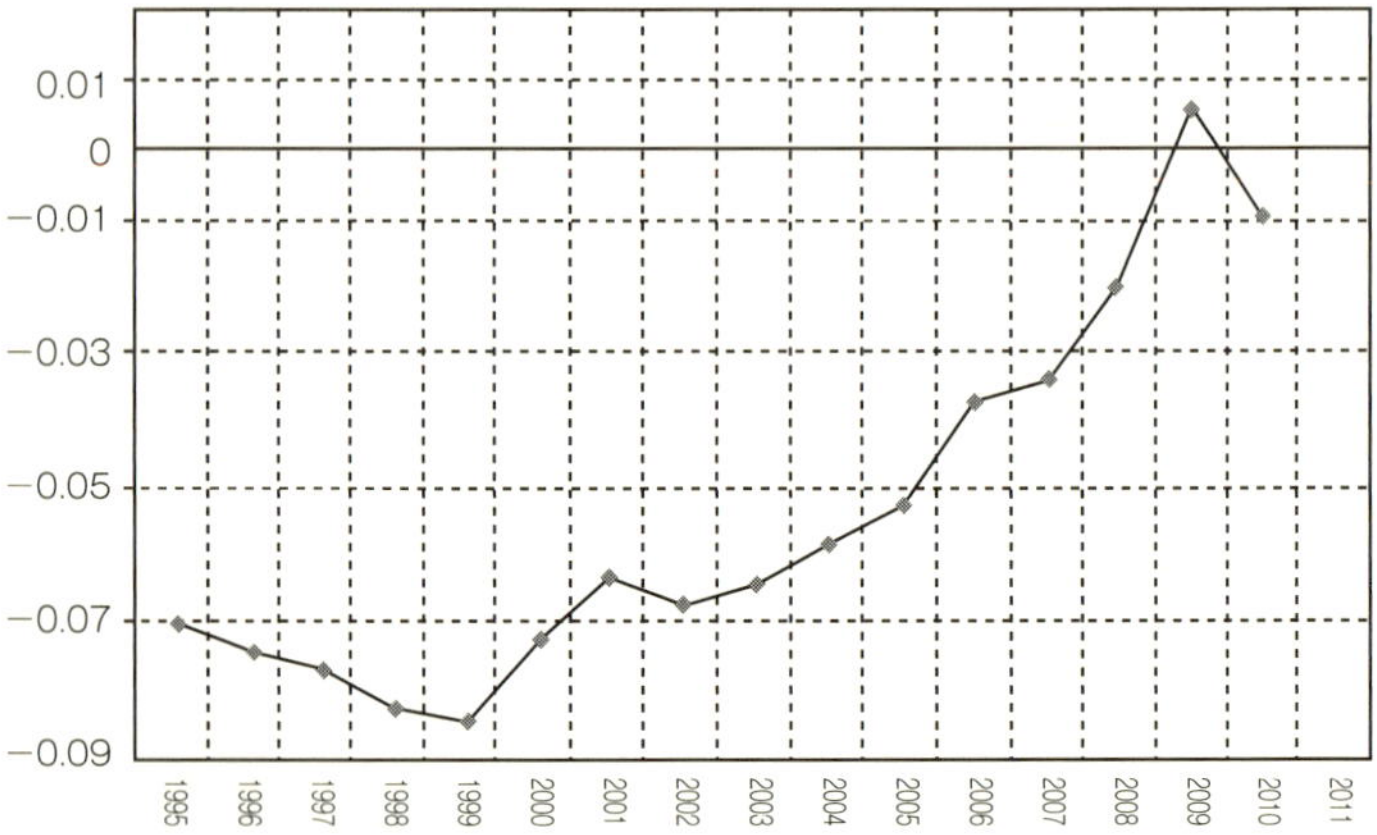

図2-4　ギリシャの純社会的賃金率、1995-2011年

（出所）Maniatis, T., "The fiscal crisis in Greece", in Mavroudeas, S., ed., *op.cit.*, p. 46より作成。

ポジションに置かれていた。したがってギリシャの社会福祉は、危機への対応には著しく不適切であった。それにも拘らず欧州は、ギリシャにおける危機と社会福祉の関係を最も一般に受入れ易い観点で捉えた。それは、福祉国家が財政危機の原因になるという考え方であった(35)。そこでかれらは、二〇一一年の覚書の中で、ギリシャに対して社会保障法の改正を迫った(36)。それが、ギリシャ政府の信頼回復に大きく貢献すると信じられたからである。

では、その結果ギリシャの社会福祉はいかに変わったか。まず年金について見てみよう。それは、ギリシャの財政赤字を促す最大の要因とみなされてきたものであり、政策変更の上で最も大きな争点となった。どこの国も高齢化に伴って年金支出が増大しているものの、確かにギリシャほどその支出が高いところもない。その対GDP比は二〇四〇年に二一・四%、二〇六〇年には実に二四・一%にも達すると言われる(37)。しかし他方で、ギリシャの高齢者の貧困率は欧州の平均を上回っている。ギリシャとEUの間の貧困率の差は七五才以上のグループで一層拡大した。ということは、ギリシャの年金システムが社会的に不平等なものと化していることを意味する。

そうした中でギリシャの年金は、覚書にしたがって一律に名目で著しく減少した(38)。まず二〇一〇年の緊縮政策で、一三ヵ月目と一四ヵ月目の追加的支払いは中断され、それは二〇一三年に最終的に廃止された。また、二〇一〇年には年金連帯金の制度が導入された。これは、年金に対する一種の課税を意味した。この税率は二〇一〇年に、月額一四〇一〜一七〇〇ユーロの年金に対して三%、三五〇〇ユーロ以上の年金には一〇%にまで及んだ。ただし、一四〇〇ユーロ以下の年金に対しては課税が免除された。ところが、この課税は二〇一二年に激増した。六〇才以上の年金受給者に対し、一七〇一〜二〇〇〇ユーロの年金に六%、そして三五〇〇ユーロ以上の年金に一四%というように税率は急上昇した。さらに、より若い年金受給者（六〇才以下）には一層高い税率が課せられた。それは、一七〇一～二〇〇〇ユーロの年金に一二％、三五〇〇ユーロ以上の年金には二四％までに達した。

他方で、この連帯金という名の税金は、補足的年金に対しても適用された。二〇一二年に補足的年金は一層減少した一方で、それに対する税率は上昇した。さらに二〇一三～二〇一四年に、この税率は再び引き上げられた。こうして、年金による社会的利益は一挙に削減されたのである。

ギリシャの年金改革は、年金の受益の低下と退職年齢の一層の引上げを意味する。それはまた、ベーシックな年金と払込み（拠出）額の割合に比例した年金を導入した[39]。これは、低賃金労働者に対して大きなリスクを引き起こした。かれらは拠出する金額が少ないために、高齢の段階で貧困に直面するからである。ベーシックな年金は、毎月三六〇ユーロ（二〇一〇年の価格で）にすぎない。そこで、より資力を持ったグループほど、より有利な年金を受けることができる。

一方、賃金労働者が年金を受給できる年齢の基準となる退職年齢も、二〇一〇年から続いて引き上げられた。そしてついに、トロイカは二〇一二年初めに、年金支出の安定、財政的中立の保証、並びに中・長期の持続可能のため、ギリシャに特有な補足的年金の改革を要求する。それは、すべての既存の年金スキームを単一の補足的年金スキームに吸収させるという改革であった。

以上のような年金改革を代表例として、ギリシャの公共支出は大幅に削減された。対GDP比で二〇一三年に五％を占めていた公共支出は、二〇一四年には二・二五％にまで減少するように目指されたのである。その下で、社会的セーフティ・ネットを強める政策の余地はほとんどなかった。それは例えば、社会的ケアの分野で鮮明に現れた[40]。実際にギリシャでは社会的ケアがほとんど発展しなかったにも拘らず、それはさらに緊縮政策によって打撃を受けた。ホーム・ヘルプやデイ・ケアのセンターのような数多くの社会的ケア・プログラムは存続の危機に見舞われる。他方で、家計の収入の著しい削減は、インフォーマルな社会的ケアのマーケットにアクセスする能力を奪ってしまった。このように緊縮政策による財政的制約は、ポジティヴな社会改革のプロセスに対して影を落としたのである。

他方でトロイカは、ギリシャの財政収入の面でも、やはり脆弱なグループに圧力をかけた(41)。二〇一一年の課税改革により、課税対象の年収は一万二千ユーロから五千ユーロに引き下げられた。この年収は、ギリシャでの貧困ラインを決定するものに相当した。また中・下流の所得層に対しては、逆進的な税（VAT）が課せられた。この逆進的効果は、二〇一一年の超過的な不動産税によって強化された。それは、電気料金に組み込まれたもので、一種の人頭税の様相を呈した。しかもこの税は、電気の供給をカットされる脅威に晒された不動産ユーザーに対しても課せられたのである。

こうした中で、人々の生活水準は悪化の一途を辿った。それを物語るエピソードは事欠かない。児童の栄養不足による失神やホームレスの増大（アテネだけで二万人）などがそうである。こうした現象は、第二次大戦後のギリシャにおいて前例がない。七五才以上の高齢者の貧困化も二〇一〇年以降に急速に進展した。救済協定によって要求された財政緊縮により、年金支出は二〇六〇年までGDPの二・五％を超えてはならないとされた。この下で低額年金受給者が貧困に追いやられることは目に見えている。このような極めて荒っぽい緊縮策の下で、危機の真只中にあるギリシャはまさに「鉱山のカナリア」と化す。かれらは、社会の持続可能性に対する限界をテストされたのである。

六　労働・社会運動の展開

（一）労働組合運動の弱体化

以上で見たように、ギリシャは政府の緊縮策に伴う社会的支出の削減によって、失業や貧困、並びに医療体制の崩壊などの深刻な社会問題を噴出させた。人々はこの悲惨な事態に対し、その改善のためにいかに抗議し抵抗したか。

まず、そうした抗議運動は当然に労働組合運動の形となって現れた(42)。一九八〇年代につくり出されたギリシャの労働組合組織による運動は、集団的自由交渉の原則を貫いた。この原則が、すべての労働組合活動の基盤となる。それは二〇一〇年まで、ギリシャにおける労働組合の社会的効用の本質的機能を表した。この機能のおかげで社会はよく保護されたのである。これと逆に、労働の権利と集団交渉の崩壊、さらには、それらを阻止できるはずの労働組合の非組織化は、法制的な防波堤を取り去ることになる。もしそうなれば、人々は企業の競争力を根拠とした流動的で専断的な規定に従わざるをえなくなる。それによって労働者は、労働時間のフレキシビリティ、個人的かつ集団的な解雇に対するすべての抑制の除去、並びにその他の社会的権利や労働の権利（ストライキ権等）の制限等による不利益を被る。

こうした中でギリシャでは、労働組合こそが雇用者や政府に対決できる活動を見出してきた。ギリシャの労働総連合と小企業の組織である商工業総連合との間で、新たな連合が形成されたのもそのためであった。しかしそれは、ギリシャ政府が二〇一〇年以降に構造調整を強いられる中で脅かされる。覚書と結びついた一連の緊縮政策を中断させるための抵抗は、労働組合運動の有効性の問題に直面したのである。

実際に当時のトロイカとその命を受けたギリシャ政府は、先に示したように、サッチャーの開いた二つの道に従って労働組合に圧力をかけた(43)。その一つの道は、労働組合を打ち砕くことである。それは、集団交渉の分権化をつうじて集団的な力を中和させることにより行われた。もう一つの道は、前者と結びつけながら社会的グループを分断させることである。それは、労働条件の不安に対する抵抗を未然に防ぐためであった。

その結果、わずか三年間で集団交渉の組織は破壊され労働組合は弱められた。そもそも人々の連合による労働組合は、戦略の幅を何も持っていない。なぜなら、かれらはつねに個人的交渉の脅威に晒されているからである。事実、雇用主は、被雇用者との直接的な結着のために集団的手続きを乗り越えることができる。このリスクに対し、人々は労働組合に社会的権益の防衛を期待した。しかし、緊縮策の遂行にしたがって雇用主と労働組合の力関係は転換する。そこでは、雇用主を有利とする関係が達成されたのである。

一方、社会的グループの分断はいかにして行われたか。ギリシャ政府は、緊縮策で求められた労働コストの低下を人々に受け入れさせるため、社会的グループを二つに分別させる(44)。それは、公的セクターと民間セクターの区別を表す。これにより両者の対立がエスカレートした。このように、社会的対立を人工的につくり上げることによって公務員に対する非難を高め、その結果、労働条件の悪化をもたらす動力が生み出された。これにより、公務員の雇用と賃金は低下すると共に、かれらの労働時間も削減されたのである。

このようにギリシャで労働組合が弱まり社会的対立が高まる中で、第一回からの覚書から始まった解雇の容易化が一段と進められる(45)。解雇通告の期間も二四ヵ月から六ヵ月に、さらに第三回覚書では四ヵ月にまで短縮された。最終的に、集団的解雇に対する保護もかなりの程度壊されてしまった。賃金労働者を毎月自由に解雇できる範囲が拡げられたのである。これらの一連の政策によって、失業が著しく増大したことは言うまでもない。

他方で、労働者の非正規（臨時）雇用も一層増大した。それはまた、覚書の枠組の中で用いられる手段であった(46)。労働のフレキシビリティ、すなわち労働形態の多様化が一挙に促進されたのである。非正規雇用の最大期間は二四ヵ月から三六ヵ月に延長され、そうした雇用の更新も一二ヵ月から三六ヵ月に拡張された。その結果、非正規雇用が新規雇用で支配的となった。まさに、フル・タイムの労働からパート・タイムの労働への転換が起こったのである。このことは、労使関係に基づく社会的関係が、新自由主義の枠組と緊縮政策の中で大きく移り変わったことを意味した。

（二）社会運動の展開

では、労働組合運動の脆弱化が進む中で、人々はその生活を圧迫させる社会体制に対していかに抵抗したらよいか。それはギリシャの社会でどのように現れたであろうか。

ギリシャは、実は二〇一〇年以降に新たな反体制への道を開いた。この点については、L・コトロナキ（Kotronaki）が詳細に分析しているので、以下では彼の議論を整理しながらこの点を検討することにしたい(47)。そうした道はまず、公共空間を占拠する戦略と「人々の集合」をコーディネートする形で演出された。この新しいプロテスト運動は、従来の労働界における要求の型にはまった形を根本的に変えた。事実、そうした抗議は、新たなアクターを動員すると共に新たな公衆を引き付けながら、それらを運動エネルギーに転化することができた。これはまさに転変の事象であり、そうした現象はギリシャの反体制的な政治領域に広まる傾向を表したのである。

それでは、ギリシャの人々はなぜそうした抗議の形をとろうとしたのか。そこには様々な理由が考えられる。まず、かれらは新しい社会的関係をそのことによって生み出そうとした。そのような抗議の組織は、反ヒエラルキーで平等なものであり、人々や労働者のグループの集合体を示す。それは共同参加する集団と化すことにより、言わばコミューンとしての抗議を展開する。かれらがいっしょになってアテネの国会議事堂前の象徴的広場を占拠したのは、このことを端的に表していた。また、かれらは広場を占拠することで直接民主主義に力を注ごうとした。そうした感情のエネルギーは、連帯の意識を高めながら集団的活動を進展させたのである。

一方、よりラディカルな動きも展開された。それは、いわゆるジェネラル・ストライキの形をとった。このストライキは言うまでもなく、覚書と緊縮プランに対する労働者の社会的不満の表現であった。ギリシャの二つの国民的な労働組合を連合した「ギリシャ労働者総連合」は、国民にジェネラル・ストライキとデモを呼びかけた。実際にかれらは、二〇一〇年五月五日にジェネラル・ストライキを要求して以来、二〇一二年末までにその回数を三〇回にまで増やす。とくに二〇一一年の一年間のジェネラル・ストライキは、五週間か六週間に一度の割合で起こり、百万人以上の人々がアテネに集結したと言われる(48)。また二〇一三年に入っても、数多くのジェネラル・ストライキが引き起こされた。そこでの要求は、解雇の停止、解雇された労働者の再雇用、並びに公務員の大量解雇の再交渉などに集中した。

ところが、これらのストライキに対してギリシャ政府は、警察の力によって弾圧した(49)。それにより、何人もの死者や多数の負傷者と逮捕者が出た。また、政府は法制的な圧力も加えた。かれらは、デモの自由に対する権利を廃棄する一方で、抵抗するストライキ参加者を拘留する権利を容認した。こうしてギリシャ政府による一般市民の抗議運動に対する弾圧は、二〇一三年までエスカレートしたのである。

このような、市民の反体制運動とそれに対する政府の弾圧という地獄のサイクルは、結果として二つの効果を生み出した。一つは反体制活動の停止であり、もう一つは労働者側の要求の過激化であった。これにより、反体制の動きは確かに弱められた。しかし、人々の社会的不満は別の形に変貌しながら表現される。それが、次章で詳しく述べる急進左派政党として登場したシリザへの期待となって現れたのである。

他方で、労働者の過激な運動は止まらなかった。かれらは、先に見た空間の占拠戦略を企業に導入する。例えば、金属製品生産で知られるヴィオ・メット（Vio.Met.）は労働者によって工場を占拠された。それは何と日雇い労働者のコントロールの下で二〇一三年二月に生産を再開したのである。この動きはまさしく、労働者による企業管理という点で画期的であった。また、政府の決定によって公共TV局の賃金労働者が二〇一三年六月に大量解雇されると、かれらはそのTV局を占拠した。こうした政府による公共TV局の閉鎖は、たんに緊縮政策と結びついた事件ではない。それは明らかに、情報提供の自由という民主主義の根本原則を踏みにじるものである。それゆえ、これらのギリシャの労働者による集団的でラディカルな運動は、反緊縮の意思表明と同時に、政府の反民主主義的行為に対する抵抗をはっきりと示すものであった。

七　おわりに

欧州はこれまで、社会的・民主的な福祉体制の要塞を築き上げてきたとされる。しかしその中で、ギリシャに端的に表されたように、人々の間の不平等と貧困が著しく高まった。それがまさに、欧州債権団の課した緊縮政策によるものであったことはこれまで見てきたとおりである。ギリシャは今や、債務の持続可能性と同時に、社会の持続可能性をも問われている。今日、ギリシャの人々の将来社会に対する不安は極めて大きい。社会的保護体制が崩され社会福祉が弱体化することで、中流階層まで含めた人々に困窮生活が強いられたからである。M・ペトメシドゥ（Petmesidou）が唱えるように、新自由主義のレシピーである過激な緊縮策が何年も続けば、社会的権利かつまた労働の権利はますます奪われるに違いない(50)。それはまた、社会的連帯を鋭く侵食する。これらのことは、ギリシャのケースを見れば明確であった。欧州における連帯政策に関して、オプティミズムを示す余地は残念ながらほとんどない。この点は、ギリシャのような欧州の周辺部にとって非常に危険なサインを表す。欧州の新自由主義的方向に基づく乱暴な緊縮策は、欧州の社会福祉と社会モデルを根底から掘り崩したと言わねばならない。

【注】

（1）Kapsalis, A., & Kouzis, Y., “Le travail, la crise et les mémorandums ”,in Burgi, N., dir., *La grande régression—La*

Grèce et l'avenir de l'europe—, Le Bord de l'eau, 2014, p.158.

(2) Theodoropoulou, S., & Watt, A., "An evaluation of the austerity strategy in the eurozone : was the first Greek bailout programme bound to fail ? ", in Karyotis, G., & Gerodimos, R., ed., *The politics of extreme austerity : Greece in the eurozone crisis*, Palgrave Macmillan, 2015, pp. 84-88.

(3) Pelagidis, T., & Mitsopoulos, M., *Who's to blame for Greece? — Austerity in charge of saving a broken economy* — , Palgrave Macmillan, 2016, pp.101-108.

(4) Laskos, C., & Tsakalotos, E., *Crucible of resistance—Greece, the eurozone and the world economic crisis*—,Pluto press, 2013, pp. 109-110.

(5) Pelagidis, T., & Mitsopoulos, M., *op.cit.*, p.156.

(6) Ioannides, A., " A comparative study of aspects of employment and unemployment in Greece before and after the crisis", in Mavroudeas, S., ed., *Greek capitalism in crisis*, Routledge, 2015, pp. 196-197.

(7) Ioannides, A.,*op.cit.*, PP.199-204.

(8) Laskos, C., & Tsakalotos, E., *op.cit*, p.47.

(9) Matsaganis, M., " The crisis and the welfare state in Greece: A complex relationship" ,in Triandafylliddou, A., Gropas, R., & Hara, K., eds., *The Greek crisis and european modernity*, Palgrave Macmillan, 2013, p. 158.

(10) Papatheodorou, C.,"Economic crisis, poverty and deprivation in Greece",in Mavroudeas,S., ed., *op.cit.*, p.182.

(11) *ibid.*, p.187.

(12) Foy,H., & Hope, K.,"Dispatches from the brink", *FT*, 20/June,21/June, 2015.

(13) Papatheodorou, C., *op.cit.*, p.181.

(14) *ibid.*, p.187.

(15) *ibid.*, pp.189-192.

(16) Boulineau, E., & Bonerandi-Richard, E., dir., *La pauvreté en Europe — Une approche géographique* — ,Presses universitaires de Rennes, 2014, p.19.

(17) Papatheodorou, C., *op.cit.*, p.191.

(18) Burgi,N., “Introduction”,in Burgi,N.,dir., *op.cit.*, p.49.

(19) Burgi,N.,“Démantèlement de la santé, destruction de la société ”,in Burgi, N., dir., *op.cit.*, pp.193-195.

(20) *ibid.*, p.195.

(21) *ibid.*, pp.198-205.

(22) *ibid.*, p.200.

(23) Foy, H., “Charities struggle to plug welfare gaps in gutte Greek state”, *FT*, 24, June, 2015.

(24) Burgi, N., *op.cit.*, pp.205-208.

(25) *ibid.*, pp.210-212.

(26) Matsa, K., “Les addiction en temps de crise”, in Burgi, N., dir., *op.cit.*, p.215.

(27) *ibid.*, pp.218-223.

(28) Negreponti-Delivanis, M., “La Grèce toujours dans l’impasse. Peut-elle en sortir ?”, in Lafay, G., dir., *Grèce et euro : quel avenir ?*, L’Harmattan, 2015, p.101.

(29) Burgi, N., “Démantèlement de la santé, destruction de la société”, in Burgi, N., dir., *op.cit.*, p.212.

(30) Katrougalos, G.,“ ‘Memoranda’ :Greek exceptionalism or the mirror of Europe’s future?”, in Triandafyllidou, A., Gropas, R., & Hara, K., ed., *op.cit.*, p.95.

(31) Laskos, C., & Tsakalotos, E., *op.cit.*, p.150.

(32) Petmesidou, M., “ Is the crisis a watershed moment for the Greeks welfare state? The chances for modernaization amidst an ambivalent EU record on ‘ Social Europe’ ”, in Katrougalos, G., et al., eds., *op.cit.*, p.179.

(33) Laskos, C., & Tsakalotos, E., *op.cit.*, p.51.

(34) Maniatis, T., “ The fiscal crisis in Greece —Whose fault? ”, in Mavroudeas, S., ed., *op.cit.*, pp. 38-48.

(35) Matsaganis, M., *op.cit.*, p.163.

(36) Pelagidis, M., & Mitsopoulos, M., *op.cit.*, p.105.

(37) Matsaganis, T., *op.cit.*, pp.160-161.

(38) *ibid.*, pp.163-164.

(39) *ibid.*, pp.166-170.

(40) Petmesidou, M., *op.cit.*, p.194.

(41) *ibid.*, pp.192-193.

(42) Burgi, N.,"Introduction",in Burgi,N.,dir., *op.cit.*, pp.44-45.

(43) Kapsalis, A., & Kouzis , Y., " Le travail, la crise et les mémorandums ",in Burgi, N., dir., *op.cit.*, pp.158-160.

(44) *ibid.*, p.167.

(45) *ibid.*, pp.169-170.

(46) *ibid.*, pp171-172.

(47) Kotronaki, L., "Réapproprier la contestation démocratique : La forme occupy ", in Burgi, N., dir., *op.cit.*, pp.178-190.

(48) Laskos, C., & Tsakalotos, E., *op.cit*, pp.120-121.

(49) Kotronaki, L., *op.cit*, p.184.

(50) Petmesidou, M., *op.cit.*, p.200.

第三章　ギリシャの政治的混乱の進行

一　はじめに

ギリシャはそもそも、政治体制としては極めて脆弱な国であった(1)。この点は、戦後においても変わらなかった。かれらは、非近代的な伝統社会に基づく政治モデルを受け継いできた。それは、家族や村、さらには共同体をめぐって構造化された。そこでの政治システムは、非常に集権化された権威主義的性格を持つものであった。縁故主義と汚職はその温床となり、ギリシャの支配層が長く居据わる結果となった。実際にギリシャの人々は、そうした支配層に挑戦することに失敗してきたのである。このようにギリシャ社会は、歴史を振り返って見ても、健全な政治的共同体を形成できないまま進んできたと言ってよい。

そうした中で、ギリシャにおける貧困を中心とする社会問題は、歴代の政権によって無視あるいは軽視されてきた。この点は、政権の右派と左派を問わずに見られた(2)。中道左派も中道右派も社会的ベースを見捨ててきたのである。すでに一九七四年の時点から欧州の中で貧困が最高レヴェルに達していたギリシャの社会問題は、危機前の二〇〇九年の段階でも依然として解消されていなかった。

高い経済成長を誇った時期においてさえ、ギリシャ政府は、構造的な経済問題や社会問題に取り組む姿勢を示してこなかった。

他方で、ギリシャにおける民主主義の欠如を示す縁故主義の度合も甚だしかった。そこでは、政党あるいは個人の政治とのタテの結びつきと共に、個人の有権者ないしは特別な利害関係者とのタテの強い結びつきが確立されていた。このことが政治体制の支柱を形成し、エリートの力を弱めるはずのヨコの組織を切り崩した。縁故主義のヒエラルキー的関係は、利己主義と日和見主義に依存すると同時にそれらを一層強化した。汚職がその中で強く絡んだことは言うまでもない。こうしてギリシャでは、長い間にわたって政治と経済の両面における寡頭支配体制が存続したのである。

ところがギリシャの政治体制は、二〇一〇年以降の深刻な債務危機に直面して大きく揺らぐことになる。金融支援と引換えに行った緊縮政策の下で生活が困窮したギリシャの人々は、そうした策を実施した既成の政党に猛反発し始めた。その結果、新たな政治勢力として、急進左派のシリザと極右派の「黄金の夜明け」が政界に登場する。どうしてかれらは勢いを増したのか。また、その影響はいかに現れたか。本章の目的は、これらの問題を検討しながら、とくにシリザに注目し、かれらが後に政権を獲得することになる伏線を探る点にある。

二　緊縮プロジェクトと政変

ギリシャの債務危機は政界に大きな議論を引き起こした。そこでの最大の争点は、一体誰が債務を支払うべきかという点にあった。それゆえ当時のパソク政権は、この問題に当然に応える必要があった(3)。そのためには最低限、収入を確保するために税逃避を阻止すると同時に税の基盤も拡げられねばならなかった。それはまた、民主的な対話を必要とする。しかしパソクは、その他の社会民主的な政党と同じく、人々との対話を拒否してきた。一方、パソク政権は、債務問題に対する欧州の集団的解決を話し合うことにも失敗した。逆にかれらは、欧州のリーダーと非明示的な取引を行ったのではないかと推察された。こうしてギリシャの債務危機は結局、欧州の主張する新自由主義的な緊縮プロジェクトを完成させる機会に転化する。これにより、ギリシャの民主主義の赤字が一層拡大したことは言うまでもない。

パソクはそもそも、ギリシャが緊縮政策によってリセッションを経験することになる点に気づいていなかった。トロイカの課す構造調整プログラムが、同党の社会的・政治的サポートを根本から壊すことを、かれらは理解できなかったのである。それはまた、パソクが左派であるにも拘らず、右派と同じく縁故主義に基づく寡頭支配体制に依存することで、そうしたことは絶対に起こらないと確信していたからに他ならない。

しかし、ギリシャの危機的状況は、パソク政権が思うほど安閑としたものでは全くなかった(4)。二〇一〇年以降にギリシャがトロイカから受けた金融支援は、極度の財政緊縮手段と定期的監視を条件とした。それゆえギリシャ政府は、この救済プログラムを即座に受け入れることを拒んだ。パソクのリーダー、G・パパンドレウ（Papandreou）は、ギリシャの緊縮政策と債務再編に関してレファレンダム（国民投票）を行う声明を発表する。しかし、それはドイツ首相A・メルケル（Merkel）とフランス大統領N・サルコジ（Sarkozy）の圧力によって停止された。これによりパパンドレウは二〇一一年一一月六日に辞任した。ギリシャではその結果、パソク、中道右派の新民主党（ＮＤ）、並びに小さな右派政党である「ギリシャ正教人民の警告」（ラオス、ＬＡＯＳ）の連立政権が登場する。その新首相として、前ＥＣＢ副総裁のＬ・パパデモス（Papademos）が選ばれた。ただし、この新政権は予想した通りに極めて不安定で短命に終る。そこでギリシャは、二〇一二年六月の総選挙で再び連立政権をつくる。それは、ＮＤのＡ・サマラス（Samaras）をリーダーとするもので、パソクと民主左派の政党（ＤＩＭＡＲ）の参加から成る。では、今度の新連立政権が安定していたかというと決してそうではなかった。

ここで最も注目すべきは、その総選挙で急進左派政党のシリザが第二位の政党として躍進した点である。実際に得票の割合を見ると、ＮＤの二九・六％に対し、シリザは何と二六・九％であった。シリザはわずかな差で敗北したにすぎない。それは、かつての第一党であったパソクが一二・二％の得票で第三位に転落したことと対照的であった(5)。シリザはなぜこれほど票を集めることができたのか。答は簡単であった。かれらが反緊縮の考えに立っていたからである。ギリシャの人々は、二〇一〇年からの世論調査でも示されたように、シリザが緊縮策を継続的に遂行する政府に最も反対できると信じた。事実、そうした政策でダメージを受ける五〇才以下の労働者階級、より低い所得の中流階級、さらには失業率が最も高い二四才以下の若者の間でシリザは最も支持されたのである。

このようにシリザの勢力が急上昇したことはまた、ギリシャにおける政府への抗議運動の高まりを意味した。現実にそうした運動の参加者の社会構成は、今まで以上の拡がりを示していた。それは、これまでの政権に裏切られ社会的地位を失った人々の広範な支持をえた。かれらは、たんに緊縮策の終結だけでなく、ギリシャにおける民主主義の復権をも願って抗議運動を展開した。それはまさに、危機の政治的モメントを表すものであった。

こうしてギリシャの政治システムは、危機とそれに対応する緊縮プロジェクトの中で、以前にも増してヴォラタイルな様相を呈す。政変の連続は、ギリシャが構造的かつ社会的な諸問題を抱えることで、人々の不満が募っていたことを如実に物語る。その結果、急進左派のシリザが一挙に台頭する一方で、同じく反緊縮とナショナリズムを謳った極右派の「独立ギリシャ人党」と「黄金の夜明け」も、ギリシャ政治の表舞台に登場する。とくに黄金の夜明けはネオ・ナチスと称されるもので危険な政党であった。そこで次に、この黄金の夜明けを取り上げてその影響について検討することにしたい。

三　極右派政党「黄金の夜明け」の登場

（一）緊縮政策と極右派政党

ギリシャにおける経済・社会・政治危機が与えた衝撃は、ナチスの政党を表明する黄金の夜明けに政治的な道を開いたことであった。この極右派政党に関し、D・プサラス（Psarras）が非常に詳しい分析を行っている(6)。以下では、彼の行論を追いながら、この政党の及ぼす諸問題について考えることにしたい。

黄金の夜明けは、ギリシャの軍事独裁政権（一九六七〜七四年）が崩壊してからまもなくの一九八〇年に創立した政党である。この極右派政党は、ギリシャに政治的害毒をまき散らした。かれらは、ドイツの国民主義的社会主義を想起させるような超ナショナリストであり、〝ギリシャらしさ〟を前面に掲げた。このファシスト集団は、ギリシャが国民的レヴェルで民主主義を復帰させてからも、むしろより過激に反民主主義的になった。

ここで銘記すべき点は、黄金の夜明けは、二〇〇九年までは実はマージナルな政党であったという点である。かれらは、公衆の政治意識の中には全く入ってこなかった。表3-1は、ギリシャにおける選挙結果の歴史的推移を示している。見られるように、黄金の夜明けは、二〇〇九～二〇一〇年における欧州議会選挙、総選挙、並びに地方選挙のいずれにおいても、ギリシャの有権者によってほとんど無視された。もともとギリシャにおいて、極右派のカリスマは存在しなかった。それゆえ、かれらが発展するとは到底考えられなかったのである。

そうした中で、唯一ラオスが、ギリシャの極右派を結集するのに初めて成功した。それは、メディアと出版局の所有者により二〇〇〇年九月に創設された。しかしラオスは、過激派グループの黄金の夜明けとは一線を画す。ただし、かれらが目標として掲げたのはやはり愛国主義であった。そこで注目すべきは、ラオスの得票が表3-1を振り返るとわかるように、

表3-1　ギリシャにおける選挙結果の推移：政党別構成、2009-14年（得票率、%）

政党	欧州議会選挙 2009年6月	総選挙 2009年10月	地方選挙 2010年1月	総選挙 2012年5月	総選挙 2012年6月	欧州議会選挙 2014年5月
パソク（PASOK）	36.6	43.9	34.6	13.2	12.3	8
新民主党（ND）	32.3	33.5	32.6	18.9	29.7	22.7
共産党（KKE）	8.4	7.5	10.9	8.5	4.5	6.1
ラオス（LAOS）	7.1	5.6	4.1	2.9	1.6	2.7
シリザ（SYRIZA）	4.7	4.6	4.5	16.8	26.9	26.6
黄金の夜明け	—	0.3	—	7	6.9	9.4
独立ギリシャ人党	—	—	—	10.6	7.5	3.5
民主左翼	—	—	2.2	6.1	6.3	1.2
ト・ポタミ	—	—	—	—	—	6.6

（出所）Karyotis, G., & Rüdig, W., "Protest participation, electoral choices and public attitudes towards austerity in Greece", in Karyotis, G., & Gerodimos, R., *The politics of extreme austerity: Greece in the eurozoe crisis*. Palgrave Macmillan, 2015, p.137 より作成。

二〇〇九年の段階では急進左派のシリザのそれを上回っていたという点である。これを受けてラオスは、新民主党（ＮＤ）に接近し、パソク政権の崩壊後に連立与党に共同参加する。ＥＵの中で、社会民主党と右派政党から成る連立政権は初めてであった。しかしラオスは、政治的汚職に係ったことで有権者の信頼を失う。こうしてかれらは、二〇一二年五月の総選挙で議員代表権に必要な三％の得票に届かなかった。

一方、このようなラオスの衰退と対照的に、極右派で過激派の黄金の夜明けは、二〇一二年の五月と六月の二回の総選挙で大きく得票を伸ばした。かれらは、ギリシャの議会に目ざましい勢いで入り込んだのである。黄金の夜明けは、ギリシャの政治的混乱から最大の利益を引き出すことができた。かれらは、どうして突然に有権者の支持をえることができたのか。その第一の理由としてやはり、当時のギリシャの人々の緊縮策に対する強い不満を挙げることができる。それはまた、債権団の課す緊縮策を受け入れた既成の支配的政党に対する一つの懲罰的行為を示すものであった。実際に二〇一〇年の段階で、ギリシャの大人の六六％もの人が緊縮に抗議し、四人に一人がそのためのデモに参加したと言われる(7)。

（二）黄金の夜明けの発展とギリシャ政府

ところで、このナチス組織と称される黄金の夜明けは、その根を第二次世界大戦に持つ。かれらは、ヒトラーを賞賛し、一九六七年四月二一日の軍事クー・デ・タにおいても、国民主義的社会主義のイデオロギーを振りかざした。しかし、一九七四年に軍事独裁政権が終了すると、かれらは危機感からテロリスト集団に転じる。そして、Ｎ・ミシャロリアコス（Michaloliakos）が中心となり、一九七六年一二月に今日の黄金の夜明けの核をつくった。彼は再三にわたってテロ事件を起こし、逮捕された人物である。

こうして黄金の夜明けは、一九八〇年一二月に、国民主義的社会主義の成立に向けて機能し始める。それは、ナチスと同じような厳正な組織を持ち、まさに戦後のギリシャのファシストを想い起こさせた。そのため、かれらは他の極右派政党に対して不信感を抱かせた。かれらは、明確にナチズムと暴力によって性格づけられる。それらが、かれらのプロパガンダと活動の核となったのである。

そうした中で、黄金の夜明けはギリシャの人々に認知されるチャンスを伺った。それは、一九九〇年代初めのマセドニア問題をめぐる熱狂的ナショナリストとの政治的合意のおかげで到来する。かれらは、バルカンに辿り着いた移民に対して超第三者的に介在することで一致した。そこで両者は、左派や反体制派を反ナショナリストで裏切り者とみなして暴力的に攻撃した。かれらの攻撃は、実に組織的で計画的であった。

このように、黄金の夜明けのイデオロギー、活動、並びに組織は、ナチスの表したもの以外の何物でもない。それは、広い意味での極右派でもないしファシストでもなかった。事実、かれらの発行するレヴューは、イタリーのファシズムを批判する。かれらはつねに、絶対的な国民主義的社会主義のプリズムを通して判断したのである。ただし、かれらはナチス以外に一つだけ異なる要素を盛り込んだ。それは先に示したギリシャらしさであり、同時にそのことは、古代ギリシャ文明を想い起こさせるものであった。このギリシャらしさは、血族的コミュニティのモデルに基づく。そして、このモデルも実は、ナチズムの反ユダヤ教にヒントをえたものであった。

こうして黄金の夜明けは、国内で敵とみなすクラン・デ・スタン（闇労働者）の移民や、政治的ライヴァルである反ギリシャ主義者を激しくアタックした。それにも拘らず、ちょうどナチスが現れたときと同じように、政治アナリストは二〇一二年の初めまで、黄金の夜明けの犯罪性を過小評価した。同時に、かれらのナチス的性格も気づかれなかった。この点は驚くべきことであった。その結果、黄金の夜明けの総選挙の得票は飛躍的に増大する。かれらは、二〇〇九年にたった二万三千票しかえられなかったのに対し、二〇一二年には何と四四万票をも獲得できた。かれらのナショナリズムに基づく過激な議論がギリシャの人々に訴えることに成功したのである。

しかし他方で、黄金の夜明けがギリシャの極右派政党の中で孤立した点も指摘しなければならない。かれらが、軍事制度に国民主義的社会主義のイデオロギーを吹き込もうとしたからである。こうして黄金の夜明けは、嫌われ者の政党と化す。ただし、ここで注意すべき点は、黄金の夜明けをつねにサポートしたのが、警察、軍部、裁判所、さらには正教教会であったという点である。例えば、二〇一二年の選挙でも、警察の特別部隊は黄金の夜明けを強く支持したし、また軍部の票の一〇%はかれらに向けられた。黄金の夜明けは発足から数十年間で、確かに少なくともギリシャの警察官の中に深く浸透した。これらの点を踏まえると、ギリシャの政治体制において、軍事独裁的要素が完全には消え去っていないと言ってよいであろう。

こうした中で、黄金の夜明けがとった戦略は、ヒトラーの戦略を踏襲するものであった。かれらは確かに、一方で労働者の利害を守ろうとした。それは、覚書に記された緊縮策を否定することで表された。しかしかれらは、真底から労働者を保護したのではない。かれらは、労働者に対して野蛮な姿勢も見せたからである。

では、このナチス政党である黄金の夜明けに対し、ギリシャの歴代の支配的政党はいかに対応したか。実は、かれらはその活動を抑制することができなかった。この点は、左派政党による政権においても変わらなかった。パソク政権は、何と表現の自由の下に、そのコントロールを拒絶したのである。その結果、黄金の夜明けに対し、政界、市民社会、並びにメディアの大半は唯の一度も厳しい圧力を加えることがなかった。

ただし、ギリシャ政府が黄金の夜明けに対して何の防衛努力もしてこなかった訳ではない。二〇一〇年の地方選挙で黄金の夜明けが初めて成功すると、パソク政権はさすがに反人種差別法を作成しようとした。それは、民主主義を法制的に守るためであった。この点は、二〇一三年五月の連立政権にも引き継がれた。しかし、黄金の夜明けがギリシャの議会に入り込んだことにより、そうした法プロジェクトをめぐって政治的な一致を図ることができなかった。一方、当時の連立政権の側も、ナチスの組織によって生じる民主主義の現実の危機に気づいていなかったのである。

ところが、二〇一三年九月に若い反ファシスト運動家のミュージシャンが黄金の夜明け党員の暴力によって殺害されたことで、事態は一変する。ギリシャの公衆は大ショックを受けると同時に、メディアもこの問題を素早く取り上げた。それは、黄金の夜明けによる組織的な犯罪行為とみなされた。そこで連立政権も、法的にかれらを罰するために初めて活動した。その懲罰対象は、組織の統制者や扇動家を含むものであった。そして、すべての民主主義的政党が、そうした法的措置を支持した。ここでギリシャ政府は一般市民に対し、人種差別的かつまた犯罪的な暴力を振るう組織の排除を謳う。同時に、この大事件を契機として、ギリシャの人々の緊縮策に対する強い不満と憤りは、極右派ではなく急進左派のサポートを生み出した。シリザは、そうした中で一大勢力として発展する。そこで次に、今日のギリシャ政権を主導するシリザにスポットを当ててその中味を検討することにしたい。

四　急進左派政党シリザの躍進

（一）シリザの選挙での勝利

表1を振り返ると直ちにわかるように、シリザは二〇一二年以降のギリシャにおける選挙において、目ざましく得票を伸ばした。かれらの得票率は、二〇〇九〜二〇一〇年に四％台であったのに対し、二〇一二年五月の総選挙で一挙に一六・八％に上昇する。さらに同年六月の総選挙では二七％弱にも達し、先に見たように第一党のNDに迫る勢いを示した。そして二〇一四年五月の欧州議会選挙で、シリザはついにNDを抜いてトップに躍り出たのである。このことは、パソクの凋落ぶりと実にコントラストを成していた。パソクは、二〇一〇年一一月の地方選挙までは第一党であったものの、二〇一二年には第三党に、そして二〇一四年の段階では黄金の夜明けにも抜かれて第四党に甘んじる。一体、シリザはなぜここまで躍進したのか。かれらの成功は何を意味するか。まず、これらの点を考えねばならない。

左翼のごく小さな政党であったシリザは、ギリシャの中でも、さらには欧州の中でも二〇一二年五月の選挙まではほとんど知られていなかった。それゆえシリザがいきなり大勝利したことは、まさに驚くべき事実として欧州の人々に伝えられた。シリザは、欧州の左派政党の中で重みを非常に増した。かれらは危機時のプロメテウスとみなされた。事実、後に財務相となるヴァルゥファキスは当時、ニューヨーク・タイムズ紙において、唯一シリザがギリシャを救えると豪語したのである(8)。

ここで、シリザの躍進が意味することについて、次の二つの点に注目する必要がある。その一つは、ギリシャの人々が前章までに見たように、二〇一〇年以降に始められた厳しい緊縮策で痛みつけられたことにより、その廃絶を訴えてシリザに投票したこと、そしてもう一つは、かれらがシリザを通して欧州の政策を転換できると期待したこと、である。この後者の点は、二〇一四年の欧州議会選挙で鮮明に現れた。つまり、シリザの躍進は、たんに得票率の観点からのみで重要なのではない。それは、シリザがギリシャと欧州の双方の政治的切り札になることで根本的な社会的転換を図れるという観点から極めて大きな意義を持つ。だからこそ、ギリシャの既存の支配的政党や欧州のリーダーらは、このシリザの勝利に非常な危機感を抱き、かれらに対抗する姿勢を露骨に表したのである。

実際にパソクや新民主党（ND）は、シリザはギリシャ危機の不安を一層促すことになり、かれらに政治的な支配力を与えることはギリシャを決定的に崩壊させると共に、ひいてはユーロ圏の重大な危機要因になる、と表明する。一方、メルケルやサルコジらの欧州の支配者層も、シリザの勃興はギリシャのユーロ参加を終結させると同時に、大量の資本逃避、銀行取付け、並びに大量の貧困者を生み出すとして警鐘を鳴らした(9)。

ただし、ここで留意すべき点がある。それは、このシリザの躍進によって、ギリシャの社会が即変わったという訳では決してなかったという点である。一国の社会的転換はそれほど簡単ではない。事実、二〇一二年六月の選挙後直ちに形成されたパソクとNDが主導する連立政権は、一層厳しい緊縮策を加えながら抑圧的な政策を強化した。他方でシリザ自身も、反緊縮運動の困難に疲労感を表して新たな活力を失っていた。このことはまた、シリザが、納得のいくオールタナティヴな政策を十分に備えていないことを露呈した。同時にそれは、当時の欧州の左翼全体にあてはまるものであった。この点は、後に大きな問題として残ることになる。

（二）左翼政治運動の歴史とシリザ

では、シリザはギリシャの政治史の中で、ほんとうに突然に踊り出た左派政党であったのかと言えば決してそうではない。かれらはまた、ギリシャの戦後六〇年間にわたる長い左翼政治運動史の中に位置付けられねばならない。

ギリシャにおける社会的抵抗史の中で左翼が演じた役割は、シリザの目を見張る活躍によってのみ語られるものでは全くない。ギリシャでは、日雇い労働者の運動やその他の諸々の社会運動の中で、左翼はつねに強い存在感を長い間表してきた。かれらは、危機脱出のためのオールタナティヴな道を探る上で決定的な仕方をこれまでにも提示してきたのである。この点についてはK・カルポジロス（Karpozilos）が詳細な検討を行っている。以下では、彼の議論によりながら、その歴史的過程を簡単に振り返っておきたい(10)。

ギリシャにおける左翼政治運動は、歴史的に三つの主たる組織により展開された。それらは、第一に第二次大戦後の共産主義運動の全組織、第二にギリシャ共産党（ＫＫＥ）で、これはマルクス・レーニン主義政党、そして第三にアンタルシャ（Antarsya、逆転のための左翼の反資本主義的協力）で、これは脱議会的左翼組織である。

これらの柱をベースとして、ギリシャの左翼はまず、ファシスト支配（一九四一～四四年）の時期に飛躍する。このときはギリシャ共産党が主役を担った。そして一九六〇年代に入ってかれらは、ギリシャの人々の民主的な社会的近代化の要求に応えることに成功する。しかし、それは一九六七年の軍事クー・デ・タにより突然に断ち切られた。こうしてギリシャの左翼は、独裁政権（一九六七〜七四年）の中で、大きな再編を強いられる。共産党は、運動を歴史的に継承するプロソ連的共産党と、ユーロ・コミュニズムのギリシャ・ヴァージョンである国民的共産党に分裂した。そして一九七四年の軍事政権崩壊後に、全ギリシャ社会主義党（パソク）が設立される。それは、反独裁の闘いの非共産主義的ラディカリストの集合体であった。このパソクのイデオロギーは、従属理論、ケインズ主義、並びに第三世界開放運動などのパラダイムを混ぜ合わせたものを表した。

このようにギリシャの左翼は、独裁者に対する抵抗を経て一九七〇年代に、組織的・政治的な目ざましい発展を遂げる。パソクの得票率は一九七四〜七七年に急上昇し、共産党のそれも著しく増大した。このことは、独裁政権崩壊後の右翼の衰退と対照的であった。同時にそれは、ギリシャ政治史における根本的な変化を示した。そうした変化は、一九八一年の総選挙におけるパソクの勝利に結実する。これによって、ギリシャの左翼の政治的活力が確認されたのである。

最初のパソク政権（一九八一〜八九年）は、ギリシャ社会に決定的な転換をもたらした。かれらは一方で、左翼の社会的存在感と志気を高めた。賃金労働者に有利な所得分配政策を施すことにより、ギリシャは初めて社会的国家を建設したのである。しかし他方で、一九八〇年代はケインズ主義政策の失敗によっても特徴づけられる。そこで勝利したのが新自由主義であった。こうした状況の下で、ギリシャの左翼は、従来の原則を破る行為を見せ始める。共産党は修正資本主義的アプローチを採ると共に、パソクも右派のNDとの連合を図った。このようなギリシャの左翼政治運動の変化はまた、当時の共産主義の世界的危機を直に反映していた。実際にギリシャで、共産党と過激派左翼政党の得票率は著しく低下したのである。

一九九〇年代はこのようにして、ギリシャの左翼に対し、新たな政治戦略の追求を問いかけた。パソクはここにきて、明らかに政治的方向の転換を余儀なくされる。かれらは、イギリスで「ニュー・レイバー」が説いた「第三の道」を目指す。この時期に、左翼は社会的かつ組織的な刷新をせざるをえなくなったのである。

シリザはこうした中で、二〇〇四年に正式に設立される。以下では、シリザの政治運動についてその歴史的経緯を見ることにしたい(11)。

シリザはそもそも、歴史的に超議会政治的な左翼と、反グローバリズムの社会運動を行う過激な集団との連合形態として誕生した。それゆえシリザは、政治的政党ではなく、一つの政治団体にすぎなかった。かれらは当初、新自由主義とEUのネガティヴ効果をもたらす政策を批判することに焦点を当てた。しかし、そのイデオロギーは次第に和らげられる。それによってシリザは若者との関係を強化した。他方で、二〇〇九年に超議会政治的左翼として、アンタルシャ連合が設立される。それは、過激派の若者の運動の中核に据えられた。

一方、パソクや共産党に代表される既存の議会政治的左翼は、二〇〇九年の総選挙までは、何とか勢力を保つことができた。しかし、すでに経済危機の渦の中に突入していたギリシャにおいて、その危機は政治的なそれに姿を変えつつあった。この点は、二〇一〇年五月の第一回覚書の議会における採択からスタートする。シリザとアンタルシャは、この覚書の政策を拒否するために組織的な力を顕示した。それは、ジェネラル・ストライキに代表されるような、社会的抗議運動として結実する。そこで展開された連続的な運動は、デモの数と規模、並びにその拡がりにおいて過去に例がないほどのものであった。こうした運動のサポートの下に、シリザとアンタルシャの連合は、社会的急進主義の非公式の代表として議会に登場する。そしてかれらは、二〇一二年五月の総選挙を迎えることになる。シリザはそこでどのように闘ったか。

まず注意すべき点は、ギリシャの左翼がこの選挙に対して、一体化への道を開くことなしに運動を展開したという点である。そこでは、各グループの戦略の違いが明白であった。共産党は、伝統的左翼の姿勢を硬化させることで、次第に左翼の支持者から離れていった。かれらは覚書の拒否を要求したものの、それを具体化する手段の探求を欠いた。これに対してシリザは、やはり覚書の廃止を訴える一方で、債務の拒否と再交渉に焦点を当てる。かれらは、イデオロギー的な厳格さに拘泥することがなかった。シリザのギリシャ再建の提案は、社会的抗議の精神と一致した。同時にシリザのリーダー、ツィプラスが、既存の政治的指導者とは全く異なる立場にあった点にも留意する必要がある。彼は、労働の弾力化で被害を受けたギリシャの若者と同じ土俵に立っていたのである。

このような、シリザを有利とする要素の相乗効果が、かれらを選挙運動の主たるアクターに押し上げた。かれらは確かに、左翼の支持者に対して、伝統的な左翼政党とは異なる側面をアピールすることができた。伝統的政党は、現実の日常生活（医療、教育、並びに市町村行政など）の主たる課題に取り組むためのプログラムを提示してこなかった。要するにシリザは、既存の社会に対してと同じく、既成の左翼に対してもはっきりと断絶する姿勢を表したのである。このことがシリザに功を奏した。かれらは事実、野党第一党となる勝利を収める。シリザはとくに、日雇い労働者やプチ・ブルジョアの集まるアテネなどの都市部で印象的に得票を伸ばした。シリザは間違いなく、社会的に冷遇されている若者や低所得者などの人々の間に浸透した。このことはまた、ギリシャ社会における両極化が強まる中で、社会的抗議の政治的左翼化を促したのである。

シリザとギリシャは、以上に見た二〇一二年の選挙結果によっていきなり世界の注目を浴びた。ただし、それはポジティヴな面だけでなくネガティヴな面も含んでいた。後者の点はEUとの関係を示すものであった。シリザの勝利は、最終的にギリシャをユーロ圏から離脱させて国民的通貨に復帰させるのではないかという不安が、国内においてもまた欧州においても生じた。それはまた、地政学的にもギリシャが旧西側から離れていくかもしれないという危惧の念を抱かせた。

こうした中でシリザは、それらの議論が有権者を恐れさせる策略にすぎないことを強調し、勝利から生まれるディレンマを乗り越えようとした。ツィプラスは二〇一二年六月のTV討論会において、覚書の見直しを訴える一方で、ユーロ圏の崩壊がギリシャに有利になることはないと宣言する。これによりメディアは、ギリシャが確実にユーロ圏に留まることを人々に伝えたことになる。

一方、シリザのライヴァルであるNDやパソクの連立政権は、保守主義勢力と組みながら、ギリシャ社会が左翼へ回帰することはない点を人々に明言した。しかし他方で、かれらは緊縮政策を一層押し進めた。これにより、そうした政策に不満を持つギリシャの人々の社会的抵抗はさらに強まった。このことが、シリザに対してなお強い力を与えたのである。

（三）ツィプラスのプロフィール

では、シリザの政治的勢力をここまで拡大させ、それをリードしてきた党首のツィプラスはいかなる人物で、どのような行動パターンを示したか。この点について理解しておくことは、その後のギリシャ政治を考える上で極めて重要である。

そこでまず、ツィプラスの政治的キャリアについて見ておこう。FT紙の記者、P・スピーゲル

(Spiegel) がこの点を非常に詳しくフォローしているので、以下ではそれを整理しながら彼のキャリアを追うことにしたい(12)。

欧州の左翼リーダーのプロト・タイプは、労働組合もしくはアカデミックな世界からの人物と言われる。この点でツィプラスは全く異なる。もともと彼の家族は、小さな建設会社を経営する父親を持つ中流階級に属していた。しかし、一九九〇年代後半の政府が行った教育改革に対する抗議運動が全土に拡がる中で、それをコーディネートするためのハイ・スクールの学生リーダーとして、ローカルな共産党の青年党員であったツィプラスが立ち上がる。そして彼は、この改革案を撤廃させることに成功する。これが、言ってみれば彼の政治キャリアの第一歩となった。ただし、気をつけるべき点は、彼の最大のねらいは改革案を廃案にすることにあったという点である。したがってそこでは、改革に対する本質的是正を求めることは考えられなかった。この時点で彼は、すでにプラグマティストとしての側面を打ち出していたのである。

ところで、この一九九〇年代は、旧ソ連の崩壊の下で自由主義経済が横行することにより、左翼学生運動にとって容易な時期ではなかった。そうした中でツィプラスは、共産党から離れて新しく設立された政治団体のシナスピモス (Synaspimos) に魅かれる。かれらは、ギリシャの極左翼を現実に適するようにアップデートすることを探る。そして二〇〇〇年にツィプラスは同党の若者組織の責任者になる。それは、ちょうど反グローバリゼーションのデモの波が世界に押し寄せ始めたときであった。この抗議は、若者の運動に再び活力を与えた。彼はそこに左翼の将来を見たのである。

こうしてツィプラスは、シナスピモスを土台にキャリア・アップを図る。それは二〇〇六年のアテネ市長選挙から始まった。三〇才そこそこのツィプラスは、同党のヴェテランの反対を押し切る形で党のリーダーから市長候補者の指命を受ける。そして彼は、実に一一％もの票を獲得する。これは一つのブームをつくり出し、彼のキャリアを一変させた。ツィプラスはついに、そのような政治団体を含めたシリザの党首にまでかけ上がる。彼は二〇〇九年に、同党の党首であったA・アラヴァノス(Alavanos)の続投を阻止して新総裁に選出されたのである。彼はそれからわずかの間で、欧州の政治的基盤を揺るがすほどの存在となった。

一方、ツィプラスの政治理念はどのようなものか。まず指摘しておかねばならない点は、彼は徹底したプラグマティストであって理想主義者では全くないという点である。この基本的姿勢がその後、彼に政権の座を追い求めさせることになる。実は二〇一二年のル・モンド紙とのインタヴィウで、彼は次のように明言する。「大事なのは政権をとることであり、そのためにはどの政党とも組む用意がある」と(13)。この点は、世界のジャーナリストのツィプラス評との食違いを示す。なぜなら、かれらはツィプラスを「ギリシャのメランション(J-L.Mélenchon、フランスの極左派リーダー)」と称し、彼が極左翼のフレンチ・モデルの地位を奪ったと評したからである。ツィプラスは実際に、以上の発言からも推察できるように、メランションのような強い社会批判を備えた主義主張論者では決してなかった。こうしたプラグマティストとしての、また権力者志向としての性格は、彼を当然に人々からの支持につねに敏感にさせた。その意味で彼は、疑いなくポピュリストであった。ツィプラスがシリザの総裁に選ばれたときも、彼は党員の力をえたことを誇らしげに語っている。同時に彼は、党以外の所でも巧みな弁舌を活かしながら、とりわけアテネの若者から急速に大きなサポートをえる。彼は、若者の間でまさにカリスマ的存在となった。

他方でツィプラスは、妥協の道を選ぶことに積極的であった。この点は例えば、欧州やユーロに対する考え方に端的に現れた。彼は当初、シリザ内の急進左派と同じく、反ユーロの姿勢を表した。しかし、それは二〇一二年以降に一八〇度転換する。彼は、欧州での連合の必要性を理解すると共に、ギリシャ市民のユーロ残留の意向を汲んでシリザ内の反ユーロ派を押え込む。反ユーロ派はシリザの三〇%ぐらいで少数派であるため、かれらのコントロールは容易であった。このようなツィプラスの姿勢の方向転換はまた、彼の権力志向の現れでもあった。彼は、トップに上るにつれてその考え方を順次変えたのである。こうして彼は、ギリシャ内に対しても、また他の欧州諸国に対しても人々を安心させるメッセージを送った。ただし、そうした戦略の大転換が、党内に激しい意見の対立を引き起こしたことも忘れてはならない。

このように、ツィプラスがプラグマティックな政治的選択を行ったことは、彼がもはや急進左派ではないことを如実に示す。シリザは一般に急進左派政党と呼ばれたものの、党首自身は、そうした方向を目指した訳ではない。彼はむしろ、社会民主的なプログラムを設定しようと試みる。この点でツィプラスも、当時の社会民主路線である「第三の道」を歩もうとした。

しかし、こうしたツィプラスの姿勢は当然に、シリザ内で強く批判された。シリザはあくまでも、極左派に由来する政治団体であったからである。それゆえ、社会民主的な方向への転換は、歴史的な闘士からすれば、悪夢以外の何ものでもなかった。同時に、彼が確固とした主義主張を持たないことは、将来不安をも引き起こすに違いないと考えられた。最重要な選択を迫られたときに彼は何を決定するか。そこにはつねに不透明性がつきまとう。この点はその後に大きな問題となって現れることになる。

(四) シリザの基本方針

それでは、シリザ自体は、いかなる政策方針の下に進もうとしたか。最後にこの点について、先のカルポジロスの分析を整理しながら検討することにしたい(14)。

シリザは果して、統一された政治団体として社会的抵抗を大きく組織化できるか、また覚書の政策に対して信頼のおけるオールタナティヴを打ち出すことができるか。これらのことが、当面の重要課題になったことは言うまでもない。まず銘記すべき点は、二〇一二年の選挙でシリザが躍進して以来、ギリシャの社会において反民主主義的な方向がはっきり示されたという点である。これによって、社会的抵抗を厳しく抑制する傾向が強く現れる。実際にデモによる抗議運動は、もはや安全ではなくなった。シリザは、このギリシャ政府の対応を受けて、社会を転覆させるような激しい抵抗を見せなくなる。それでも、自発的な社会的抗議運動の高まりに対する望みは保たれた。そこでは、新たな社会的抵抗の再建が図られる。そうした中でシリザは、異なるイデオロギーを持った複数の団体の組織形成を、その設立の目的とする。これによりかれらは、過激派の温床とみなされることを回避した。シリザはこうして、右翼や大衆メディアからの攻撃を防ぐことができた。しかし、そのことは同時に、党内の分裂のリスクをその後に背負うことを意味したのである。

他方でシリザは、そのような目的に沿って、政治的かつ社会的な同盟が必要であると考える。このことは、シリザをより柔軟な政治組織に変更させた。事実、二〇一三年七月のシリザの総会で、党の基本方針が討議され、そこで多様性が論じられる。急進左派はその際、公的債務の即時解消、銀行の社会化と国有化、並びにユーロ圏との断絶を謳った。しかし、シリザは全体として、これらを拒絶する。かれらは、ア・プリオリにEUとの対立を望まない。その代わりにシリザは、政治的・社会的勢力を引きつけられるようなラディカルなプログラムを明らかにする。その政策内容を、少し長くなるが大事な点なので以下に掲げておこう(15)。

「我々は、覚書とその適用法規を廃止する。我々は、経済的・社会的復興、及び生産と環境の再建プログラムを用いる。……第一の道は、覚書以前の状態における職業関係を確立すること、また最低賃金、基礎的年金、失業手当、並びに家族手当などに関する集団交渉を復権することである。我々は、債務の植民地状態にある自らの国を根本から変えてみせる。我々は、貸付の協定について再交渉し、またその高くつく条件を廃止させる。それにはまず、債務の一層大きな部分を会計的に可能なコントロールと査定の下で削減することが必要である。短く、〝ユーロに対していかなる犠牲があってもならない〟というスローガンを掲げよう。シリザの最優先政策は、人道的悲劇を回避し、社会的必要を満たし、さらに、他の者によって我が国が抵当に入れられているものに従うのを止めることである。我々は、責任を持って債権団が将来加える脅迫と恐喝に対して立ち向かっていく。我々は、あらゆる可能な手段を使ってそれを訴えていく。そして我々にはすでに、起こりうるすべての万一の事態に対処する用意がある」

では、シリザがこうした基本方針の下で将来に向けた地歩を確固としたものにするためにはどうすればよいか。それは明らかに、党内でのバランスを図る努力だけで済まされるものではない。最終的には、シリザの政治的ポジションを、より大きな社会的プロセスの中に確保する必要がある。かれらはこのことを、債権団の要求する緊縮政策を拒否する立場を明示しながら進めたのである。

五　おわりに

以上見てきたように、ギリシャの人々は緊縮政策が進む中で、それに対する集団的抵抗を露にした。そのための運動が、最終的に急進左派政党シリザの台頭をもたらしたのである。そこでは、反緊縮が支配的なイデオロギーとなった。しかし、そうした動きが一直線的に進んだかと言えばそうではなかった。ギリシャでは再び保守的な政党が優勢となる一方で、社会的抵抗運動の方は公衆の議論の右傾化に沿って後退する。そのような中で、ギリシャの左翼、とりわけシリザに求められることは何か。この点こそが問われた。

シリザの支持母体はそもそも、緊縮策で痛めつけられた一般市民から成る。そこでシリザが、かれらのサポートの下で真に政治的勝利を収めるためには、たんに反緊縮を訴えるだけでなく、カルポジロスが唱えるように、ギリシャが経済・社会危機から脱出できるプロジェクトを新たに提示する必要がある(16)。もしそれができれば、そうしたプロジェクトは、一般市民と政治との関係をも根本的に刷新させるに違いない。債務危機と緊縮策で身も心も苛まれたギリシャの人々は、シリザこそがそれを成就させこの窮状を救うことができる、と信じたのである。

【注】

（1）Burgi, N.,“Introduction”, in Burgi, N. dir., *La grande régression — La Grèce et l'avenir de l'europe* —, Le Bord de L'eau, 2014, pp.41-44.

（2）Laskos, C., & Tsakalotos, E., *Crucible of resistance — Greece, the eurozone and the world economic crisis* —, Pluto press, 2013, pp.51-54.

（3）*ibid.*, pp.101-103.

（4）Karyotis, G., & Gerodimos, R.,“ Introduction: Dissecting the Greek debt crisis ”, in Karyotis, G., & Gerodimos, R., eds., *The politics of extreme austerity : Greece in the eurozone crisis*, Palgrave Macmillan, 2015, pp.3-4.

(5) Laskos, C., & Tsakalotos, E., *op.cit.*, p.127.

(6) Psarras, D., " L'aube noire de la démocratie Grecque", in Burgi, N., dir., *op.cit.*, pp.105-128.

(7) Karyotis, G., & Rüdig, W., " Protest participation, electoral choices and public attitudes towards austerity in Greece", in Karyotis, G., & Gerodimos, R., ed., *op.cit*, p.140.

(8) Karpozilos, K., " La gauche grecque. À la recherche d'un programme de gouvernement", in Burgi, N., dir., *op.cit.*, p.78.

(9) Laskos, C., & Tsakalotos, E., *op.cit.*, p.127.

(10) Karpozilos, K., *op.cit.*, pp.81-89.

(11) *ibid.*, pp.89-98.

(12) Spiegel, P., " Radical or realist ? ", *FT*, 25, January, 2015.

(13) Guillot, A., & Salles, A., " Le météore Tsipras ", *Le Monde*, 27, juillet, 2015.

(14) Karpozilos, K., *op.cit.*, pp.98-102.

(15) *ibid.*, pp.102-103.

(16) *ibid.*, p.103.

第二部　新たな金融支援と超緊縮政策

第四章　ギリシャの債務危機とツィプラス政権の成立

一　はじめに

ギリシャは周知のように、巨額の公的債務を抱えたことから、二〇一〇年以来、再三にわたってディフォールトの危機に晒された。それを回避するために、ギリシャはEU、ECB、並びにIMFから成るいわゆるトロイカ体制によって金融支援を受け、それと引換えに厳しい緊縮政策と構造改革を強いられた。ギリシャの一般市民の生活は、この五年間で困窮ぶりを極めた。失業の増大や賃金・年金の減少は、一挙に人々を貧困に追い込んだのである。それは、ほとんど人道的危機とも言える状況であった。ギリシャ市民は、そのような悲惨な生活を送る中で、既成政党の政策に対する反感を非常に強めた。こうした市民の動きが、ついに新しい政権を誕生させたのである。

二〇一五年一月二五日のギリシャの総選挙において、ツィプラスの率いるシリザが勝利を収めた。一般に急進左派連合と称されるシリザは、二〇一二年の選挙で急激に台頭してからわずか三年でついに政権を握った。既成政党以外の左派政党が勝利したのは、戦後のギリシャで初めてであった。それが欧州全体、及び全世界に与えた衝撃は極めて大きかった。ただ、ギリシャ国内においては、戦後の左翼勢力の継続的な大きさからして、とりたてて驚くほどのものではなかった。とりわけ二〇一二年の欧州による第二次金融支援以降におけるギリシャの経済・社会状況の著しい悪化は、人々の気持を、彗星の如く現れたシリザの支持に傾かせた。かれらこそが、我々を救ってくれるという思いを一般市民は抱いた。そして、そうした思いはギリシャのみならず、スペインを代表とする他の南欧諸国の人々、ひいては欧州全体の左翼を支持する人々に伝わったのである。

一体、シリザはどのようにして勝利したのか、かれらを勝利に導いたのは何であったか、かれらの基本方針は何であるか、あるいはまたその勝利の影響はどのように現れたか。本章の目的は、これらの問題を検討しながら、ツィプラス政権がギリシャで成立したことの経済・社会・政治的意味を総合的に考えることである。

二　サマラス政権に対する不信感

今回のギリシャ総選挙におけるシリザの勝利を導いたドラマの第一幕は、皮肉なことに、ライヴァル政党の党首であるサマラスにより演じられた。サマラスは、当初二〇一五年二～三月頃に予定されていた大統領選を、同年一月初めに行うことを二〇一四年一二月八日に告示し、自らが率いる新民主党（ND）とパソクから成る連立政権への支持を固めることを決断したのである(1)。それが、彼にとって大きな賭けを意味したことは言うまでもなかった。もしも大統領の選出に失敗すれば、すでに二〇一二年のサマラス政権発足以来急速に勢力を伸ばした野党第一党のシリザが、次の総選挙で勝利する可能性を高めていたからである。

しかし、サマラス自身は、そうした不安感が全くないかのように、大統領選で勝利する自信を大いにのぞかせた。彼は国内外に対し、二〇一四年こそは、ギリシャの救済時代の終りを告げ、それによって人々の痛みを伴う緊縮政策は過ぎ去り、国際的債権団＝トロイカ体制に対する屈辱的責任も消えると断言したのである(2)。そもそもサマラスは、中道右派の政党党首らしく、救済に反対する有名なナショナリストであった。彼は、二〇一四年一〇月の段階ですでに、アイルランドやポルトガルに続いて、救済からの「きれいな脱出」を図ることを強く望んでいた。サマラスは当時、国際ビジネスマンの聴衆に対し、政府のサクセス・ストーリーを次のように語っている。「我々は、財政調整の難しい時期から成功する時期に至っている。……そして我々は、持続可能な成長の時期に入っている(3)。」

確かにその頃までは、多くのオブザーヴァーが、ギリシャは最悪期を過ぎ去り、国際的債権団の課したプログラムも控え目ながら遂行されたとみなしていた(4)。しかし、実態はそれほど甘いものではなかった。ギリシャは、トロイカ体制の要求する財政手段を到底満たすことはできなかった。このようなギリシャ経済の真の姿に対する不安と恐れは、それこそ市場の反応にはっきりと現れた。投資家は、サマラスの大統領選の声明にパニックになり、ギリシャ債の利回りは高騰すると共に、株価は、一日出来高において一九八七年の大クラッシュ以来最大の下落幅を示したのである(5)。この点でサマラスが、市場に対するミスリーディングな判断に基づいて発言したことは間違いなかった。

一方、ギリシャ市民のサマラス声明に対する反応も冷ややかなものであった。否それどころか、かれらはサマラス政権に対する反発を一層強めていたと言ってよい。当時のギリシャのトップ・ニューズを飾ったのは、大統領選の決定ではなく、N・ロマノス（Romanos）という一学生によるハンガー・ストライキであった(6)。実際にギリシャ人の多くは、二〇一〇年以降の過去五年間にわたるトロイカによる残酷な緊縮政策に隷従する羽目に陥った。かれらはその間、飢えと絶望感に打ちひしがれた。ギリシャはまさしく、経済的のみならず、社会的さらには人道的な意味で危機的状況に突入したのである。このようにして見ると、サマラス政権が、いかにギリシャ市民の置かれている事態を正しく把握していなかったかがよくわかる。このことは、サマラスが楽観的展望を示せば示すほど露呈された。

ところで、ギリシャは当時、現行の救済をさらに二ヵ月間延長することをユーログループによってすでに認められていた(7)。ところがそのためには、一層厳しい緊縮政策、すなわち税金の引上げと年金の削減が課せられる。したがって、仮にサマラス政権が大統領選に勝利したとしても、構造改革の加速は余儀なくされる。このことが、一方でギリシャ市民の反発をより激しくさせると同時に、シリザに対してより大きな力を与えることは明らかであった。実際にシリザは、ユーロ圏で最初のラディカルなポピュリスト党として政権を握ると予想された。この予想はとくに、国際投資家の間である種のパニックを引き起こした。そうした雰囲気は、サマラスの声明直後にロンドンで行われた、ヘッジファンドとシリザ執行部との会合で明快に表された。

こうした状況の中で、シリザ自身は、サマラスの大統領選の声明にいかに反応したか。かれらは当然ながら、その決定を歓迎した(8)。ギリシャ政府は大統領を選出できないがゆえに、これまでに受けた懲罰的救済からギリシャはいち早く逃れることができる。かれらはこう考えたのである。言うまでもなく、シリザのリーダー、ツィプラスは、危機の真只中でギリシャ市民に対して救済をなくすことを約束して名声を高めた。したがって、ツィプラスとシリザにとり、サマラスの決定はまさに渡りに船であった。

以上から判断すると、シリザの力を伸ばしたのは、ギリシャ政府だけでなく、国際的債権団としてのトロイカ体制そのものにも起因すると考えられる。かれらはつねに、ギリシャに対し、政府支出の削減プログラムを強要した。それは、ギリシャ国民の間で不人気であることがわかっているにも拘らず断行された。それゆえトロイカ体制が、ギリシャに対するスタンスを変えない限り、その有権者が反政府の政党、とりわけ反トロイカ体制を強く謳うシリザの支持を高めることは疑いのない事実であった(9)。

さて、そうした中で大統領選はどうなったか。案の定、シリザが期待したとおり、サマラス政権は敗北した。その結果、二〇一五年一月二五日に総選挙が行われる運びとなった。では、そのための選挙運動、とりわけシリザのそれはどのように展開されたであろうか。

三　シリザの基本戦略

ギリシャの社会は、サマラス政権の遂行してきた緊縮政策により、まさしく危機的な状況に追い込まれていた。それは、人々の飢えに瀕した人道的危機にも至るほどのものであった。先に示した学生によるハンガー・ストライキが、この点を端的に物語っている。そうした中で、ギリシャの新貧困者を救う何十ものローカルな慈善団体が現れた(10)。かれらは、ギリシャと外国のスーパー・マーケット・チェインとの友好関係を築き、フード・バンクの創設によって社会的な食料供給を行った。こうした支援活動は、深まる危機の中で、収入は平均で三分の一切り下げられ、失業率は就業人口の二八％にまで引き上げられたことに応じて進められたのである。

そもそも、ギリシャの社会的セーフティ・ネットは、一九七四年に軍事独裁政権が終りを告げた以降の民主化時代における大きな成果であった。それはまた、ＥＵのメンバーになることによって飛躍した。ところが、そうしたセーフティ・ネットは、第二章で示したように二〇〇九年の債務危機の開始以来、そして、救済のための金融支援と引換えに債権団により強いられた緊縮政策が始められて以降に崩壊してしまった(11)。実際に、年金は平均で四〇％減少し、ほとんどの失業手当は、一二ヵ月を経ると消滅した。また、医薬品に対する個人負担は三〇％以上高められた。多くの長期失業者は、国家の健康管理サーヴィスへのアクセスを失った。かれらの中で病弱な老人は、わずかな年金で食料を買うか薬を買うかの選択を迫られた。さらには、中流階級の人々でさえ、財産に対する新課税の導入による税負担で著しいダメージを与えられた。こうした中で、有権者は総選挙に向けて、次の二つの選択、すなわち、中道右派の新民主党（ＮＤ）政権の下で金融の安定と漸次的回復の引換えに一層多くの緊縮政策を甘受するか、あるいは野党第一党である急進左派連合のシリザを支持するか、という選択に身を委ねることになったのである。

では、ギリシャ市民による選択の最有力候補の一つとなったシリザは、いかなる方針を打ち出したか。かれらはまず、より緩やかな救済条件（緊縮政策）を国際的債権団に要求すると共に、ギリシャの社会的利益を復興させることを誓った。これによって、かれらの支持率が上昇したことは言うまでもなかった。シリザの党首ツィプラスは、選挙直前の一月二一日付のＦＴ紙に自ら投稿し、シリザの基本戦略を熱い想いで次のように語っている(12)。その概要を少し長くなるが、かれらの戦略を知る上で重要なので引用しておこう。

「シリザは、政治的安定と経済保証に対する新たな社会契約を提示する。我々の政策は、緊縮の終焉、民主主義と連帯の高揚、並びに中流階級の足固めにある。このことが、ユーロ圏を強化し、欧州のプロジェクトを市民にとって魅力的なものにするに違いない。……我々は、緊縮を終えなければならない。それは、民主主義を殺さないためである。もし、進歩と民主主義の力が欧州を変えなければ、M・ル・ペン（Le Pen）と彼女を支える極右翼が、我々の代わりにそうするであろう。我々は、欧州のパートナーと、オープンにかつ正直に、そして対等に交渉する義務がある。両者で武器を保有する考えはない。誤解を解いておきたい。それは、政府の財政の均衡が自動的に緊縮を要求するものではない、という点である。シリザは、ギリシャがユーロ圏のメンバーとして、均衡財政を維持するオブリゲーションを尊重する。また、量的ターゲットも約束する。しかし、新しく選ばれた政府が、自分達でそのゴールを達成することは、民主主義の根本的事象である。緊縮は欧州条約の一部ではない。民主主義と国民主権の原則こそがそうではないか。我々の経済プログラムを課すことは、一方的行為ではなく民主的オブリゲーションである。……緊縮政策はギリシャで失敗した。それは、経済にダメージを与えると共に、大部分の労働者を失望させた。これはまさに人道的危機である。現政権は、債権国に対し、二〇一五年に賃金と年金を一層押し下げる一方で、税金を引き上げることを約束した。しかし、これらの約束は、サマラス政権を縛るだけであろう。我々は、ギリシャを固有の民主的な欧州の国に戻したいのである。」

ツィプラスは、以上のように基本的な考えを述べた後に、シリザのマニフェストを次のように示した。

「テッサロニキ（Thessaloniki）・プログラムと称されるシリザのマニフェストは、人道的危機を和らげるための、また経済を再スタートさせ人々を仕事に戻すためのものである。それは、財政的に均衡した一連の短期的対策を含んでいる。我々は、それまでの政権と異なり、ギリシャ内の危機を永続させる諸要因に目を向ける。我々は、税逃避を行う経済的寡頭支配者に抵抗する。我々は、社会的市場経済というコンテクストの中で、社会的正義と持続的成長を保証する。GDPの一七七％という公的債務は持続不可能である。その返済を満たすのは非常に難しい。既存のローンに関して、我々は、リセッションを引き起こさずに、また、人々を一層の絶望と貧困に押しやることのないような返済条件を要求する。我々は、新規ローンを求めていない。これ以上の債務を追加できない。一九五三年のロンドン会議は、ドイツに対し、その過去の過ちの負担を解き放すことによって、戦後の経済的奇跡を達成させるのを助けた。そのとき、ギリシャは国際的債権団の一員であった。緊縮は、欧州中で過剰債務を引き起こす。我々は今、欧州債務会議を求める。それはまた、欧州の成長を高める。このことはモラル・ハザードを生み出す行為ではない。それは倫理的義務である。我々は、ECBに対して十分に血の通った量的緩和プログラムの開始を期待する。これは、ユーロ圏の病を治し、単一通貨を守るために十分に大きな規模でなされるべきである。シリザは、ギリシャを変える時間を必要とする。我々は唯一、縁故主義（clientelism）と抑制欠如政治（kleptocracy）の下での政治・経済エリートによる実践を断ち切ることを保証できる。我々は、ギリシャが現実に必要とする改革を行う。」

以上が、ツィプラス自身がFT紙に寄せた論稿で謳われたシリザの基本戦略とマニフェストである。ここで、それらの中で示されたいくつかの重要な点を確認しておきたい。第一に、シリザは、現行の緊縮政策の終焉を最重視する。それは、人道的危機とも言えるような悲惨な状況に達しているギリシャの社会と人々を救うためであると同時に、民主主義を守るためでもある。シリザが、そうした戦略を最も強く打ち出してきたことに、まず留意すべきであろう。第二に、そのような反緊縮の方針を貫くために、シリザが、欧州に対して対決的スタイルではない交渉を求めている点に注意する必要がある。その前提としてシリザは、ユーロ圏のメンバーとして果すべきオブリゲーションを尊重する。それゆえシリザは、基本的にユーロ圏を離脱するつもりはない。そして第三に、シリザは、国内での改革に着手する意志を表す。これは、今までの政権が行うことのできなかったものである。そうした改革は、エリート主義に基づく寡頭支配体制を崩すことを意味する。

このようにシリザは、対外的にはユーロ圏に対し、また対内的には抑制を欠いた政治体制に対し、変革を追求する姿勢を明らかにした。この基本的姿勢は、ギリシャと欧州の将来にとって極めて大きな意義を持つと言わねばならない。

四　シリザの変革のターゲット

シリザは前節で示したように、ツィプラス党首の声明や党のマニフェストの中で、かれらが変革する諸々のターゲットを明らかにした。それらは大きく分けて二つある。一つは、ギリシャの抱える巨額の公的債務であり、もう一つは、現行のギリシャの政治・経済体制を特徴づけている寡頭支配体制を指す。以下で、各々について検討することにしたい。

（一）公的債務の削減

ギリシャの債務負担は、ＧＤＰの二倍近くにまで達しており、そのレヴェルは多くのエコノミストが認めるように、持続可能なものでは到底ない。そうした中で、サマラス政権は、国際資本市場に復帰したことを契機に、さらに何十億ユーロ分の政府債を発行し、国際的債務を膨らませてしまった。このことに対して強い反発が表された。それは、二〇一四年四月に勃発した、アテネの中央銀行に対する過激派のテロ事件となって現れた(13)。巨額の債務返済を行うのに強いられる緊縮政策の続行に対する人々の怒りが、そのようなテロを引き起こしたのではないか。そう考えるのは至極当然であろう。シリザはまさに、そうしたギリシャ市民の気持を代弁する政党として、反緊縮運動を展開した。その中でかれらは、債務の削減を人々に約束した。ギリシャでは次のような図式、すなわち、巨額の債務→返済不能→金融支援→緊縮のコンディショナリティ、という図式が描けるからである。それゆえ、結局は元の部分の債務を削る以外に、この悪循環から脱け出ることはできない。そしてそのことは、言うまでもなく反トロイカ体制の姿勢を表すものであった。

実際に、ギリシャの債務残高のうち、トロイカ（ＥＵ、ＥＣＢ、ＩＭＦ）に対する負債は、表4-1に見られるように、優に七〇％を超えている。また、ギリシャ国内の分析によれば、ユーロ圏とＩＭＦが、二〇一〇年の救済以降にギリシャに対して供給したローン全体のおよそ半分は、債務返済のために使われたと言われる(14)。もしそれが正しいとすれば、ギリシャはまさしく、永久に債務から逃れられないような債務奴隷状態に置かれてしまう。トロイカ体制による金融支援の一部が、ギリシャの債務返済を行わせるものであることは、それが言わば条件付資金トランスファーであることを意味するに他ならない。

　こうした事態に対し、シリザは、ギリシャの全債務の少なくとも半分を削減したい旨を主張した。一方、ユーロ圏自身も、現在のギリシャの債務残高の異常な大きさに気づいていた。そこでユーログループは、二〇一二年の段階で、ギリシャに対して一定の債務免除を認めた。ただし、それはあくまで、ギリシャが財政のプライマリー収支を黒字化し、同時に緊縮政策と構造改革を堅守することを条件とした。それゆえシリザは、無条件の債務削減を要求したのである。なぜかれらは、そのような過激な主張を行ったのか。

　まず指摘する必要がある点は、ギリシャが資本市場において、低コストでの借入れをもはやできなくなっているという点である。二〇一四年の段階で、ギリシャ政府は、五％以下の利子率で借入れ可能であったのに対し、二〇一五年に入ると、それは飛躍的に高まった。例えば二〇一四年夏に、ギリシャ政府は三年物国債を三・五％の利子率で発行できたのに対し、それは現在、一三・五％に達している。表4-2に見られるように、二〇一五年一月の時点で、ギリシャの五年物政府債の借入れ利子率は一〇・三％であり、それ以前の二倍以上に上昇した。しかも同

表4-2　ギリシャ政府債の満期別借入コスト（2015年1月時点）

満期	ギリシャ政府債	ドイツ政府債
5年物	10.3	0.002
10年物	9.6	0.48
15年物	9.4	0.75
20年物	8.6	0.97
30年物	8	1.18

（出所）Moore, F & Hope, K., *op.cit.* より作成。

表4-1　ギリシャの債務の内訳（億ユーロ）

借入先	負債額	（%）
EFSF	1420	44.8
EU	530	16.7
IMF	240	7.6
小計	2190	69.1
市場（ECBとその他の中央銀行）	270	8.5
市場（中央銀行以外）	540	17
その他	170	5.4
合計	3170	100

（出所）Moore, F & Hope, K., "Size of Greek debt mountain limits scope for solutions" *FT*, 14,January, 2015 より作成。

表を見ればわかるように、特筆すべきことは、それが、ドイツの同じ債券の利子率の実に五千倍以上にもなっている点であろう。この両者における借入れ利子率間の天文学的とも言える数値の開きに対し、我々はただ唖然とするしかない。こうしてギリシャは、市場アクセスを失う。かれらは、一層の債券発行の可能性を奪われた。ギリシャの資本市場への復帰は、実に短命に終ったのである。

もちろん、民間投資家によるギリシャ債の購入も行われた。そうした投資家の代表はギリシャの銀行である。かれらは、財務省証券の形で一五〇億ユーロほどの短期債を抱えていると言われる。また、ギリシャの四大銀行は、新たに発行された債券のうち四〇〜五〇億ユーロを保有する。さらには、ファンド・マネージャー（Capital Group や Carmignac Gestion）も、そうした債券を購入している。ただ、全体で見ると、民間投資家の債券保有率は極めて低い。ギリシャの公的債務のほとんどは公的セクターに負っている。そして、そのうちのほぼすべてがトロイカにより占められているのである。

では、シリザが主張する債務削減は、そのような中でいかに行われるべきか。かれら自身は、その具体的方法を示していない。この点について、ベルギーの著名なシンク・タンクであるブリューゲルが次のような分析を表している(15)。まず、ＩＭＦに負っている二四〇億ユーロのディフォールトは、究極のタブーとみなされる。またＥＣＢへの債務も免除できない。そうした免除は、国民的政府による非合法的融資を意味するからである。そこで残りのローンのうち、ブリューゲルは次のような債務再編のシミュレーションを示す。それは、基本的に利子の削減と満期の延長から成る。まず、五三〇億ユーロの二国間ローンに関する利子の削減が考えられる。それは、ユーロ圏の各政府の三ヵ物借入れコストまで下げるとすれば、債務を二〇五〇年にＧＤＰの三・四％低下させる。さらに、一〇年間の満期延長を図ると、債務をＧＤＰの四・五％だけ下げられる。一方、欧州金融安定ファシリティ（ＥＦＳＦ）[※]による一四二〇億ユーロのローンについて、ギリシャは借入れコストとしてわずか一ベーシス・ポイントしか払っていない。したがってそこでは、利子削減の余地はない。しかし、その満期を一〇年延長すると、債務をさらにＧＤＰの八・一％だけ削減できる。

以上のようなブリューゲルの試算する債務再編の下で、ギリシャは全体としてどれほど債務負担を減らせるであろうか。それは結局、ＧＤＰの約一六〇（一七七―三・四―四・五―八・一）％ぐらいにまでしか債務を削減しないことがわかる。この削減率は、言うまでもなくシリザの目標からほど遠い。これに対してＥＵの官僚は、年々の支払い額が減少すると同時に、それが何十年にわたって引き延ばされれば全般的な債務問題は和らぐと説く。この考えは説得力を持つであろうか。シリザは、どうして過激な債務再編案を提起したのか。ブリューゲルの示したシミュレーションから判明したように、ほんの少しの再編であれば、ギリシャは、ＥＵ官僚の予想とは逆に、借金地獄から脱出することは決してできない。シリザはこう判断したのである。

これまでのＥＵのギリシャの公的債務に対する策は、要するに「債務の滞り」となって現れたにすぎない。それはまた、サマラス政権の政策でもあった。そうした政策は、貸付の延長（extend）と返済の偽装（pretend）を表した。しかし、ＦＴ紙のＥＵ問題の有力記者であるＷ・ミュンショー（Münchau）が的確に指摘するように、国際的債務危機の歴史は、これらの戦略がつねに試みられたにも拘らず、悉く失敗に終ったことを示している(16)。さらに悪いことに、現在、欧州はデフレの状態に陥っている。デフレは当然に、債務の実質的価値を引き上げる。これによってギリシャは、一層危険な事態に追い込まれてしまう。シリザが、ギリシャの根本的な債務削減を強く訴えるもう一つの根拠をここに見出すことができる。それは全く正当な要求である。

それでは、仮にシリザが政権を握ったとして、かれらの主張どおりにギリシャの債務削減がスムーズに運ばれるか、と問えば、直ちにイエスと答える訳にはいかない。そこには様々な問題が待ち受けている。

第一に、根本的問題として、ユーロ圏に対するシリザのスタンスの問題がある。シリザは一方で、トロイカ体制に反逆し債務削減を謳う。しかし他方でかれらは、先に見たツィプラスの宣言からわかるように、ユーロ圏への残留を志望する。そこで問題となるのは、ユーロ圏に留まりながら、そうした反トロイカ体制の姿勢をどこまで貫けるかという点である。現実的選択として、シリザが仮に債権団との交渉に失敗したとしても、ユーロ圏への残留を前提にすれば、かれらにディフォールトをつきつけることはしないと考えられる。それはまた、シリザに対して政治的妥協を迫ることを意味する。これによってかれらは、反緊縮政策を進めることを諦めざるをえなくなるかもしれない。もしそうなれば、ミュンショーが言うように、シリザは正しい本性を備えているものの、正しい政策を表していない(17)。そう言われても仕方ないであろう。

第二の問題は、当面の債務返済である。ギリシャの被る大きなリスクは、さしあたり、二〇一五年三月の債務返済に対する現金供給が可能かどうかという点から発する(18)。それは、国家レヴェルでの流動性危機を表す。サマラス政権下の財務相、G・ハルドゥヴエイリス（Hardouvelis）は、FT紙

※欧州金融安定ファシリティ（EFSF）は、二〇一〇年五月に、ユーロを共有する一六ヵ国により合意された。それは、欧州通貨同盟の金融安定を保つため、金融困難国が流動性をECBからではなく、市場からローン（ファシリティ）の形で調達できるようにしたものである。この点について詳しくは、拙著『フランスとEUの金融ガヴァナンス』、ミネルヴァ書房、二〇一二年、二二三〜二三一ページを参照されたい。

とのインタヴィウで、債務返済のための資金収集は義務づけられているが、それは保証されていないと答える。彼は、ギリシャが短期債券の発行で現金のクランチを避けられる、と説く。これに対し、シリザの影の開発相、G・スタタキス（Stathakis）は、同じくFT紙に対し、シリザの経済ティームは、第1四半期に負う債務の返済のほとんどは準備金でカヴァーできるので、心配する理由は何もないと述べる。しかし、ハルドゥヴエイリスは、もしシリザが政権を握れば厳しい金融的制約に直面することを強調し、シリザのプランについて議論を引き起こした。

現実にギリシャの金融ポジションはどうか。ギリシャはすでに、二〇一四年一二月の金融支援のうち、七〇億ユーロ以上を使うことができなかった。それは、救済プログラムと結びついた様々な経済改革について合意を達成できなかったからである。その結果、ギリシャの金融ポジションは深刻さを増した。その準備金は二〇億ユーロにまで縮小したと言われる。他方で、ギリシャはすでに、ECBが認める財務省証券発行残高で一五〇億ユーロの天井に達している。このことが、ギリシャの資金収集に一層の圧力となることは言うまでもない。

他方で、ギリシャ政府が返済資金の収集を行う際に困難に出会うもう一つの問題がある。それは、ギリシャ市民による税逃避である。税逃避は、そもそもギリシャの寡頭支配者による常套手段であった。それは、ギリシャにおける伝統的な不正行為であり、これまでにも債権団から強く批判されてきた。ところが今や、税逃避は一般市民の間にも生じている。それは、シリザが政権を取った後に課税政策が緩められると判断されたからである(19)。例えば、住宅保有者は、エンフィア（Enfia）と呼ばれる不人気な不動産税の最後の分を支払おうとしない。ツィプラスは、それを二〇一五年に撤廃することを約束したからである。さらに彼は、救済条件として廃止された所得税控除も再導入すると共に、税支払い期限の延長も認めた。こうして人々は、所得税や付加価値税の支払いもストップした。サマラスの大統領選の発表時点から始まった税収の低下は、総選挙の中でいよいよ高まる結果となったのである。財務省によると、選挙運動中の税収の減少は一五億ユーロを上回り、それは二〇一五年一月に予定された税収の四〇％以上にもなる。

このようにして見ると、当面のギリシャ政府による債務返済の資金繰りは、かなり厳しい状態にある。これを打開するにはどうすればよいか。シリザはこの点について、国内に定着している構造的問題の解消に着手することを決意した。それは、税逃避を極めて長い間、公然と許容させてきた体制、すなわち寡頭支配体制の打破を意味する。

(二) 寡頭支配体制の打破

シリザは、選挙運動の当初から、政権獲得後の政策の中で、トップ・プライオリティとなるものの一つとして、ギリシャ経済に対する寡頭支配に取り組むことを挙げていた(20)。かれらは、寡頭支配者を公衆にとっての敵とはっきりとみなした上で、そうした支配者の排除を訴えたのである。実際に、ギリシャで最もよく知られた大物実力者は、大きな富と深い政治的コネクションにより、ビジネスを独占して競争相手を斥けてきた。一般のギリシャ人は、かれらのことを、複雑な関係を持った人あるいはヒモと呼び忌み嫌ってきた。シリザはまさに、かれらに対して戦線布告を行ったのである。

確かに、このような寡頭支配体制の下でギリシャ政府は、システミックな汚職を伝統的に容認してきた。それは、言ってみれば汚職の構造化を意味した。その背後には、実はギリシャ社会の特質が潜んでいる。この点も忘れてはならない。前章で示したように、ギリシャはこれまで、非近代的な伝統社会を押し付けられてきた。かれらは、それにより人工的な政治モデルを歴史的に受け継いできた。こうして縁故主義と汚職が、政治的・経済的エリートによる支配の温床となったのである[21]。

ギリシャにおける政治・経済の透明性を調査する機関によれば、ギリシャ人の九八%が汚職は大きな問題であると感じ、また八八%の人は賄賂がビジネス文化の一部になっていると信じる[22]。そうした調査により、不法建築物の認可や会計の税調査なしの認可などが明らかにされた。また、最も憂慮すべきことは、債務危機の真最中に財政の透明性がなかった点である。多くのギリシャの閣僚は通常の財政において、透明性のルールが適用されない「特別勘定」を保有していた。これで以て、ギリシャの財政赤字が正常に減少されるはずはないであろう。二〇一一年の国際的透明性に関する調査機関は、汚職の認識指数において、一八三の調査対象国の中でギリシャを八〇番目に位置付けている。それ以下のEU加盟国は、ブルガリアだけである。このギリシャのランクは、モロッコ、ペルー、並びにタイなどに匹敵する。要するにギリシャが、世界で有数な汚職大国であることは疑いない。この点をぜひ銘記する必要がある。

では、実際にギリシャのビジネス社会は、寡頭支配者によってどのように牛耳られているか。ギリシャの人々は怒りを込めて、五〇の寡頭支配家族に特別な名を冠している[23]。中でも、代表的な五人の寡頭支配者を挙げると表4-3に見られるとおりである。かれらは、明らかにギリシャの金融を監視する警察当局から逃れることができる。このことは、ギリシャの第二次金融支援の条件の一つとして調査がステップ・アップされた以降も変わらなかった。ギリシャのジャーナリスト、C・ヴァクセヴァニス（Vaxevanis）は、いわゆる「ラガルド（Lagarde）・リスト（スイスの銀行に税逃避のために勘定を設けている者のリスト）」の中に、二千人の著名なギリシャ人が含まれていることを公表した。シリザの影の開発相であるスタタキスは、このラガルド・リストをつうじてわかる税逃避者から約一〇億ユーロを集めることができると公言した。この資金はもちろん、貧困と社会的排除の回避に直接使うことができる。シリザはこのように訴えた。

大きな財産の所有者は、その所有について年々公表することが求められる。それは、販売と購入の詳細を示す。そこには、オフショア・カンパニーを通して行われたものも含まれる。このことが、ギリシャの富裕者による税逃避を促す結果となった。そこで今回、シリザが、そうした寡頭支配者による税金逃れを厳しく取り締まる姿勢を、初めて積極的に表したことは実に正当であり、それは高く評価されねばならない。この点について、EU本部も、そしてドイツも好感の意を示した。それは、ギリシャの改革を押し進める上で必要不可欠と判断されるからである。そこで一部の寡頭支配者はむしろ、ギリシャのユーロ圏離脱を望んでいると指摘される。ピレウス大学経済学教授のT・

表4-3　ギリシャの代表的寡頭支配者

支配者名	支配業界	支配内容
V.ヴァルディノヤニス（Vardinoyannis）	石油、海運、メディア	• ギリシャ第２の石油精製会社の支配 • 石油・ガスの開発会社の支配 • ホテルの支配 • 民営TVチャンネルを支配
D.コペルゥゾス（Copelouzos）	エネルギー、建設	• エネルギーと建設のスペシャリスト • ドイツの空港オペレーターと組んで14のギリシャの地方空港の運営利権を獲得
G.ボボラス（Bobolas）	建設、メディア	• ギリシャの主導的建設会社の創設 • アテネ空港への通行料の支配 • エトノス（Ethnos）という日刊新聞を支配
S.ラツィス（Latsis）	エネルギー、不動産	• ギリシャ最大の石油精製会社における国家とのパートナー • アテネ国際空港用地の開発利権の獲得
M.サラス（Sallas）	銀行	• ギリシャ最大の銀行、ピレウス銀行の総裁 • キプロスの２つの倒産した銀行の買収 • パソクの創設メンバーで、1980年代以来、ギリシャ首相と継続的に結びつく

（出所）Hope, K., “Syriza turns Greek Oligarchs from taboo subject to economic priority” *FT*, 13,January, 2015 より作成。

ペレギディス（Pelegidis）は、次のように述べる。「ある寡頭支配者は、トロイカによってかれらの基盤を失っていると感じる。かれらは、それほど簡単にブラック・マネーを使えないし、政治家と結託できないし、さらには国家の組織に賄賂を贈ることもできない(24)。」

それでは、シリザは、寡頭支配者に対していかなる策を具体化しようとするか。スタタキスはまず、かれらのマス・メディアに対する支配を断ち切る提案をFT紙に示した(25)。それは、TVライセンスを政治的友好関係にある者に無料で提供することを終らせることを意味した。シリザがこの案を打ち出した最大の理由は、ギリシャ国内で影響力のあるマス・メディアが、寡頭支配者によってコントロールされている点にある。この点は、言論の自由に基づく民主主義を標傍する欧州の国家の中で極めて異例のことであった。現実にギリシャの民間メディアは、表4–3を振り返ればわかるように、寡頭支配グループによって所有されている。かれらはまた、政治家や官僚と共に、様々なビジネス関係者とりわけ銀行と深く結びついている。こうした寡頭支配コミュニティは、二〇〇九年から始まったギリシャの経済危機の中でも全く揺らいでいないのである。

そうした中で、ギリシャの経済・社会・政治の世界に及ぼす寡頭支配者の影響について、公に議論されることはありえなかった。アテネ大学法・経済学教授のA・ハツィス（Hatzis）は、この点について次のように指摘する。「ギリシャにおける市場競争に対する現実の経済は寡頭支配的である。しかし、それはタブーのテーマであり、政治家はそれを議論しないし、メディアもそれを書くことはない(26)。」それゆえハツィスは、ギリシャは、信頼が欠如し法的ルールが十分に強化されていない小国にすぎない、と唱える。だからこそ、シリザが初めて、このギリシャ最大の恥部にメスを入れる決断を下したことは、まさに画期的な出来事であった。これは、かれらの最大の貢献の一つである。この点は、いくら強調してもし過ぎることはない。

しかし他方で、気をつけるべき点が二つある。一つは、ギリシャのビジネスにおける寡頭支配体制が、欧州統合の進展の中でむしろ強化されてしまったという点である。確かにギリシャは長い間、ビジネスが政治的コンタクトに依存し、政治家はビジネスの資力に頼るという姿を表してきた。問題なのは、そのような姿が、一九九〇年代に一層明瞭になったことである。FT紙の記者K・ホウプ（Hope）が指摘するように、ギリシャ経済は、EUが要求する市場の自由化、並びにインフラとテクノロジーのプロジェクトに対するEU本部からの資金供給の増大という基盤の上でテーク・オフし、その中でEUをバックとするプロジェクトのための大きな契約が小グループ（寡頭支配グループ）の間で共有された[27]。この点を忘れてはならない。そうだとすれば、ギリシャ寡頭支配体制の増長は、EUによってむしろ煽られたと見ることができる。もう一つの注意すべき点は、ギリシャの寡頭支配者が、ここにきてシリザとコンタクトを取りつつある、と言われている点である。この点は、より気がかりなものとなるに違いない。シリザがこのよう状況の中で、果して寡頭支配体制を終結させることができるのか。大げさに言えば、ギリシャの命運もこの点にかかっている。

五　ツィプラス政権成立の意義

（一）シリザの勝利の意味

ギリシャは二〇一五年一月二五日に、再び歴史をつくった。戦後初めて、伝統的な社会主義ではない左翼の政党が政権を掌握したのである。ツィプラスの率いるシリザの勝利は、欧州全土とりわけユーロ圏を大きく震感させた。なぜなら、このギリシャの総選挙は、言ってみればユーロ圏の課してきた緊縮政策に対する国民投票の様相を帯びていたからである。それゆえツィプラスは、「ギリシャの人々の我々に対する委任は、覚書（二〇一二年二月に債権団とギリシャが合意したプロトコル）を議論の余地のない仕方で打ち消すものである」という勝利宣言を行った(28)。

ここでまず、表4-4より今回の選挙結果の内容を見てみよう。シリザは、全三〇〇議席のうち、五〇%弱に当たる一四九議席を獲得して第一党となった。それは、前連立政権を主導した新民主党（ND）の七六議席（二五%強）を二倍近く上回るものであった。前連立政権の一翼を担ったパソクは、たった一三議席（四%強）を得るに留まった。その結果、前連立政権の獲得した議席は、シリザ単独のそれに遠く及ばなかった。

この投票結果が示している点は明らかであろう。それは、ギリシャの有権者の半分以上が、今までに課せられた緊縮

表4-4　ギリシャの総選挙の結果

政党名	政党の性格	取得議席数（カッコ内%）
シリザ	急進左派連合	149（49.7）
新民主党（ND）	中道右派	76（25.3）
黄金の夜明け	急進右派	17（5.7）
ト・ポタミ（To Potami）	親欧州	17（5.7）
共産党（KKE）	共産主義	15（5.0）
パソク（Pasok）	社会主義	13（4.3）
独立ギリシャ人党（ANEL）	右派	13（4.3）
全体		300（100.0）

（出所）Guillot, A. & Salles, A., “A Athènes, le peuple de gauche fête Syriza”, *Le Monde*, 27/28, janvier, 2015 より作成。

政策を終らせたいと判断したことに尽きる。実際に、トロイカに敵対的な政党、すなわち、シリザ、黄金の夜明け、共産党（ＫＫＥ）、独立ギリシャ人党の獲得した議席を合わせると、実に一九四議席にも達し、それは全体の六〇％を優に上回るほどの割合を示す。これに対し、緊縮政策の存続を支持する政党であるＮＤ、パソク、並びにト・ポタミ（To Potami）への投票は全体の三五％ていどにすぎない。ディフォールト危機から五年を経てギリシャの有権者は、この選挙で明白なメッセージを送った。かれらは、緊縮政策を拒絶し、欧州に対してオールタナティヴな政策を求めたのである。それはまた、人々の間に拡がる肉体的・精神的苦痛からの解放を望む歴史的瞬間でもあった。ツィプラスが、この結果を盾として、反緊縮の要求をユーロ圏に対してつきつけられると考えたのは言うまでもなかった。

では、どうしてシリザはこれほどの勝利を収めることができたのか。ギリシャ市民の大半が以上のような決断を下した背後には、かれらの生活の困窮した実態があった。人々はまさしく、絶望感とフラストレーションを高めていた。かれらは、この三年間に三度目という選挙を前にして、ギリシャが今日置かれている経済的・社会的状況の悪化を十分に把握し、また現実にそれを体験していたのである。アテネ大学歴史学名誉教授のＴ・ヴェレミス（Veremis）は、この点について次のように語る。「今日、二つのギリシャ人が存在する。それは以前になかったケースである。一つは、生き延びている人々で、かれらは完全な崩壊の状態ではない。そしてもう一つは、崩壊してしまった人々で、かれらは貧しい道にある(29)。」この発言は、当時のギリシャの実態を雄弁に物語っている。

現実に、ギリシャの経済的・社会的状況は打ちひしがれたものであった(30)。六年間にわたる不況は、ギリシャ経済を完全に打ちのめした。経済的生産は、危機のピーク時から四分の一低下し、失業率は、二〇一二年から二年間で倍にもはね上がった。とくに顕著なことは、第二章で見たように、若者の失業率が上昇した点である。さらに留意すべき点は、雇用率がギリシャで極端に低下している点であろう。それは、厳しい労働事情を失業率よりもよく表している。というのも、ミュンショーが正しく指摘するように、失業率は、必ずしも労働市場から単純に締め出された人々の大多数を押えるものではないからである(31)。ギリシャの雇用率は五〇%以下であり、それは同じく失業が高まっているスペインよりもなお低い。ギリシャやスペインは、もはや既存の政策のみで経済活動の正常なレヴェルに復帰することはできないのではないか。両者はこうした事態に至っている。

一方、IMFによれば、ギリシャの公共サーヴィスに従事する労働者の平均賃金は、二〇一〇年以来二三%低下し、最低賃金も二二%下落、とりわけ若年労働者の賃金に対しては三二%も下落した。シリザが、都会の若者に訴えることに力を注いだのも、このような事情を考慮したからに他ならない。そして、何百万人ものギリシャ人に対する激しいダメージは、不動産価格の大きな下落(二〇〇九年以来三〇%の下落)に凝縮された。これは、自宅所有が通常であるギリシャ人にとり、特別に大きな問題として浮上したのである。

それでは、こうした悲惨な状況の中でギリシャの人々は、真にシリザを信じ、かれらを一方的に支持したのか、と言えば決してそうではなかった。ここに、今日のギリシャ社会に潜むもう一つの大きな問題がある。実際に、シリザ勝利直後の祭りも、一九八一年のA・パパンドレウ(Papandreou)が率いるギリシャ最初の社会主義政権達成のときよりも大きなものではなかった(32)。アテネの中心に集まったのは、期待に満ちた人々の大群ではない。祭りを行ったのは、シリザ党員達であって、ギリシャの有権者そのものではなかった。その証拠に、シリザの勝利は完全なものではない。かれらは、絶対多数に二議席欠いた。実はツィプラス自身も、ギリシャ人がシリザに白紙委任したのではないことに気づいていた。

このようにして見ると、ギリシャ市民は、一方でシリザに望みを託しながら、他方ではシリザも含めた政党政治に根強い不信感を抱いているのではないか。そう思わざるをえない。アテネ大学経済学教授のL・ツゥカリス（Tsoukalis）は、そうした人々の気持について次のように述べる。「諦めがある。人々は自分の家に閉じ込もってしまった。政治的に言えば、かれらは十分な代表権を感じとっていない(33)。」もしこれが真実だとすれば、欧州左翼の星であるはずのシリザの勝利は、ストレートに評価されるべきものではないであろう。シリザとツィプラスも、この公衆の気持を十分に汲みとって政策を打ち立てる必要がある。

ただし、そうは言え、ギリシャ人が追い込まれた状況の中でも、民主主義の権利を奪うかもしれないような極右翼の支持に一挙に流れなかった点は特筆されるべきである。確かに、今回の選挙でネオ・ナチス党である黄金の夜明けは、一七議席を獲得し得票率で第三位に浮上した。党首のミシャロリアコスは、牢獄から勝利宣言を行った。しかし、それは明快な勝利を示すものでは決してない。表4-4を振り返ればわかるように、シリザとNDに投票した有権者は、全体の七五%にも達しており、黄金の夜明けの議会に占める割合は六%にも満たないのである。このことから、ギリシャの人々はひとまず、犯罪者を党首とする無謀な政党には目をやらず、議会制民主主義を守ったと言ってよい。しかも、有権者のそうした姿勢は、黄金の夜明けについて論じたプサラスが指摘したように、いずれの政党も選挙運動の中で、かれらを非難しなかったにも拘らず保たれた(34)。この点を忘れるべきでない。むしろ驚くべきことであり、また危惧すべきことは、シリザこそが黄金の夜明けの極北にあり、かれらを攻撃する必要があったにも拘らず、NDと同じく、たんに有権者の一部を確保するねらいで、かれらに対して何も発言しなかった点である。シリザが、こうしたポピュリストの姿勢を前面に出す限りは、ギリシャ市民の政党政治に対する不信感は消えるどころか、ますます高まるに違いないであろう。

（二）新政権の経済政策

シリザはまず、絶対多数に必要な議席（一五一議席）を確保するため、他の政党と連立する必要があった。実は、ギリシャの国際的債権団は、この連立によって権限のシェアが起こることにより、シリザの反救済と反緊縮という姿勢は弱められるという思惑を抱いていた(35)。かれらの頭にあったことは、パソクやト・ポタミのようなプロ欧州の小政党に対する権限付与の道が開かれることであった。

ところが、事実はそうではなかった。シリザが行ったのは、独立ギリシャ人党（ＡＮＥＬ）との連立であった。ここに、欧州で最も成功した急進左派政党とわずかしか知られていない右派のナショナリスト政党との連立政権が成立したのである。それはまさに、危険で有害な（unholy）連立であった。他の欧州の人々にとっても、このカップルは最も奇妙なものと映ったに違いない。確かに、旧態依然とした共産党と極右翼の黄金の夜明けは連立する対象として論外であった。しかし、だからと言って、右派の独立ギリシャ人党と手を結んだことは、ＦＴ紙の有力記者であるＴ・バーバー（Barber）の言うように、明らかな狂気と思われても仕方がない(36)。ただし、前章で明らかにしたように、ツィプラスにして見れば、政権をとるためにはどのような党と組もうとも何ら問題ではなかった。

では、バーバーの認識するように、そうした結合が突然に起こったのか、と言えば決してそうではなかった。実は、ツィプラスと独立ギリシャ人党の党首Ｐ・カメノス（Kammenos）は、二〇一二年五月の選挙後にすでに急接近していたのである[37]。なぜそのようなことが実現したのか。ここで、その理解を容易にするために、まずカメノスのこれまでの政治的な動きについて簡単にフォローしておこう[38]。彼は今まで、政治的に転々とした動きを示してきた。有力政治家としてのデビューは海運省の副相であり、その際に彼は、海運業のビジネスに責任を負わされた。その後、汚職の暴露に絡んだことでG・パパンドレウ政権と対立し、一躍NDのスターになる。ところが二〇一二年に第二次金融支援を受けることで、反ドイツすなわち反救済の立場を強く表したカメノスは、NDから追放される。そこで彼は、反救済・反緊縮でナショナリストの政党である独立ギリシャ人党を新たに設立したのである。この右派政党は、すでに二〇一二年六月の選挙で七・五％の得票率と二〇議席を獲得した。カメノス自身は、極めて強いナショナリスト（外国人嫌い）であり、それゆえイデオロギーの観点からすればツィプラスとの間で大きな隔たりがある。しかし、反救済、反緊縮、並びに債務削減という点で、両者は共同行動をとることに対して選挙前に合意した。本来であれば、独立ギリシャ人党（ANEL）の得票率は、この総選挙で三％以下と予想された。それにも拘らず、シリザに対する支持のおかげでANELは一二議席も獲得することができた。これによりカメノスは、「恐怖の環境の中で、ギリシャ人は希望と独立を選択した」と宣言する[39]。

シリザと独立ギリシャ人党はこのようにして連立を果した。両党の議席を合わせると一六二に上り、それは全体の五三％を占めて優に絶対多数に達する。ツィプラスとカメノスは、新連立政権の設立に向けて、ギリシャ市民に対し、ユーロ圏から最大の譲歩を勝ち取るために最善を尽くすことを保証した[40]。このことは、たんなる債務削減の条件のみならず、金融支援の方法においても遂行される。ここで、シリザと独立ギリシャ人党は、経済政策における国民的主権を再興することに情熱を傾ける。

両者は、金融支援を緊縮政策と結びつけるという考えに嫌悪感を表した。要するにかれらは、トロイカ体制による救済を終らせるのに専念することを強く訴えたのである。それは、具体的にいかに進められようとしたか。

ツィプラスはまず、組閣をするに当たり、経済ポストのトップに、以前の共産党の政治家で緊縮プログラムを非難してきた人物を据えた。それは、彼の最大の関心が、専ら強い経済ティームをつくることによってトロイカ体制に立ち向かうことにあったからである。また、シリザの急進派の要求と独立ギリシャ人党への配慮も忘れることがなかった。閣僚の最終的な顔ぶれは、左派のアカデミシャンで占められた。このことは確かに、投資家と債権団に不安感を駆り立てた。かれらが改革に反対し、ビッグ・ビジネスを攻撃し、さらには債務負担の再交渉を求めることは明らかであったからである。

一方、この組閣に関して注意すべき点が二つある。一つは、ツィプラスが、閣僚の数を半分近くに減少させたことである。これは、ギリシャの行政が、結局はツィプラスとその側近である国務相N・パパス（Papas）によって厳しくコントロールされることを示唆している。もう一つは、政治的透明性を高めるための特別で重要なポストを創設したことである。ツィプラス政権はこれにより、税逃避と汚職に対抗した広範囲の厳しい取締りを行う決意を表した。

ところで、今回の新閣僚の中で、やはり最も注目すべき人物は、財務相に任命されたアテネ大学経済学部教授のY・ヴァルゥファキスであろう。まさに彼こそが、EU本部とドイツに対し、真っ向から交渉を開始しなければならない。ヴァルゥファキスはこれまで、大学人の立場から緊縮政策を激しく批判してきた。彼は、ギリシャに課せられた厳しい財政政策を立て直すことを強く望む。それは、対外的にも研究論文の形で発表されてきた(41)。

ヴァルゥファキスは、ギリシャの人々に対し、すでに選挙キャンペーン中に、人道的危機を終結させると共に、寡頭支配者を厳重に取り締まるべきことを訴えていた。彼は選挙後に自身のブログで次のように述べる。「ギリシャの民主主義は今日、暗闇に向かって進むのを止めることを選んだ。ギリシャの民主主義は、光が消えつつあることに対して怒ることを選んだ(42)。」ヴァルゥファキスはそもそも、以前のG・パパンドレウ首相のインフォーマルなアドヴァイザーであった。彼はそのとき、金融危機がギリシャに打撃を与える前に、膨張した公的債務をディフォールトするように警告を発していた。そして、その債務は、ユーロ導入後に向こう水な借入れに飲み込まれてしまったのである。このように彼は、かなり以前から安易にユーロのメンバーになるのを選択すべきでないことを唱えていた。しかし今日、ヴァルゥファキスは逆に、ユーロ圏に留まるべきと主張する。ただし、それは、債務の再交渉が行える場合に限られる。

では、ツィプラスの率いる連立政権の示した経済政策の意義はどの点に見出せるか。まず、この点を押えておこう。第一の意義は、やはりかれらが、トロイカとの交渉を通して緊縮政策を終らせ、それによってギリシャを人道的危機から脱出させることを意図した点に求められる。トロイカはギリシャに対し、金融支援と引換えに構造改革をコンディショナリティとしてこれまで課してきた。そうした改革には緊縮政策や民営化、さらには労働市場の自由化などが含まれた。この構造改革はしたがって、あくまでも外圧的に設けられたものである。これによってギリシャ社会・経済の破綻が進んだことが事実である以上、それに反旗を翻したツィプラス政権の姿勢は全く正当であり、高く評価されねばならない。ツィプラスやヴァルゥファキスが言うように、そのことがギリシャの民主主義を復権させることは間違いないであろう。この点は、いくら強調してもし過ぎることはない。

ところで、トロイカの課した外圧的構造改革に対するシリザの考えをめぐり、理論的側面から賛否両論が展開されている。ル・モンド紙は、ツィプラス政権の成立直後に、この点について二人の相反する見解を取り上げ、紙上での論争を試みた(43)。そこでまず、ツィプラス政権に賛意を表す見解を見てみよう。フランス最大の基礎研究機関である国立科学研究センター(CNRS)の所究所長G・ジロー(Giraud)は、かれらの反緊縮政策を理論的に次のように評価する(44)。財政緊縮の終焉は、デフレ期において公的財政の損失を抑制する最良の手段であると理解できる。政府を含めたすべての経済アクターが借入れを行えば銀行の流動性不足が生じ、それを補うための資産売却がデフレを引き起こす。それゆえ、もし負債者が名目債務を減らす速度よりも価格が早く低下すれば、その負債の実質的な重みは増してしまう。つまり、デフレは債務の実質価値を引き上げる。したがって、たとえ収入が下がっていない人さえも、もはや消費も投資もしようとしない。実はギリシャで、この状況が三年間も続いている。こうした中で、唯一国家が借金返済を果せる力を持つ。ツィプラス政権が主張するのはこの点である。こうした視点に立ってかれらは、債務再編を含めてトロイカとの交渉に臨む。

以上のことを考えると、ギリシャの債務再編こそが可能な論点になる。そしてギリシャがこれほどに債務を負ったのは、ほんとうにかれらだけの責任なのかという点も問われる。ジローはこの点について次のように論じる。第一に、ギリシャがユーロ圏に入ることがなければ、これほどの割合で借り入れることは決してなかった。そうした借入れが、ゴールドマン・サックスとの共謀で実現されたこともすでに暴かれている。さらにジローは、ギリシャに対して行われた低コストでの貸付が何をもたらしたかについて、重大な事実を明らかにする。実は、そうした貸付が、二〇〇一年から一〇年間にギリシャの大量の武器購入をもたらしたのである。しかもその最大の輸入先は、何とドイツとフランスであった。ジローの指摘した事実が真実であるとすれば、そこではまさに、貸付→武器購入という「死の商人」による資金トランスファー効果がもたらされたことになる。一体、ギリシャは当時、本当に大がかりな武装をする必要があったのか。この点が問われて然るべきであろう。

このようにして見ると、ギリシャの巨大債務は、一方でヘッジファンドと結託した米国の投資銀行（とくにゴールドマン・サックス）により、他方では武器輸出を前提としたドイツとフランスの二大盟主国により推進されたのではないか。そう考えても全く不思議でない。そうだとすれば、ギリシャの債務削減というテーマは、欧州の唱えるタブー領域にあるのでは決してない。否それどころか、その問題はトロイカとの交渉の中で最重視されねばならないはずである。

一方、こうしたジローのツィプラス政権の政策に対する賛同意見に対し、真っ向から反対する見解もある。「オールターマインド（Altermind）」という戦略研究協会の創設者であるM・レーヌ（Laine）は、次のような議論を展開する(45)。彼はまず、これまでのギリシャの経済政策は、典型的なネオ・ケインジアンのものとみなす。そこで、この間の危機は、決してトロイカに責任があるのではなく、そうした政策による公的介入の失敗に起因する。なぜなら、大きなソヴリン・リスクに見舞われない限りは、トロイカの介入もなかったはずだからである。こうしてレーヌは、ポピュリズムに支えられた国家による支出の拡大こそが、むしろ貧困と国家破産を引き起こしてしまった、と主張する。したがって、政府支出は根本的に削減されねばならない。ツィプラスの前任者は、すでにそのことを開始した。ツィプラス政権もそれを受け継ぎ、構造改革を進める以外にギリシャを復興させる方法はない。

以上がレーヌの議論の要点である。これを見るとわかるように、彼の議論は、国家の介入の否定を大前提としている。それはまた理論的に見れば、レーヌが反ケインジアンであり、新古典派と新自由主義に立脚していることを意味する。確かに、文字通りのケインズ政策、すなわち総需要拡大政策が、現在のギリシャ経済危機を打開するための策として適切かどうかについては、議論の余地がある。ギリシャ人の経済学者のP・リアルゴヴァス（Liargovas）やS・レプゥシス（Repousis）らは、ケインジアンは、ギリシャの構造的問題を無視していると指摘する(46)。ケインジアンの支出拡大政策の前提条件の一つは、それを行う国が強い生産ベースを持つこと、言い換えると競争力のある財とサーヴィスを生産できることである。そうだとすると、極めて脆弱な生産構造を有するギリシャに対し、ケインズ政策をそのまま適用できるかは疑わしい。かれらはこのように唱える。

しかし、ここで問題とすべきは、ケインズ政策の適用の可否ではない。そうではなく、留意する必要があるのはむしろ次の点にある。それは、ギリシャのこれまでの経済政策を、たんなるケインズ主義に基づくものとしてのみ捉えてよいかという点である。一九八一年にギリシャで初めて社会主義政権が誕生して以来、国家による支出拡大政策は、経済政策の枠を超えた社会政策の一環として展開されてきたはずではないか。それゆえ、そうした政策による社会福祉の向上を無視して、公的支出の拡大を一方的に断罪する考えはミス・リーディングなものとなる。そうした社会政策においては、生産すなわち成長の視点ではなく、分配の視点が前面に打ち出される。この観点からすれば、緊縮政策によってまさに公正な分配が妨げられることは、ギリシャの、ひいては欧州の基本ポリシーに反すると言ってよい。

他方で、事実関係の把握にも注意する必要がある。レーヌは、緊縮政策に基づく構造改革を通して経済復興が可能であると主張する。ほんとうにそうであろうか。すでに第一章で示したように、二〇一〇年から始まった緊縮政策の中で、ギリシャ経済は困難を極めた。この事実を、一体どのように説明するのか。レーヌは、他の緊縮主張論者と同じく、この点について一切触れていないのである。以上、我々はル・モンド紙での紙上論争を通して、ツィプラス政権の進める経済政策について検討を加えた。このことから、かれらの緊縮政策と外圧的構造改革に対抗する政策の意義を再確認することができる。

さて、ツィプラス政権の政策のもう一つの意義は次の点に見出せる。それは、かれらが、今までのギリシャの政治・経済を牛耳ってきた、エリートによる寡頭支配体制を打破する姿勢を初めて明確に示したことである。FT紙の社説が指摘したように、ギリシャの問題は、イデオロギーにあるのではなく、むしろ縁故主義の伝統を通して特定のグループに巨大な利権が授けられてきたことにこそある(47)。社会主義政権を含めたギリシャの歴代政権は、いずれもこの寡頭支配体制を崩すことができなかった。それはまた、政権を握る政治家と寡頭支配者との間の、汚職に基づく癒着を雄弁に物語っていた。ツィプラス政権が今回、そうした体制の撤廃を誓ったのは、その意味で歴史的に画期的なことであった。

そして、ここで銘記すべき重要な点は、そのような改革こそが、自発的な真の構造改革を示すのであり、それは、トロイカの課す外圧的構造改革と決して混同されてはならないという点である。我々は、ギリシャの直面する構造改革が、この二つから成り立っていることを忘れてはならない。従来、レーヌと同様にギリシャの構造改革を主張する論者は、そうした二つの構造改革を一括して論じている。例えば、先にケインズ政策のギリシャへの直接的な適用を批判したリアルゴヴァスとレプシスも、全般的な構造改革を強く訴える(48)。そこでは、官僚主義的障害や政治システムの機構的不安定性などが、労働市場や銀行セクターにおける問題と同列に論じられる。大事な事は、そうした構造改革を必要とする根拠を、一般市民の視点から明らかにすることであろう。

（三）連立政権の課題

それでは、ツィプラス政権にとって、課題が何もないかと言うと決してそうではない。否、むしろそこには極めて大きな課題が潜んでいる。それは、ギリシャが、ユーロ圏に留まりながらEU本部やECBと交渉して反緊縮政策を真に遂行できるか、という課題である。

そもそも、急進左派連合のシリザと党首のツィプラスは、トロイカによる国際的金融支援の一方的拒絶という姿勢でもって名声を高めてきた。ツィプラスはかつて、ギリシャの債務の大幅減免、緊縮による公共支出削減の逆転、並びにユーロ圏からの離脱を宣言した(49)。このことが、欧州中の市場と投資家に対して非常に脅威を与えたことは言うまでもなかった。

ところが、政権の奪取の可能性が高まったことにつれて、シリザの国際的支援体制に対する攻撃の激しさは次第に弱まってきた。この結果、ツィプラスは、一方で反緊縮政策を強調しながら、他方ではユーロ圏のメンバーシップにコミットするというように、その姿勢を転換した。こうして彼は、ギリシャの債務を拒絶することを示唆するよりはむしろ、トロイカとの再交渉をより控え目に行うことを自ら告げたのである。

このようにして見ると、シリザの性格は当初のものから大きく変更された、と言っても過言ではない。それは、はるかに穏やかな政党に姿を一変させた。したがってシリザは、急進左派として総称されるべきものなのかが問われる。少なくとも党首のツィプラスについて、そうした名称があてはまらないことは確かであろう。筆者が、今回のギリシャの新連立政権を、一般的に言われる急進左派政権ではなくツィプラス政権と言うのはそのためである。では、こうしたシリザの方向転換が、その基本的政策、とりわけ対欧州政策の面で功を奏すのか。この点が一つの大きな問題として浮かび上がってくるのは間違いない。

ＦＴ紙の記者バーバーが指摘するように、ツィプラスがユーロ圏に留まることを志望するのであれば、彼の政策の核となる反緊縮政策を思う通りに課すことはできなくなる恐れがある(50)。そこでは、ギリシャの国際的債権団に対する交渉やＥＣＢによるギリシャの銀行へのファンディングなどにおいて、ツィプラスの選択の余地があるかが問われるからである。この点は、実は選挙キャンペーンの最中にすでに論じられていた。そしてシリザの勝利直後においても、やはりかれらのトロイカとの債務再編交渉は難航すると予想された。このような状況を踏まえて、ギリシャに対してトロイカとの妥協を促す声が国際的に高まった。それは、具体的に言えば、ローンの満期を延長し、返済を偽装するというものである。ただし、この考えは一時しのぎのものであって根本的解決を図ろうとするものではない。それはまた、イギリス流のプラグマティズムを表していた。

バーバーは、そうした妥協を勧める代表的論者の一人である。彼は、パソクの前党首で首相であったＡ・パパンドレウのとった政策をツィプラスも見習うべき、と主張する(51)。パパンドレウは、一九八一年にパソクを率いて勝利を収めた。しかし、それは全欧州の投資家に対して不確実性をもたらした。そうした中で、彼は欧州との関係を掌握する方法を取得した。もちろん、当時と現在でギリシャの置かれている状況は全く異なる。パパンドレウ政権時に、ギリシャの公的債務はＧＤＰの二五％にすぎず、このことが、彼に公的セクターの拡大を促す政策を推進させた。現在、このスタイルはもはや考えられない。そこでツィプラスは、よりコストのかからない政策を約束した。それは、貧困家庭に対する電気料金の無料化、極貧者に対する食料供給などである。

他方でギリシャは、国際的債権団に対する債務再編の交渉を行う必要がある。バーバーはこの点で、ツィプラスのとる手段とパパンドレウのそれとが共通すると考える。パパンドレウの戦略は確かに、NATOとEECからの撤退という脅しをかけることで攻撃的であった。ところが実際には、彼の外交政策は極めてプラグマティックであった。パパンドレウは、欧州から農業補助金や地域支援ファンドを勝ちとったのである。こうしてバーバーは、ツィプラスもプラグマティストとしての道を歩むべきと唱える。

では、バーバーの考えのようなプラグマティズムに従って、事はスムーズに運ぶであろうか。まず問題となるのは、シリザ内の調整である。党内の極左派が、そうしたプラグマティズムを嫌悪することは疑いない。これまでは、ツィプラスは、過激派勢力を政権の奪取を目的として押えることができた。このことが、政権成立後も可能であるかは定かでない。その点で、ツィプラスにとっても、またシリザにとっても、むしろ政権を握ってからの政策方針の確定が極めて難しい課題として浮かんでくる。それは、債務再編に関する問題だけではない。それこそかれらが、内発的改革の大きな柱として掲げた寡頭支配体制の打破という戦略にもそうした妥協の影が現れる。なぜなら、妥協によって強いられる外圧的改革の中に民営化が含まれており、その部分に寡頭支配者が深く関与しているからである。また、ギリシャの寡頭支配者とドイツのビッグ・ビジネスとの結託の問題も表面化するかもしれない。この点は、表4-3を振り返れば直ちにわかる。先に見たように、ドイツはギリシャに対する金融支援によって大量の武器を輸出する機会をえることができた。他方で、民営化によってビジネスの大きな利権もドイツは入手できる。これが欧州の金融支援とドイツの主張するコンディショナリティの結果を表すとすれば、それはあまりに理不尽ではないか。ギリシャがそうした外圧的改革を受け入れる以上、ツィプラス政権は内発的改革を貫くことができるであろうか。それは極めて疑わしい。では、ギリシャ新政府との交渉を進める上で、ユーロ圏自体は、今回のツィプラス政権の成立をどうみなしていたか。最後にこの点を検討することにしたい。

六　ツィプラス政権の成立に対するユーロ圏の反応

（一）ギリシャ離脱論の出現

ドイツのメルケル（Merkel）政権はこれまで、ギリシャはユーロ圏に留まるべきことを再三にわたって主張してきた。この点で、メルケル首相もW・ショイブレ（Schäuble）財務相も全く一致していた。ところが、この基本的考えは、ギリシャの総選挙でシリザが勝利する可能性が明らかにされると揺らいだ。ドイツを代表するオピニオン誌のデア・スピーゲル（Der Spiegel）は、二〇一五年一月初旬のレポートで、メルケルが、ギリシャのユーロ圏残存という考えを放棄し、その離脱の可能性を心得ると報じたのである(52)。ただし、それは、シリザが劇的な債務削減と受け入れられない要求によってEUのパートナーと対立した場合という条件を付けている。この報道が事実だとすれば、メルケルとショイブレは明らかに、かれらのアプローチを変えたことになる。なぜなのか。それは、かれらが、ユーロ圏は全体として、仮にギリシャが離脱したとしても、もはや危機に晒されることがないと判断したからであった。実際に現在は、危機のピークであった二〇一二年と決定的に異なる。そこでは、危機防止手段が様々に工夫されてきたと考えられている。

では、そうしたメルケル政権のギリシャに対する姿勢の変化は独自に生み出されたのか、と言えばそうではない。それは、ドイツ国内の世論に後押しされたものと考えることができる。ドイツの公衆のオピニオンはこの間、ギリシャに対する批判を強めてきた。それは、イデオロギーの違いを超えて現れた。中道左派の新聞であるターゲス・スピーゲル（Tages spiegel）でさえ、次のように報道している。「ギリシャ離脱の将来不安は、ギリシャ選挙の告知後に後退した。……ドイツ政府は、ギリシャ離脱のシナリオでもって生き抜けることをもはや否定しない(53)。」さらには、最大タブロイド紙であるビルト（Bild）は、ギリシャをわがままでルールに従わないサッカー・プレーヤーにたとえ、そうしたプレーヤーは罰としてピッチを去るべき、と怒りのトーンを上げる。かれらは、「ドイツ政府は、ギリシャにレッド・カードを見せ、ユーロ圏から出ていくことを示すべき」と報じた。しかし、このようなギリシャ離脱論をドイツ市民がほんとうに支持しているのかと言えば、それは決して定かでない。それは、たんに人気取りを目的としたメディアによって煽られているだけのことかもしれないのである。もしそうだとすれば、メルケルやショイブレの判断は正しいのかが問われるに違いない。

このようにして見ると、当初からポピュリズムとプラグマティズムに支えられたメルケルの基本的イズムは、変わらぬどころかますます強まってきたのではないかと思わざるをえない。そこには、欧州統合の将来のあるべき姿や、その中でのドイツの位置付けとその役割に関する哲学は全く見られない。彼女の念頭にあることはつねに、ドイツの市民と国家の利権の防衛にすぎない。この点でメルケル政権は、急進右派の立場に相つうじている。事実、極右政党の「ドイツのためのオールタナティヴ（AfD）」の党首であるB・ルッケ（Lucke）は、「ギリシャのユーロ圏離脱は受け入れられるというメルケルとショイブレの見通しを歓迎する」と表明した(54)。

ところで、ギリシャのユーロ圏離脱というオプションの可能性をドイツが示したことは、当然ながらギリシャに対して、選挙前の強力なシグナルを送るものであった。同時にこうしたシグナルは、ギリシャの反ユーロと反ドイツの運動を高めるリスクを潜在的に表している。ドイツで、ギリシャの新政権にいかに対応するかについての議論が盛んになったのもそのためであった。キリスト教社会連合のリーダーは、ギリシャ支援に条件を付けるのは正しいとしても、その選挙運動にドイツがティーチャーとして行動すべきでないと宣言する(55)。この宣言は、メルケル政権の基本方針をよく表している。メルケル自身は、ギリシャがユーロ圏に留まることを欲するものの、シリザの要求に譲歩したくない。それは、ドイツの納税者の賛同を得られないからである。確かに政府筋においては、副首相のS・ガブリエル（Gabriel）が述べるように、ギリシャのユーロ圏残留に反対するプランはない。ただし、それは条件付きである。EU政策の副スポークスマンであるD・ザイフ（Seif）が明言したように、ギリシャと債権団との合意は保たれねばならない。ドイツ政府はこのように考える。

以上に見たように、メルケル政権は、公衆のオピニオンに支えられることを想定して、ギリシャの新政権に対し、離脱も踏まえた厳しい姿勢を表した。ギリシャをサポートしたのは、唯一野党の「緑の党」にすぎなかった。かれらは、ギリシャとの連帯を求め、離脱論を非難した。ここで我々が考えるべきことは、ドイツ政府が、条件付きであったとしてもギリシャのユーロ圏離脱を一旦容認したことの意味である。これは、端的に言えば弱者切捨てを意味する。それはまた、大げさに言うと欧州統合を支えるはずの連帯・団結の精神を蔑ろにするものであろう。ドイツには、欧州統合を深化させるための哲学はもはやない。こう思われても仕方がない。メルケルが、もしほんとうに親欧州の考えを抱くのであれば、国民に対して人気を失ったとしてもかれらを説得する努力を果すべきではないか。

緑の党の議長が述べたように、欧州は相互扶助のグループとして安定させねばならない。メルケルは、この発言に真摯に耳を傾ける必要がある。

では、ユーロ圏はツィプラス政権といかなる点で対立するのか。次にこの点について、具体的な政策をめぐって検討することにしたい。

(二) 債務削減案の批判

ツィプラスの経済的プラットフォームの核は、あくまでギリシャの債務削減である。しかし、このアイデアは、ユーロ圏、とりわけユーログループの中では全く考えられない(56)。かれらは、ツィプラスの債務削減案は極めてラディカルなものであり、到底受け入れることはできないとみなす。一方、ツィプラスは、現在のギリシャの債務負担は持続不可能であるから、それを三分の一に削減したい旨を明らかにする。このような両者の対立的関係はいかに解消されるべきか。このことが、ギリシャにとってと同時に、ユーロ圏ひいてはEU全体にとっても極めて重大な問題となることは言うまでもない。

ユーロ圏の政府はそもそも、ツィプラス案に対して根本的な疑いを抱く(57)。かれらは、ギリシャがすでに二回の債務免除を受けたことから利益をえており、それによって債務負担は著しく減少したはずである、と主張する。この具体的根拠は次のとおりである。二〇一〇年五月にユーロ圏メンバーが提供したローンの満期は、二〇四一年まで引き延ばされると共に、その金利は、ロンドン・インターバンク・レート(Euribor)の三ヵ月物金利より三〇〇~四〇〇ベーシス・ポイント引き下げられた。また、EFSFのローンの満期も、平均で三〇年以上となっている。さらに、ユーログループは二〇一二年に、ギリシャの利払いを一〇年間猶予する好意を示した。これらの結果、ギリシャの債務の平均満期は一六・五年となる。同じく重債務を負うポルトガルとアイルランドのそれが、各々一一年と一二・五年であることを考えると、ギリシャの優遇された度合はより高いことがわかる。しかも、ギリシャが毎年支払う債務返済額も着実に減少した。ベルギーの著名なシンク・タンクであるブリューゲルのリサーチ・フェローであるZ・ダルヴァス（Darvas）は、ギリシャの二〇一四年における名目的利払いはGDPの四・三％であり、それは、イタリーないしポルトガルのそれよりも低いことを示している[58]。そしてギリシャは、EFSFのローンに対して利子を支払う必要がない。

欧州の政策決定者は、これらの数値をベースとして、ギリシャの債務の対GDP比率の意味を問いかける。ECBの元理事、L・B・スマギ（Smaghi）は、一七〇％という比率は何の意味もないと唱える。ギリシャの債務が経済に与えるインパクトは、低利子と満期の長さを踏まえると、他の債務国よりもはるかに小さいと考えられる。ダルヴァスも、そうした事実を念頭に置きながら次のように問う。スペインやイタリーの首相は有権者に対し、ギリシャが我々より低い利子負担にあるにも拘らず、かれらに債務免除を与える必要があることをどのように説明するのか、と。それゆえダルヴァスは、ギリシャに対し、一方的な債務免除よりはむしろ、満期の一層の延長と利子の削減をユーロ圏政府に保証させることを提案する。

しかし他方で、以上のような分析結果に疑問を投げかける論者がいることを忘れてはならない。かれらは、仮にそのような事実を示したところで、それが欧州企業に対して、ギリシャ経済に投資することの確実性を提供できるかどうかに懐疑心を抱く。例えば、ノーベル経済学賞受賞者のC・ピッサリデス（Pissarides）は次のように指摘する。「既存の満期はそれほど長くない。それは、五〇年あるいは六〇年に延長されるべきである。……問題は、現行の債務の姿が、その将来のもたらすあまりに大きな不確実性を導いているという点である(59)。」

以上、我々はまず、ツィプラス政権の債務削減案に対する批判的見解を、事実関係の観点から見た。確かに、ギリシャに対するユーロ圏側の債務減免措置は、満期と利子の両面で行われてきた。しかし、それで以てギリシャ経済に対する債務負担のネガティヴ・インパクトが解消されるか、と問えば決してそうではない。ここで確認しておくべき点が二つある。一つは、ギリシャの生産力は極めて脆弱であり、そのGDPの規模も非常に小さい点。したがって、債務のGDPに対する比率が大きな意味を持つ。もう一つは、ギリシャの債務負担の裏には、構造改革と緊縮による社会負担が横たわっている点。この後者の点が、ギリシャ市民に重くのしかかっていることは疑いない。我々は、ギリシャの債務削減案の背後に、それらの点があることをしっかりと頭に入れておく必要がある。

では、現実にユーロ圏のリーダーは、ツィプラス政権の債務削減要求にいかに対応したか。もともとギリシャに対して強硬な姿勢をとることで知られるドイツの財務相ショイブレは、シリザの勝利後直ちに、選挙結果は尊重するものの、ギリシャのオブリゲーションは依然として適用されるべきことを表明した(60)。ユーログループ総裁のJ・ディーセルブルーム(Djisselbloem)も、ギリシャの債務削減に対するサポートはないことを明言する。他方で両者は、ギリシャが改革の道を堅守する限りで債務返済条件を弾力化する見込みがあることを示唆した。

同様の見解は、フィンランドの首相、A・ストゥブ(Stubb)によっても表されている。ギリシャ案に強く反対する政府は、決してドイツに限られたわけではない。とくにフィンランドやオランダのような北欧諸国の市民は、貸したカネが返済されないかもしれないという不安感を非常に抱いている。もしもそのことが証明されれば、救済反対を訴えるナショナリストの政党が勢いをつける。北欧政府は、そうした政治的判断からギリシャの債務削減案を拒絶する。ストゥブ首相は、フィンランドはギリシャに約一〇億ユーロ貸し付けており、それは年々の政府予算の二％を少し下回るぐらいの割合を占めていることを示す。現在、深刻なリセッションに見舞われているフィンランドにおいて、その貸付の半分が削減されれば現政権にとって死が待ち受ける。ナショナリストの政党「真のフィンランド人」が確実に力をえるからである。そして、このような政治的運動は欧州のどこでも見られる(61)。例えば、フランスでは国民戦線（FN）が、またオランダでは自由党が真のフィンランド人と同じ立場にある。前スウェーデン首相のC・ビルト(Bildt)は、北欧の意見を代表するかのように次のように述べる。「ユーロ圏諸国の納税者がギリシャ人に一層支払う。これは少し危険である(62)。」

以上に見たように、ツィプラス政権の債務削減案に対し、北欧を中心にユーロ圏政府が強く反対する姿勢を露にした。こうした姿勢は、実は二〇一二年の第二次金融支援の際にすでに表されていた。当時の債権団は、一方でギリシャに対する債務免除を約束した。しかし、そこにはギリシャが財政のプライマリー収支を黒字にするというコンディショナリティが設けられた(63)。この条件が、これまで満たされることはなかった。そうだとすれば、そのような条件をギリシャが果すことを、ユーロ圏政府は当初より想定していなかったのではないか。ということは、かれらがギリシャの債務削減を認めるつもりはなかったことを意味するのではないか。そう思われても仕方がない。さらに憂慮すべきことは、現行のユーロ圏政府が、右派・左派を問わない野党勢力の台頭を恐れるばかりに、自国の市民に対してきちんと説明し理解を求める努力を全く果していないという点である。この結果、他国民が無理解なまま不安感を煽られることは間違いない。これらのことが、現状の窮状から脱出することをより難しくさせているのである。

ＦＴ紙の著名な記者Ｍ・ウォルフ（Wolf）は、ギリシャに対する債務削減は正しいことであり、ギリシャとユーロ圏の双方にとって利益になると唱える(64)。それはもちろん困難なことである。しかし、そのことは、ギリシャを残忍に殺してしまうことから生じる困難よりも小さい。そして、そのための合意が不可能だとすれば、ユーロ圏の危機が過ぎ去ったと信じることは誤りであろう。彼はこのように主張する。こうしたウォルフの考えを筆者は全く支持したい。

さらにウォルフは、ツィプラス政権の要求に対する欧州の倫理的・感情的な反応に対し、次のように批判する。第一に、ギリシャの返済拒否はモラル・ハザードを示すという見解について。これに対して彼は、むしろ債権者こそがデュー・ディリジェンス（投資対象の精査）をもって貸し付けることを怠ったと見る。要するに、貸し手責任が問われるのである。第二に、ギリシャに対して、ユーロ圏はこれまで異常なほどに寛容であったという見解について。ウォルフは、それは誤りであると断じる。表4-5は、二〇一〇～二〇一四年にギリシャに対して行われたローンの使途を示している。これを見るとわかるように、そうしたローンのうち、実際にギリシャ政府の活動に融資された分は一一％弱にすぎない。その半分以上は、債務返済と利子支払いに消えている。つまり、ギリシャにローンとし

表4-5　ギリシャへの支援マネー* の使途、2010-2014年（10億ユーロ、カッコ内%）

使途	金額
満期の債務返済	81.3（32.0）
利子支払い	40.6（16.0）
IMF への返済	9.1　(3.6）
ESM への支払い	2.3　(0.9）
ギリシャの銀行の資本再編	48.2（19.1）
債務削減	45.9（18.0）
国家の必要経費	27.0（10.6）
合計	254.4（100.0）

（注）* トロイカによるローン
（出所）Wolf, M., "Greek debt and default of statesmanship", *FT*, 28, January, 2015 より作成。

て流入したマネーは、再び流出したことになる。金融支援の大半が、借金（元本+利子）の返済に使われるのであれば、その分は再び借金として残ってしまう。ギリシャがこれによって借金地獄から脱け出せなくなるのは目に見えている。

ところで、ギリシャの債務削減案に対し、実はＩＭＦも一定の理解を示している。例えば、ＩＭＦ欧州局の前局長であるＲ・モガダム（Moghadam）は、欧州はかなりの債務免除をギリシャに対して行うべきと主張する(65)。しかし、それは無条件にではない。債務免除は、唯一当該国が改革の基準を正しく満たした後に認められるべきである。しかも、この改革プログラムは、政治的かつ経済的な近代化を必要とするギリシャにとって利益になる。彼は、ＩＭＦの見解を代弁するかのようにこう唱える。そして実は、ウォルフもこの考えを支持する。彼はギリシャの債務免除を、構造改革の証明という条件付きで認めるのが正しいコースである、と言うのである。

果して、モガダムやウォルフの考えは正当なものであろうか。ウォルフは一方で、ギリシャの債務免除の必要性を説く。この点は実に正しい。しかし他方で彼は、ギリシャのディフォールトは認められないがゆえに、条件付きで債務免除を行うべきと唱える。これは、ギリシャが借金返済のために借金することと同じ程度でナンセンスであると言わねばならない。なぜなら、先に指摘したように、そうした条件としての改革が労働や年金の問題を含めた社会の改革を伴っており、それによってギリシャ国内の弱者はますます痛めつけられてしまうからである。実際にこれまで、ＩＭＦや世銀による救済の引換えとして課されたコンディショナリティによって、重債務国の貧民がどれほど虐げられてきたかは計り知れない。ギリシャの貧民を、今まで以上の困窮状態に追い込むような権限は誰も持っていないはずである。

ＩＭＦにしてもウォルフにしても、かれらの考えで最も欠けている点は、構造改革の性質の正しい把握である。筆者が先に主張したように、社会改革を促す外圧的構造改革で以て、ギリシャ市民が益することは決してない。トロイカが、金融支援をそうした改革と引換えに行う限り、ギリシャの市民とりわけ貧民の怒りが治まることはないし、欧州の混乱が消えることもない。

この点で、トロイカをリードするドイツの責任がやはり問われるであろう。メルケルはこれまで、欧州全体の秩序を保つためにユーロの失敗は許されない、と何度も表明してきた。しかし、現実に彼女のとるスタンスは、ドイツ国内の公衆のオピニオンの短期的な動きに敏感に反応する短視眼的戦略と、プラグマティズムとを結びつけるものである。そして、彼女のユーロの将来を保証する交渉は、危機のスタートから全く変わっていない[66]。それは、債務国に対する構造改革の要求である。このことを前提にすれば、債務国がそうした改革を拒絶したときにユーロ圏は崩壊する恐れがある。それは逆に言えば、交渉の不成立は初めから想定していないことを意味する。では、交渉の成立が達成されたとして、欧州の経済・社会・政治の秩序はほんとうに保てるのか。我々は、この点こそ最も考えねばならない。

(三) ユーロ圏諸国の反応

そこで最後に、ツィプラス政権の成立に対するユーロ圏諸国の反応を見ることにしよう。

まず、ギリシャと同じく緊縮政策の断行によって、経済・社会状態を著しく悪化させてきたスペインの反応を、南欧圏の代表として取り上げてみたい。実は、今回のギリシャの選挙に対して、スペインの政治リーダーほど注目している人物はいないと言われた[67]。それは、二〇一五年後半のスペイン自身の総選挙を占うものであったからである。最重要な点は、両国が同じような政治的チャレンジを受けている点であろう。そこでは、既成政党の支持が急落し、代わって急進左派が勃興した。それゆえギリシャでのシリザの勝利が、スペインの急進左派であるポデモス（Podemos）の運動に弾みをつけることは間違いなかった。

ポデモスは、わずか一年前に設立されたばかりの政党で、当初よりシリザと密接に結びついていた。それは、両党が緊縮を終らせ、債務を再編させることで一致していたからである。そこでスペインのM・ラフォイ（Rajoy）首相は、急進左派政府が南欧諸国の復興を危険に晒すという声明を、ギリシャのサマラス首相と共同で発表した。しかし、スペインの人々の動きはすでに変化していた。欧州理事会のシニア・フェローであるJ・イグナチオ-トレブランカ（Ignacio-Torreblanca）が指摘したように、ポデモスの台頭は、アンシャン・レジームの崩壊を示唆していたのである(68)。

もちろん、ここでスペインとギリシャの状況を同一視する訳にはいかない。まず、両者の経済規模の差は桁違いに大きい。また、両者の経済復興状態も、スペインの経済相やアナリストが主張するように異なっている。しかし、スペイン政府が表向きの経済回復をいくら強調したとしても、現実の市民生活の困窮ぶりを隠すことは到底できない。図4-1を見れば直ちにわかるように、スペインとギリシャの失業率は同じカーヴで上昇している。それは、危機のピーク時にスペインが、緊縮政策、税金の引上げ、並びにその他の構造改革を押し進めた結果を反映するものであった(69)。それゆえ、これらの政策は当然に国民の側から非難された。ここに、シリザの場合と同じく、ポデモスが最強の政党として出現する根拠を見ることができる。実際に、ポデモスのリーダー、P・イグレシアス（Iglesias）は、シリザとの連合を計画している。彼は、シリザの勝利後、「ギリシャはついに自身の政府を持つであろう。それはもはや、A・メルケルの代理人ではない」と宣言し、かれらを大いに讃えた(70)。今や、スペインとギリシャの急進左派は連帯の動きをはっきりと示しているのである。

ところで、このようなシリザに対する支持は、スペインのみならず他の南欧諸国でも同様に見られた。イタリーにおける急進左派の「五つ星運動(Five-Star movement)」はその典型であった。かれらは、もしギリシャが、債務削減に成功するならばいっしょにサポートすることを表明した(71)。事実、ギリシャよりもはるかに大きな経済規模を誇るスペインやイタリー、さらにはフランスなどがディフォールトの見込みを示せば、さらなる大金融危機が引き起こされることは間違いない。このことは、債務削減の要求に拍車をかける。そしてぜひとも気をつけるべき点は、そうした要求が、欧州の急進左派のみならず急進右派のナショナリストでありポピュリストのグループによってもつきつけられているという点であろう。フランスの極右翼政党のFNはその筆頭に挙

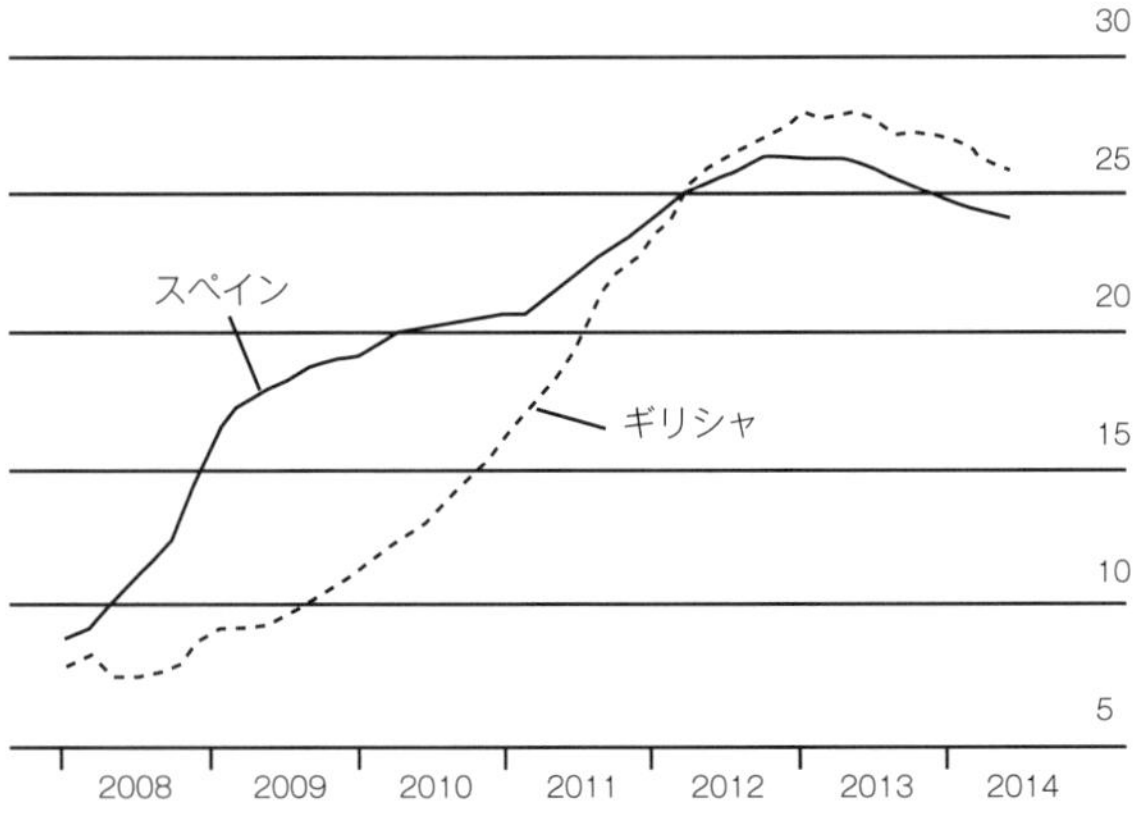

図4-1　スペインとギリシャの失業率、2008-2014年（%）

（出所）Buck, T., "Madrid leaders nervously watch rise of Syriza", *FT*, 15, January, 2015 より作成。なお原資料は IMF, Thomson Reuters Datastream から成る。

げられる。同党の副総裁であるF・フィリポ（Philippot）は、シリザの勝利は、緊縮やユーロに関する議論を始めるきっかけとなる、と述べている(72)。

一方、ツィプラス政権の要求に対して真っ向から反対の表明をした国もある。その代表はフィンランドである。フィンランド政府は、シリザの主張に一貫して反発する姿勢を表した。フィンランドはその点で、ギリシャとEUとの交渉の上で最大の障害になるとみなされた。フィンランド首相のストゥブは、ギリシャの債務を免除するいかなる動きにも反対すると共に、ギリシャの新政府は既存の救済条件を堅守する必要がある、と警告した(73)。こうしたコメントが総選挙前に打ち出されたことは、ギリシャの政治に対する一定の介入を意味した。同時にそれは、ユーロ圏の方針にも大きな影響を与えた。事実、ユーロ圏の官僚はすでに、フィンランドの反対の有無がギリシャに対する救済延長の鍵を握ると把握していたのである。

ここで注意すべき点は、フィンランドのそうした姿勢が、基本的にナショナリズムに根づいているという点であろう。ストゥブ自身、「私の心にあることは唯一つ。それはフィンランドの利害である」と述べる(74)。こうした中で、ほとんどのユーロ圏諸国が、ギリシャに対する救済の六ヵ月延長を支持したのに対し、フィンランドは一ヵ月のみの延長を主張した。フィンランドの反シリザの強硬姿勢と、先に示したドイツのギリシャ離脱の容認とを合わせて考えて見ると、ユーロ圏が、今回のギリシャ危機とツィプラス政権の成立をきっかけとして、連帯・団結を深めるというよりはむしろその逆に、独立・分裂の動きを見せ始めたのではないか。ユーロ圏は、実際にツィプラス政権に対してどのような考えを明らかにしたのか。この点が問われるであろう。

ユーログループは、ギリシャ総選挙の翌日に会合を開き、そこでかれらの基本姿勢を表した。それは、期待と不安の入り交じるものであった。当初、ディーセルブルーム総裁は、「我々は民主主義者であり、現実主義的な仕方で物事を検討する」というリベラルな考えを表明した(75)。しかし、この姿勢は同時に、ユーロ圏かつまたトロイカとギリシャの交渉を進める上で、混乱と対立を引き起こす要素を含ませるものであった。なぜなら、民主主義的方法と現実主義的方法とは、しばしば合致しないからである。実際にディーセルブルームは、そうした宣言を行う一方で、ギリシャのパートナーのほとんどは、もしも新政権が債務免除を要求するならば反対することを示唆した(76)。それはまた、ドイツとフランスの二大盟主国やEU本部、さらにはトロイカの基本方針を反映するものであった。ドイツのショイブレ財務相は、ギリシャ新政権の要求に対し、義務は尊重されねばならないという立場を貫く。一方、ギリシャにそもそも好意的であったはずのフランスのF・オランド（Hollande）大統領さえも、責任は保たれねばならないと主張する。

ここで我々が気をつけるべき点は、今回のギリシャ危機に対し、ドイツとフランスが協調路線を敷いたことである。両国は、ツィプラス政権の求める大規模な債務削減案を締め出すことで合意した。もちろん、ドイツとフランスの考えが完全に一致している訳ではない。確かにフランスは、ギリシャに対してドイツよりは同情的である。フランスは、ギリシャの債務償還は、その経済的条件を考慮して進められるべきと唱える。しかし他方で、フランスは、ギリシャの債務の持続可能なことがそのキャンセルを意味しないとみなしたのである(77)。このように、フランスはギリシャの債務返済問題について、ドイツに歩み寄る意思を表した。このことの持つ意味は実に大きい。オランドが大統領に就任したとき、ギリシャを含めた南欧諸国は即座に、フランスの新政権に対する支持を表明してオランドへの親近感を表した。この点を踏まえると、ギリシャ政府の眼には、オランドの意見表明が裏切りとして映ったに違いない。同時にこのことは、南欧の連帯による一体化という運動がここにきて遮断されたことを示すものであった。

他方で、欧州委員会の経済担当相、M・モスコヴィシ（Moscovici）は、「ギリシャが成長の道を再び見出し、新たに雇用をつくり出し、そして債務を支払うことは同じである」と唱えた(78)。そしてトロイカの一翼を担うIMFの総裁、C・ラガルド（Lagarde）も「我々は……このような国（ギリシャ）のための特別なカテゴリーを設けることはできない」とする考えを表した(79)。

以上に見たように、ユーログループ、ドイツとフランス、欧州委員会、並びにIMFは一様に、ギリシャに対して債務返済の義務を果すべきことを主張している。そうした主張は、ギリシャの現実の経済・社会に照らして考えたときに妥当なものであろうか。モスコヴィシの言うように、債務返済を行いながら成長と雇用を真に高めることができるのか。この点こそが問われねばならない。

そうした中で、ツィプラス政権自体は、そのスタートから債務削減に関する強硬姿勢を崩すことがなかった。新財務相のヴァルゥファキスは、ギリシャはもはやトロイカと協力しないこと、債権団に従うことを拒否すること、そしてEUの救済延長を受け入れないことを宣言した(80)。さらに彼は、ギリシャの巨大債務を考えるための国際会議の開催を要求した。これに対し、ディーセルブルームは即座にそれを拒絶した。そうした国際会議は、ユーログループという名ですでに存在している。これが彼の言い分であった。同時にその発言は、ドイツの一層厳しい考えを反映していた。ショイブレは、ギリシャが金融支援と引換えに合意した構造改革を完成させるという基準は絶対に変更されないことを重ねて強調したのである。こうしてギリシャとドイツの対立は、まずは両財務相の間で表面化した。

他方で、ギリシャがEUを不安がらせ、いら立たせるもう一つの要素が存在する。それは、ロシアとの関係をめぐる問題である。ツィプラスは、ＥＵに脅威を与える効果をねらって、伝統的ないわゆる「ロシア・カード」を切った。実は、彼はすでに総選挙以前の段階で、欧州によるロシアの制裁を批判していた。それは、彼が二〇一四年五月にモスクワに訪問したときに表明された(81)。それゆえ、新首相に対する最初の訪問者が、ロシアの大使であったこともうなずける。それはまた、ウクライナ問題でロシアと対立する欧州の不満を高めた。ツィプラス政権はまさしく、ＥＵが東部ウクライナの停戦崩壊に対応する圧力の下にあるときに登場したのである。

以上に見られるように、ユーロ圏とギリシャの新政権とは、様々な面で対立的関係に突入するという様相が展開された。これによって、市場が大きく動揺したのは言うまでもなかった。まず、ギリシャの銀行が流動性危機に襲われるという恐れから、銀行の株価が危機の開始以来最大の下落を示した(82)。総選挙直後に、ギリシャの銀行で最大の資産規模を誇るピレウス（Piraeus）の株価は二〇一四年一二月以来半額に、またギリシャ国民銀行（National Bank of Greece）の株価は二八％下落、そして四大銀行のうちの他の二つであるアルファ（Alpha）銀行とユーロバンクの株価は各々二二％下落した。これらの下落は、四大銀行が半年前に、利回りねらいの投資家から債券の販売をつうじて約一一〇億ユーロもの借入れを行った動きと対照的であった。

こうした事態にツィプラスは、もちろん市場の混乱を抑える意思を表明した。彼は、ＥＵとギリシャの相互に破壊的なことはしない旨を明らかにする。またヴァルゥファキスも、ギリシャとＥＵの間で対決はないし、さらに何の脅威もないことを宣言した。しかし実際には、ツィプラス政権の新閣僚から従来の救済プログラムを覆す発言がなされた。最左派でエネルギー相に就任したＰ・ラファザニス（Lafazanis）は、救済協定の中で謳われた港湾セクターやエネルギー・セクターにおける民営化プログラムを停止することを表明したのである(83)。

　このようにして見ると、ユーロ圏諸国は、ドイツとフランスを中心として、ツィプラス政権の基本方針に対してかなり厳しい反対の姿勢を露にしたことがわかる。一方、ギリシャの新政府側は、ユーロ圏ひいてはトロイカに対する強硬路線を前面に打ち出した。ツィプラス政権にとって、政策上の眼目は、反緊縮政策と債務削減である。しかもそれらは、ユーロ圏への残留を前提として進められねばならない。果してかれらは、独自の政策を遂行できるのか。この点が問われるのは疑いない。

七　おわりに

　ツィプラス政権が、ユーロ圏との交渉をスムーズに進める上で、最も可能性の高い方法がいち早く推奨された。それは妥協である。この考え方は、とくにアングロ・サクソン型のプラグマティズムから発する。FT紙の社説の見解はその典型である(84)。ツィプラスがユーロ圏に留まることを決断した以上、彼とシリザは妥協せざるをえない。つまり、ギリシャの新政府は困難な改革を続けなければならない。これが、そこでの結論である。これと同じ見解は、やはりFT紙の有力記者でしばしばEUに批判的な考えを示すG・ラフマン（Rachman）によっても表されている(85)。EUは、すべてのメンバーが、互いに財政的約束を尊重しEU法にしたがうことによってしか機能しない。この方針を崩してしまえば、合意の成立は不可能になる。そこで求められるのは、危険な要素のすべてを付与とすれば妥協以外にない。彼はこう主張する。

　一方、そうした妥協の道が勧められる現実的根拠も、すでに総選挙前に指摘されていた。K・ホープとT・バーバーは、それらを三つに整理する(86)。第一に、ギリシャがグローバル金融市場を利用できる力は非常に弱いため、かれらは結局、必要な資金の調達でEUとIMFに向かう以外にない。シリザがよりラディカルになればなるほど、民間投資家はギリシャの債券購入を控えるからである。これが、債権団の握る一つの強力なカードとなる。第二に、ツィプラス新政権は、成立後一ヵ月ほどで債権団との間で巨額の債務返済交渉を行う必要がある。これは、かれらに大きなプレッシャーを与える。そして第三に、もしもギリシャがECBの政府債購入プログラムから益をえるならば、ツィプラス政権は構造改革にコミットせざるをえない。ECBは、ギリシャが債権団との間でコンディショナリティについて合意することなしに、そうした債券を購入しないからである。

　以上から判断すれば、ツィプラス政権にとり、妥協の道は確かに最も歩み易いものかもしれない。しかし、そこには大きな問題が潜む。それは端的に言えば、そうした妥協によって被るに違いないギリシャ市民の痛みである。そこでは、ツィプラスとシリザがこれまで、ギリシャの人々にあれほど強く訴え、また、それによってかれらの支持をえた反緊縮政策が遂行できなくなるかもしれない。その場合に受けるギリシャ市民の精神的かつ現実的なダメージは計り知れないであろう。

　ではどうすればよいのか。ユーロ圏への残留と反緊縮政策は、ほんとうに矛盾し、またそのために二者択一的な選択を迫られるのか。この点こそが問われねばならない。筆者は、両者は決して矛盾するものではないと考える。ユーロ圏加盟国が、共通ルールを遵守するのは当然である。ただし、その際のルールには、市民の意思が直接反映されなければならない。それゆえ、もしもルールが現実にそぐわず、また市民に不利益をもたらすのであれば、それは市民側の要求に応じて変更されるべきではないか。反緊縮政策がギリシャ市民の人道的危機を救うのであれば、それに沿うようにユーロ圏のルールを変えるのが本道であろう。それが民主主義の根本原則ではないか。そうだとすれば、反緊縮政策は、ユーロ圏に留まりながら行われて然るべきである。ＦＴ紙の社説やラフマンらのアングロ・サクソン流プラグマティズムは、この点を全く理解していない。ユーロ圏のルールやコンディショナリティが、金融支援に伴って上意下達的に課せられるのであれば、それは、市民にとって真の民主的支援になるはずがない。これによって、欧州の民主主義の赤字が一層膨らむことは間違いない。ほんとうにそのようなプロセスが展開されるのか。我々は、事態の推移をしっかりと見つめていく必要がある。

【注】

（1）Guillot, A.,“En Grèce, l'austerité à l'épreuve des urnes”, *Le Monde*, 31, décembre, 2014.
（2）Hope, K., “Greek hopes of end to bailout appear dashed ”, *FT*, 7, December, 2014.
（3）*ibid.*
（4）FT, Editorial, “ A high-risk gamble on the future of Greece ”, *FT*, 10, December, 2014.
（5）Bolgir, A., & Moore, E., “ Athens no longer seem as big eurozone threat ”, *FT*, 11, December, 2014.
（6）Barber, T., “ Modernization, not debt, remains the big challenge for Greece ”, *FT*, 13/14, December, 2014.
（7）Hope, K., “ Greek premier gambles on stifling Syriza”, *FT*, 10, December,2014.
（8）*ibid.*
（9）FT, Editorial, “ A high-risk gamble on the future of Greece ”, *FT*, 10, December, 2014.
（10）Hope, K., & Barber, T., *op.cit.*
（11）*ibid.*
（12）Tsipras, A., “ Greece can balance its books without killing democracy ”, *FT*, 21, January, 2015.
（13）Moore, F., & Hope, K., “ Size of Greek debt mountain limits scope for solutions ”, *FT*, 14, January, 2015.

(14) *ibid.*
(15) *ibid.*
(16) Münchau, W., " Political extremists may be the eurozone's saviours ", *FT*, 5, January, 2015.
(17) *ibid.*
(18) Hope, K., " Greece rises cash crisis if Syriza is elected, warns financial minister", *FT*, 16, January, 2015.
(19) Hope, K., " Syriza's likely victory leads to collapse in tax take ", *FT*, 24/25, January, 2015.
(20) Hope, K., " Greek hard –left party pledges to loosen economic grip of 'oligarchs' ", *FT*, 7, January, 2015.
(21) Burgi, N., " Introduction" in Burgi, N., dir., *La grande régression —La Grèce et l'avenir de l'europe —*, Le Bord de l'eau, 2014, p.41.
(22) Liargovas, P., & Repousis, S., " Greece's way out of the crisis: A call for massive structural reforms ", in Sklias, P., & Tzifakis, N., eds., *Greece's horizons — Reflecting on the country's assets and capabilities—*, Springer, 2013, p.84.
(23) Hope, K., " Syriza woos business and vows to shake up vested interests ", *FT*, 7, January, 2015.
(24) *ibid.*
(25) Hope, K., " Syriza turns Greek oligarchs from taboo subject to economic priority ", *FT*, 13, January, 2015.
(26) *ibid.*
(27) *ibid.*
(28) Guillot, A., & Salles, A.,"A Athènes, le peuple de gauche fête Syriza", *Le Monde*, 26, janvier, 2015.
(29) Barber, T., "Economic suffering saps support for EU membership ", *FT*, 26, January, 2015.
(30) *ibid.*
(31) Münchau, W., " Political extremists may be the eurozone's saviours ", *FT*, 5, June, 2015.
(32) Guillot, A., & Salles, A., *op.cit.*
(33) Barber, T., "Economic suffering saps support for EU membership", *FT*, 26, January, 2015.
(34) Guillot, A., & Salles, A., *op.cit.*

（35）Barber, T., "Unholy alliance of radical left and right emerges", *FT*, 27, January, 2015.

（36）*ibid*.

（37）Guillot, A., & Salles, A., *op.cit*.

（38）Hope, K., "Panas Kammenos coalition partner who fell out with Athens elite", *FT*,27 January, 2015.

（39）Barber, T.,*op.cit*., 27, January 2015.

（40）*ibid*.

（41）Varoufakis, Y., "We are all Greeks now ! The crisis in Greece in its european and global context ", in Triandafyllidou, A., Gropas, R., & Hara, K., eds., *The Greek crisis and european modernity*, Palgrave Macmillan, 2013.

（42）Hope, K.,"Bombastic blogger who promises to end crisis and crack down on oligarchs", *FT*, 28, January, 2015.

（43）*Le Monde*, " Une autre politique venue d'Athènes ?", 3, février, 2015.

（44）Giraud, G., " Une bonne nouvelle pour la démocratie ", *Le Monde*, 7, février, 2015.

（45）Laine, M., "Le populisme de Syriza mène à la catastrophe " ,*Le Monde*, 3, février, 2015.

（46）Liargovas, P. & Repousis, S., *op.cit*., pp.82-83.

（47）FT, Editorial,"The radicals of Syriza　cure a rocky start", *FT*, 31, January, 2015.

（48）Liargovas, P. & Repousis, S., *op.cit*., p.84.

（49）FT, Editorial, "A Greece should not play chiken with euro ", *FT*, 6, January, 2015.

（50）Barber, T.,"A Battle between reason and irrationality will decide Greece's fate", *FT*, 21, January, 2015.

（51）Barber, T.,"Parallels with Papandreou as Syriza's Tsipras faces a choice between radicalism and pragmatism ", *FT*, 26, January, 2015.

（52）Wagstyl,S. ,"Berlin denies weighing Greek eurozone exit", *FT*, 5, January, 2015.

（53）*ibid*.

（54）*ibid*.

(55) Wagstyle, S., “Merkel faces growing dilemma over Greece”, *FT*, 6, January, 2015.

(56) Spiegel, P., “Eurozone leaders wary of Tsipras but it’s no longer about survival”, *FT*, 7, January, 2015.

(57) Guigliano,F., “Scepticism over claim debt pile is ‘unsustainable’ ”, *FT*, 26, January, 2015.

(58) *ibid.*

(59) *ibid.*

(60) Barker, A., Vasagar, J., & Spiegel, P., “EU leaders refuse to bow to Syriza debt demands ”, *FT*, 27, January, 2015.

(61) Rachman, G., “ Forgiveness that Europe cannot afford ”, *FT*, 27, January, 2015.

(62) *ibid.*

(63) Spiegel, P., *op.cit.*

(64) Wolf, M., “ Greek debt and a default of statesmanship ”, *FT*, 28, January, 2015.

(65) *ibid.*

(66) Stephens, P., “The stand-off that may sink the euro”, *FT*, 29, January, 2015.

(67) Buck, T., “Madrid leaders nervously watch rise of Syriza”, *FT*, 15. January,2015.

(68) *ibid.*

(69) Hope, K., Spiegel, P., & Buck, T., “ Fears mount over Greek plans to roll back reforms ”, *FT*, 30, January, 2015.

(70) Barber, A., Vasagar, J., & Spiegel, P., *op.cit.*

(71) Rachman, G., *op.cit.*

(72) Barker, A., Vasagar, J., & Spiegel, P., *op.cit.*

(73) Milne, R., & Spiegel, P., “ Finland vows to block Greek bailout pact ”, *FT*, 15, January, 2015.

(74) *ibid.*

(75) Ducourtieux, C., Lemaître,F., & Salles, A., “L’Europe cherche une réponse au défi de Tsipras ”,*Le Monde*, 31, janvier, 2015.

(76) Hope, K., Barber, T., & Barker, A., "Greece and global creditors dig in for new struggle over austerity", *FT*, 27, January, 2015.
(77) Hope, K., Aglionby, J., Thompson, C., Moore, E., & Wagstyl, S.,"Berlin and Paris rebuff debt forgiveness call", *FT*, 29, January, 2015.
(78) Ducourtieux, C., Letaître, F., & Salles, A., *op.cit.*
(79) Hope, K., Barber, T., & Barker, A., *op.cit.*
(80) Hope, K., & Wagstyl, S.,"Greece takes defiant stance with creditors", *FT*, 31/Jan, 1/February, 2015.
(81) Oliver, C., & Wagstyl, S., "Athens rattles EU unity on further Russia sanctions", *FT*, 30, January, 2015.
(82) Hope, K., Barber, T., & Barker, A., *op.cit.*
(83) Barker, A., Vasagar. J. & Spiegel, P., *op.cit.*
(84) FT, Editorial, "Syriza's electoral win is a chance to strike a deal", *FT*, 27, January, 2015.
(85) Rachman, G., *op.cit.*, 2015.
(86) Hope, K., & Barber, T., "Grasping for relief ", *FT*, 3/4, January, 2015.

第五章　ギリシャと債権団の金融支援交渉

一　はじめに

ツィプラス政権は、シリザのマニフェストで明らかにされたように、欧州と決別するつもりはなかった。かれらは、あくまでもユーロ圏に留まることを前提として、これまでに遂行されてきた緊縮政策から脱出し、自律的で内発的な構造改革を推進することを意図した。その上で債権団に対して金融支援を求めること、これがツィプラス政権の基本的なねらいであった。果して、それはスムーズに達せられたであろうか。

そこには様々な問題が潜んでいた。首相のツィプラスにしても財務相のヴァルゥファキスにしても、対外的な交渉は初めての経験であった。ヴァルゥファキスに至っては、政治家としての経験も皆無であった。かれらは、交渉の直接的対象となるユーログループがいかなる組織でどのように運営されているかを知る由もなかった。主たる交渉相手が、政治家というよりはむしろEUのテクノクラート（高級行政官）であったことも、かれらにとって大きな障害になったことは容易に想像できる。

他方で、他のユーロ圏のパートナーが、そもそもツィプラス政権の基本的政策に対して反対する姿勢を強く示したことは、交渉を一層難しくさせた。ドイツはもちろんのこと、南欧の盟主であり、ギリシャをサポートできるはずのフランスさえも、規律を守る責任と義務を強調しながらかれらに譲歩する姿勢を示さなかったのである。

さらには、ツィプラス政権が一枚岩の政策を打ち出すことができなかったことは、大きなマイナス要因となった。シリザの党内において、穏健派と過激派の対立が当初より見られたし、また連立与党内においても、シリザと独立ギリシャ人党との間で意見の食違いが生じたのである。

以上のような様々な要因が絡む中で、ギリシャと債権団の金融支援交渉は初めから難航し、最終的に決裂した。本章の目的は、そのプロセスを詳細に追跡しながら、一体、両者の間で何が問題になったかを明らかにすることである。そうすることによって、それらの問題が、ギリシャと欧州にとって何を意味するかを考えること、それが本章の間接的動機となっている。

二　救済プログラムの延長

(一) ツィプラス政権の基本的姿勢

(イ)　ヴァルゥファキスの方針

ギリシャにおいて交渉を直接に進めるのは財務相のヴァルゥファキスであった。ヴァルゥファキスは最初に、イギリスの財務相であるG・オズボーン（Osborne）との会談の中で、ギリシャ政府は対外債務の帳消しを求めないことを明らかにした(1)。その代わりに彼は、債務負担軽減のために債務スワップのメニューを提示する。それは、二つのタイプの債券を含む。一つは、名目経済成長にインデックスする成長リンク債であり、もう一つは、彼の呼ぶところの永続的債券（永久債）である。これらのスワップは、欧州の救済ローンを将来の経済成長に結びついた債券と交換すると共に、ECBが保有する債券を満期のない新たな金融手段に転換する。

ところで、成長リンク債は決して新しいアイデアではない。それはすでに、二〇一二年にギリシャが債務の再編を行う中でつくられ、既存の債券保有者に対する保証となってきた(2)。そうした債券は、景気がよい時に債権国に対してより多く返済することを保証し、景気が悪いときにはその逆である。確かにそれは、債券発行者に何らかの保護を与える。とくに経済の下降局面でそうかもしれない。しかし、そこには、政府がGDPの数値を下げるようにだます心配がある。この点が克服されれば、成長リンク債は、ギリシャにとってよい提案となるであろう。

一方、永久債の方はどうか。これは、歴史的にも極めて稀なケースと言われる。そもそもECBは、満期のない金融手段の提供を禁じている。それは、債務の貨幣化を意味するからである。つまり、そうした債務スワップは、債権団の犠牲の上でギリシャを債務から解放する。債権団はそれを受け入れるであろうか。この点が問われるに違いない。

債務のヘアカット（元本削減）に準じたものは、他のユーロ圏政府により政治的に受け入れられない。それは、納税者に対して一方的損失のように映るからである。とくにドイツは冷淡な姿勢を露骨に表した。そうした中でヴァルゥファキスは、さらに財政目標を示す。彼は、プライマリー収支の黒字をGDPの一～一・五%に維持すると表明した。これを実行するために、彼は富裕層を税収のターゲットとする。税逃避の有効な取締りが宣言されたのである。

ところで、ヴァルゥファキスは、最大の交渉相手であるショイブレ財務相と二月早々に会談した(3)。しかし、それは物別れに終った。ショイブレはそこで、ギリシャの金融支援プログラムは、あくまでトロイカによって続けられねばならないことを強調した。彼は、他の欧州諸国の人々が、ギリシャのために支払う必要はないと断言する。彼の考えの中に、連帯の精神が入り込む余地はない。

では、ヴァルゥファキスのアイデアは、欧州が到底受け入れられないほどにラディカルなものか、と言えば決してそうではない。彼は、当初より妥協することを念頭に置いて交渉を進めるつもりでいた。成長リンク債にしても、それは、財政資金移転システムの欠如する中で確立しえる一つのリスク共有型の金融システムとして評価できる。また、プライマリー収支の黒字目標値も妥当なものと考えられる。

こうしたヴァルゥファキスの現実主義的な姿勢は、二月初めのル・モンド紙のインタヴィウで明らかにされた(4)。フランスの財務相M・サパン（Sapin）は、ギリシャの債務削減に反対する。この点を了解した上で、ヴァルゥファキスは、ギリシャの三つの危機、すなわち債務、銀行、並びにデフレの危機を解消するためにすべての手段を用いることを宣言する。そして何より彼が強調したのは、トロイカを構成しているテクノクラートと直接に交渉するつもりはないという点であった。また、彼の妥協する姿勢は、民営化問題にも現れていた。ヴァルゥファキスは、終結した民営化の再検討は賢くないとみなし、むしろ外国投資、とりわけ中国の投資が競争力改善の源になると主張する。こうした発言からわかるように、彼はプラグマティストであって、決してラディカルではない。この点で彼は、ツィプラスと相つうじている。

このようにして見ると、ヴァルゥファキスと債権団の交渉はスムーズに進むように思えた。しかし実際には、この交渉ゲームはチキン・ゲームと化す恐れがあった(5)。そこで両者が譲らない場合に交渉は破綻する。ゲーム理論のスペシャリストである彼が、この点を理解しないはずはない。

(ロ) ツィプラス政権の交渉姿勢

FT紙の社説は二〇一五年二月初めに、ギリシャと債権団の交渉に期待感を表した(6)。そこでは、ギリシャのディフォールトが大きな損失を生むという観点から、両者の前向きの話し合いが望まれた。ツィプラス政権は、理想主義的な基本方針の中で協定を引き出す必要がある。それによって金融支援が行われるならば、ギリシャの将来は明るい。社説はこう結論づける。

果して、事はそのようにうまく運ばれるであろうか。シリザの議員の一部は、厳しく交渉することでトロイカを永遠に立ち去らせることを確信する。しかし現実には、ツィプラス政権によるトロイカへの譲歩は時間の問題と見られた。ヴァルゥファキスは、債権団の示した改革案の六〇〜七〇%は受入れ可能であることを唱えたのである。

このようなギリシャ新政府の妥協の姿勢は、アングロサクソン流のプラグマティズムによって強く支持された。エコノミスト誌の元編集長B・エモット(Emmott)は、基本的にギリシャがユーロ圏に対抗できるほど強くないと認識する(7)。そこで彼は、債務スワップ案を高く評価した上で、それが自由化の改革プログラムを条件として進められるべきことを主張する。ここには、自由化改革が成長と雇用を促進するという新自由主義的な考えが横たわっている。

しかし、ギリシャの新政権にとって、自由化改革に対してここだけは譲れないとする部分がある。それは、民営化の問題である。シリザ内において、民営化は強力に反対されている。事実、政府の民営化を推進するエージェンシー(Taiped)は、二〇一五年に入って閉鎖される状況にある(8)。副財務相は、民営化の存続はないことを示唆した。この点は、先に見たヴァルゥファキスの考えと完全に食い違う。それは、ツィプラス政権の表した目に見える政策変更であった。

民営化プログラムはそもそも、ギリシャの救済条件として据えられた。空港やその他の国営資産の売却から生じる収入が、ギリシャ政府の財政を後援するとみなされたからである。しかしツィプラスは、この民営化プログラムに反対してきた。それは、シリザのキャンペーンでも示された。さらに留意すべき点は、前政権においても、民営化に対してかなり強い抵抗が見られたという点である。事実、ギリシャの民営化は行き詰まっていた。二〇一五年末での当初の売上げ目標が五〇〇億ユーロであったのに対し、現実の取引額は、二〇一一〜二〇一四年にたった七三億ユーロほどにすぎなかった。この点は、表5-1に見られるとおりである。

こうした中で、シリザの極左派リーダーで、エネルギー・産業・環境相のラファザニスは、就任後直ちに、公共電力会社（PPC）による電力生産部門の資産の売却を取り消した。また、ギリシャ最大の港湾を運営するピレウス港湾局（OLP）も、ツィプラス政権が売却を拒絶したもう一

表5-1　ギリシャの民営化[1]

民営化の対象			
資産	企業資産	インフラ資産	不動産
事　業	• ゲーム・カンパニー • 宝くじ会社 • 携帯電話 • ライセンス	• 地方空港 • エネルギー会社	• 土地開発会社 • ホテル • 政府所有のビル • ゴルフ・コース
販売額[2]（ユーロ）	37億5000万	16億3000万	18億9000万

（注）(1)2015年２月段階の値を示す。取引件数は完成件数が 21件、進行件数が 13件、準備件数が 13件である。
(2)実際の受取り総額は 54億ユーロである。
（出所）Hope, K., “Uncertainty grows orer privatisation schemes”, *FT*, 5, February, 2015 より作成。

つの民営化案件であった。これらの反民営化は、戦略的インフラは国家の手に留めるべきという考えに基づく。新海運相はOLPの民営化をストップしたのである。実は、ピレウス港にコンテナターミナルを運営する中国国有の海運会社であるコスコ（Cosco）とデンマークのマエルスク（Maersk）・グループは、OLPの資産売却へのオファーを期待していた。

一方、ギリシャの一四の地方空港（主として観光向け）を運営するための四〇年間にわたる利権譲渡もキャンセルされた。これは、最大の民営化協約と言われるものであった。この協約ではもともと、ドイツの空港オペレーターであるフラポート（Fraport）とギリシャのコペルゥゾス（Copelouzos）・グループが優先的な入札者として指名されていた。とくにフラポートは、これによってギリシャの観光産業に対する金融的責任を負うものとみなされたのである。

このように、ツィプラス政権は、他の部分で妥協する意志を表したものの、この民営化プログラムに対しては激しく抵抗した。それは、シリザのキャンペーンの柱であったと共に、党内極左派の強く訴える点であった。そして、こうした反民営化運動が、後の交渉プロセスで大きな問題となって現れてくる。

さらに、もう一つ留意すべき点は、ツィプラス政権が、税逃避問題と対決することを一貫して強調していることである(9)。ギリシャの一つの大問題は、縁故主義による寡頭支配者の脱税行為にある。不払いの課税分は七二〇億ユーロにも上ると言われる。中でも、大企業とりわけ銀行の勘定の厳しい査定が、政治家との癒着で行われていない。この点で、ツィプラスが脱税との対決を改革の軸の一つとしたのは全く正当である。

しかし、そうした対決はそれほど簡単ではない。かつて「ミスター税金」と言われたト・ポタミの

H・テオハリス（Theoharis）によると、ギリシャ人の三分の二以上は源泉徴収の対象者である一方、大企業や自由業者は、収入のすべてを申告しないで済む。また、かれらは、公共サーヴィスのレヴェルが非常に低いため課税に抵抗する。この後者の点は、緊縮政策が遂行される中で一層高まった。ギリシャにとって最重要な課題の一つは、財政支出を減らすということよりはむしろ財政収入を増やすことではないか。だからこそ脱税を排除し、財政資金を強化する必要がある。ツィプラス政権はその覚悟をしなければならない。

(二) トロイカの対応

それでは、ギリシャとの金融支援交渉において、債権団であるトロイカはいかなる対応を示したか。

(イ) ドイツの対応

まず、最大の交渉相手であるドイツの対応を見てみよう。保守系のビルト紙のアンケートによれば、当時、ドイツ人の六八％がギリシャの債務免除に反対していた(10)。この調査結果は、交渉の中心的役割を担うショイブレの姿勢に強い影響を及ぼした。彼は、救済の延長をギリシャに提示する。しかしそれは、ギリシャの新政権が前政権の約束した改革プログラムを受け入れることを条件とする。この条件を、ショイブレは緩めようとしない。こうした頑固な姿勢は、彼の位置するドイツのタカ派に支えられている。かれらは、ギリシャの切捨てを明言する。この点についてショイブレも、今やユーロ圏は、ギリシャのユーロ圏離脱（以下、Ｇｒｅｘｉｔと表す）が起きても生き抜けると判断する。

しかし実際には、Ｇｒｅｘｉｔの及ぼすリスクは極めて高いと考えられる。他の脆弱な加盟国がギリシャに続く恐れは十分にある。それにも拘らず、ショイブレがＧｒｅｘｉｔの可能性を示したのは、彼が、ユーロ懐疑派の極右翼政党であるドイツのためのオールタナティヴ（AfD）の台頭を危惧したからに他ならない。そうしたポピュリストの動きが、右派と左派の双方で高まることは、ショイブレにとって大きな脅威であった。

一方、メルケルの姿勢はどうであったか。彼女もやはり、ギリシャの新政権に対し、当初より冷淡であった(11)。メルケルは、かれらの主張する救済終了宣言に反対する。同時に彼女は、ギリシャの債務免除を一切認めない。これまでドイツは、研究者やジャーナリストから、欧州危機に対する責任が問われ、その姿勢が批判されてきた。これに対し、ドイツ国内では、ドイツの政策を完全に擁護する議論も展開された(12)。欧州は連邦でないのだから貧国に対する資金トランスファーはありえない。財政緊縮と構造改革こそが成長をもたらすのであり、反インフレと競争力の増大が最重要な原則となる。そこでは、こうした新自由主義そのものの考えが唱えられ、それはまた、メルケルの方針を支えたのである。では、このようなドイツの対応で困窮する欧州市民を説得できるであろうか。この点が問われることは疑いない。

ところで、ドイツのビジネス・グループも、ギリシャに対して厳しい姿勢をとるように議員を説得していたことがわかる(13)。メルケルの最大の支持母体であるキリスト教民主同盟（CDU）におけるビジネスの幹部は、ギリシャ政府に対する追加的支援を不安視する。かれらは、支援プログラムの単純な延長はマネーの有効な使い方ではないとし、救済がギリシャ政府のモラルハザードをつくり出すとみなす。この点でビジネス・サイドは、ショイブレやメルケル以上に、ギリシャに対して強硬な姿勢を表した。こうしてドイツの保守派の間では、政治家とビジネスが一体になってギリシャに厳しく対応したのである。

(口)　ECBの対応

　他方で、トロイカの一翼を担うECBはいかに対応したか。まず留意すべき点は、ECBがギリシャの新政府に対して当初より圧力をかけたという点であろう。それは、ギリシャの資金源を枯渇する形で行われた(14)。ヴァルゥファキスは、ギリシャがつなぎ融資として、短期財務省証券（TB）を一〇〇億ユーロ発行できるように提案した。これに対してECBは、ギリシャがすでにTB発行の上限（一五〇億ユーロ）に達しており、それ以上の発行は認められないとする。このECBの決定により、ギリシャは、緊急支援ファンドへのアクセスができず、またTBの発行もできないままに、ディフォールトのリスクから脱け出ることが困難になった。ECBの対応は、ギリシャと債権団の間で非合意をもたらす危険度を高めたのである。

　こうしたECBの姿勢に対し、ツィプラス政権はいら立ちを強めた。それは、ギリシャの銀行の流動性不足による銀行取付けを恐れたためである。事実、ギリシャの銀行は当面、ECBによる緊急流動性支援(ELA)に依存せざるをえない。確かに、以上に見たようなECBの措置にも拘らず、ギリシャで銀行取付けは生じなかった。この点は、二〇一二年の危機がピークであった時と異なる。しかし、だからと言って、ギリシャの銀行のファンディング状況がよい訳では決してない。かれらは、流動性の縮小という局面に依然として直面していたのである。

　ECBはそもそも、ツィプラス政権が救済プログラムから離れることに強い嫌悪感を示した(15)。ECBの二五人のメンバー理事が、ギリシャ政府債をECBの低コストの現金に対する見返りとして用いることができる法的権利を奪ってしまったのもそのためである。このことは、多くのエコノミストにより激しく非難された。ギリシャ債がジャンク債として格付けられる恐れがあったからである。

一方、ＥＣＢは、ギリシャの中央銀行の商業銀行に対する新たな貸付能力を削減する。それと引換えに、かれらは商業銀行に対するＥＬＡを供与した(16)。しかし、そうした緊急手段を以てしても、ギリシャにおけるキャピタル・フライトの危機を防ぐことはできなかった。預金者は預金を引き出し、他の銀行、とりわけドイツの銀行に電子的トランスファーを行った。これにより、ギリシャから資金は流出し、ドイツに巨大なマネーが流入したのである。

ＥＣＢは、さらに深刻な事態を予告する。それは、ギリシャと債権団の非合意が続くことによって、ギリシャの銀行からＥＬＡさえもが取り除かれる恐れであった(17)。ただし、ＥＣＢの理事会は、そうした強制執行をしたくない。かれらが、ユーログループに対してギリシャとの合意を勧めるのもそのためであった。実際に、救済プログラムの延長が中止されれば、ＥＣＢはＥＬＡを維持できない。他方でギリシャの銀行は、ますますＥＬＡに依存せざるをえない。先に示したように、ＥＣＢはすでにギリシャの政府債発行をストップさせたからである。

ところが、ここで最大の問題となるのは、ＥＬＡは、銀行の支払い可能性が認められて初めて与えられるという点である。銀行の流動性問題よりも支払い可能性問題の方が、そこではより重要となる。この点こそが争点とならなければならない。もともと脆弱な銀行は、支払い能力が乏しいがゆえに救済の対象となる。そこで、救済の条件として支払い能力を考えるのであれば、それらの弱い銀行が外されるのは決まっている。この終局のシナリオが銀行取付けであり、金融システムの崩壊であることは言うまでもない。

ギリシャの人々は当時、それでなくてもマネー・リスクに晒され、パニックに陥っていた。ギリシャの四大銀行の預金は、二〇一五年以来大きく減少した。また、クレディット・クランチ（信用収縮）

も深刻であった[18]。それゆえツィプラス政権は、以上に見たようなECBの圧力に対し、怒りの声を上げたのである。

このような事態に、FT紙の社説は、ECBの姿勢を肯定的に捉えた[19]。この見方は正当であろうか。ギリシャの将来を決定するのは、政治家であってECBではないとされた。そこでは、ギリシャの将来を決定するのは、政治家であってECBではないとされた。ECBが真に欧州の中央銀行として位置付けられるためには、それこそ、かれらは「最後の拠り所としての貸し手」機能を十全に果す必要がある。しかし、現在はそれができないがゆえに、ECBの機能の不十分さが指摘される。同時に、ECBの独立性も問われる。もしもかれらが、ほんとうに独立しているのであれば、政治家の意向とは無関係に行動すべきであろう。これらの点を踏まえれば、ECBは、ギリシャの、ひいては欧州の将来を十分に決定しえるはずである。筆者はこのように考えたい。

(三) 救済延長の合意

(イ) 金融支援延長の決定

ギリシャはそもそも、債権団との交渉の上でいくつも弱点を持っていた。その最大のものは、ギリシャの銀行システムが、支援の延長なしでは崩壊してしまう恐れがあるという点であった。さらに、ギリシャが、ユーロ圏を離脱するためのプランを持っていなかったことも、交渉の切札を奪っていた。こうした中で、ツィプラス政権は、一七二〇億ユーロの救済延長をついに認めてしまう。ギリシャに対する金融支援を四ヵ月間延長する協定が、二〇一五年二月二〇日に結ばれたのである[20]。それは、ギリシャの銀行取付けと国家破産を阻止するためであった。しかし、そこには留意すべき重要な諸問題が存在した。以下でそれらを指摘しておきたい。

第一に、トロイカが依然としてギリシャの改革に責任を持つ一方で、ギリシャは以前の覚書に記された救済プログラムに従わなければならない。第二に、協定は債務の再編に全く触れていない。第三に、プライマリー収支の黒字目標はわずかに緩和されたものの、ギリシャが将来にわたって財政緊縮を強いられることは疑いない。第四に、ギリシャの緊縮政策による改革の厳しさが定かでない。そして第五に、ギリシャが、現行救済プログラムの最後の引渡し分である七二億ユーロをいつ受け取れるかが明確でない。

このようにして見ると、支援延長協定が、どれほどの実質的効果を有するかは甚だ疑問である。それは、当面のギリシャの支払い不能危機を、たんに引き延ばしたにすぎないのではないか。そう思われても仕方がない。ところがトロイカは、この協定を結ぶために、ギリシャに対し経済改革プランの提出を求めた。ギリシャはそれゆえ、民営化、課税、税収管理、銀行業、並びに労働市場について改革案を作

表5-2　ギリシャの経済改革案

改革項目	改革案	課題
民営化	• 国営部門の売却済み分の容認 • ピレウス港湾と地方空港の運営利権譲渡の禁止	• エネルギー相の民営化終了宣言 • 高圧線配電網と国営電力施設の売却阻止
課税	• IMF の要求に従う • エーゲ島での VAT割引廃止	• シリザは増税しないことを約束 • 増税は前政権の政策に逆戻り
税収管理	• 税収の管理責任者の独立性、説明能力、並びに透明性を保証	• 税収管理のトップに対する脅迫の管理
銀行業	• 担保分を支払えない所有者に対する担保の差押えの禁止	• 低所得世帯の住居のオークションの回避
労働市場	• 新たな集団賃金交渉を約束 • 最低賃金を、競争力と雇用を守る方法で引上げ	• シリザは集団労使交渉を約束 • 最低賃金の、危機前レヴェルへの引上げを誓約

（出所） Spiegel, P., "Greek reform list wins euro zone backing", *FT*, 25, February, 2015 より作成。

成する。それは、表5-2に見られるとおりである。

ギリシャの改革案には、脱税との対決姿勢が示された。これは同時に、反汚職の改革を意味した(21)。そうした改革は、確かに今までのいずれの政権も手を付けなかったという点で、高く評価されねばならない。しかし他方で、ツィプラス政権は、債権団に一定の譲歩をせざるをえなかった。かれらは、トロイカとの対決を市民に約束したにも拘らず、それをわずか一ヵ月で反故にしたのである。その際の譲歩の範囲は、民営化や労働環境という根幹となる問題領域に及んでいた。それゆえ、この決定に対してシリザ内の極左派が強く反発したのは当然であった。

第二次大戦のレジスタンスのヒーローであるM・グレゾス（Glezos）は、合意を決めた政府を厳しく批判した(22)。トロイカの地位をそのままにしてギリシャの状態を変えることはできない、と彼は主張する。同時に彼は、すべてのギリシャ人に対し、政府の今回の合意について謝罪した。また、彼の声明に賛同する党員は、シリザは救済をキャンセルする以外に政治的正当性を持たないことを明らかにした。中でも、より厳しく批判するグループである「左翼のプラットフォーム」のリーダー、ラファザニスは、ツィプラスに真っ向から抵抗した(23)。シリザの一部はすでに、ツィプラスとその側近が社会民主的になることを恐れていた。かれらは、妥協による合意が、シリザの魅力的な政策を犠牲にするとみなしたのである。

このように、救済の延長をめぐる合意の中で、シリザ内での対立的構図が浮彫りにされた。ここに至って、シリザは一枚岩でなくなった。それだけではない。ギリシャの新政府は、ユーログループのために財政改革のリストを提出することにより、シリザを支持した有権者の不満を高めるかもしれない。シリザに対する信頼が、それによって失われることは間違いないであろう。

ギリシャに対する救済の延長は、正式には二〇一五年二月二四日に、一九のユーロ圏諸国によって承認された。同時にそれは、ドイツの連邦議会で承認される必要があり、圧倒的多数で可決された(24)。ただし、メルケルを支える保守派の中で反対者が現れたことに注意しなければならない。また、ドイツ連立与党内でも意見の対立が見られた。社会民主党（SPD）が、Grexitのコストを警告する一方で、キリスト教民主同盟（CDU）は、その可能性を示唆したのである。さらに、メディアの動きも注視する必要がある。保守系のビルト紙は、ドイツの議員にノーの投票を呼びかけた。そこでは、ギリシャに対してもはや大金を払うことはないと訴えられたのである。他方でギリシャの側では、左派の人々が、トロイカとの合意に反対するデモをアテネでくり広げた。とくに過激派の党であるアンタルシャの支持者は暴動を引き起こした。それは、ツィプラス政権成立後の最初の反政府抗議運動であった。

ところでIMFも、この合意に関して、ギリシャとユーロ圏の双方に強い不満を明らかにする(25)。ギリシャに対しては、その改革プランが批判された。ギリシャに対する約三〇〇億ユーロの支援はIMFの貸付の限界を超えており、その返済は改革によって遂行されるとIMFは期待したからである。ラガルド総裁は、ギリシャのすべての改革について明白なコミットメントが見られないと不満を述べる。一方、加盟国の債務は持続可能なことを示す必要から、IMFはユーロ圏に対してギリシャの巨大な債務の削減を求めた。こうしたIMFのスタンスは、その後のギリシャに対する金融支援の交渉に大きな影響を与えることになる。

このようにして見ると、ギリシャに対する救済延長の協定により、その後の金融支援交渉がスムーズに展開されると考えることは難しい。一体、そこにはいかなる問題が待ち受けていたか。

三　金融支援交渉をめぐる諸問題

最初に留意すべき重要な点は、ギリシャが金融支援をえるためには、かれらの改革案がユーロ圏で承認されねばならないという点である。両者はそこに辿りつけるであろうか。本節では、その際に直面する様々な問題群を整理しながら、その各々について論じることにより、支援交渉の行方を探ることにしたい。

(一)ツィプラス政権をめぐる諸問題

(イ)ヴァルゥファキスと債権団の対立

ギリシャ側の交渉の主役であるヴァルゥファキスの使命は、当初より実に明快であった。それは、これまで続けられてきた緊縮政策とギリシャが断絶することにある。そこでまず、彼は、ギリシャのプライマリー収支の黒字目標をより曖昧なものとした。この点について彼は、欧州経済担当相であるモスコヴィシの了解をえていた。ところが、これに対してユーログループの総裁ディーセルブルームは、ヴァルゥファキスの申入れを却下したのである(26)。本来であれば、欧州側の交渉の主役は、経済担当相であるべきではないか。ユーログループの総裁がその地位を奪ってしまったことは、その後の交渉が難航する一つの根因になったと考えられる。

このようにヴァルゥファキスは、ディーセルブルームとの交渉を中断させた。さらに彼は、ユーロ圏の交渉の主役であるドイツの財務相ショイブレとも対立する。元首相のG・パパンドレウのアドヴァイザーでもあったヴァルゥファキスは、初めから金融危機に対する欧州の対応を厳しく批判してきた。彼は、ギリシャが欧州の要求する改革プログラムを尊重することによって崩壊したことを主張したのである。しかし、彼がル・モンド紙に語ったように、ショイブレはこの点について一切言及しなかった(27)。ショイブレにとって、諸規則は黄金律であり、彼は、欧州の危機管理がルールに基づいて行われるべきであることをあくまでも強調した。しかも、ドイツでヴァルゥファキスが好まれていなかったことも、彼に強硬な姿勢をとるようにショイブレを仕向けた要因であった。

ギリシャと債権団の支援交渉は、ヴァルゥファキスとショイブレの対立によって頓挫した。ツィプラスはこの事態に、交渉が失敗したときにはレファレンダムを行う意向を示した(28)。債権団の提示するプランの中に、最低賃金の凍結や厳しい年金改革が含まれていたからである。ところが現実には、ギリシャ政府は、四月末の公務員給与と年金のために支払う資金を欠いていた。かれらはそれゆえ、支援金と引換えの改革に合意する必要に迫られた。

こうした中でツィプラスは、交渉戦略の転換を図る。それは、ヴァルゥファキスを交渉ティームのトップから外し、新たに、同じくアテネ大学経済学教授のE・ツァカロトス(Tsakalotos)をその地位に据えるというものであった。ツァカロトスは、対外ビジネスを扱う閣僚であり、ツィプラスの側近である副首相のY・ドラガサキス(Dragasakis)に近い存在で、二〇一二年以来、ツィプラスにアドヴァイスしてきた。もちろん、ヴァルゥファキスは財務相として、依然と公式な交渉の責任を負う。しかし、彼はあまりにアカデミックで外交的ではなかったため、他のユーロ圏の財務相から反感を買っていた。実際に当局者は、ツィプラスとヴァルゥファキスを区別し、むしろドラガサキスと交渉する旨の圧力をかけた(29)。ツィプラスが、ツァカロトスを交渉チームのチーフに据えたのも、そのような事情を考慮したからに他ならない。同時にそのことは、ツィプラス政権が債権国に譲歩して、合意する意思があることを表した。他方でユーロ圏も、この人事異動を歓迎した。ツィプラスはひとまず、こうした戦略転換で、困難な交渉を乗り切ろうとしたのである。では、これで事は済んだかと言えばそうではなかった。交渉の進展はそれほど簡単ではなかった。

(ロ) ツィプラスの妥協の意向

ツィプラス政権は、先に示したように、交渉の開始段階から債権団と妥協することを拒んだ。しかし、新政権が発足して二ヵ月ほど経って、様々な問題が浮彫りにされた(30)。第一に、ギリシャは、欧州のパートナーとりわけドイツと明らかに対立的な方法で交渉していること、第二に、ギリシャは、経済的交渉のテクノクラート的な仕事である政治化の動きを封印していること、第三に、ギリシャは、ユーロ圏の中で、わずかな同盟しか持っていないこと、そして第四に、ギリシャは、ユーロ圏を離脱した場合のプランBを持っていないこと、などである。これらの問題が表面化することに応じて、ギリシャとユーロ圏のパートナーは、次第にコントロールを失うリスクを高めた。

こうした中で、ギリシャと債権団は互いに譲歩すべきであるとする意見が現れた(31)。そこでは、ツィプラス政権はEUと妥協する政治的な場を設ける必要がある一方で、欧州にも危機を回避するための協力が求められた。実際に欧州側は、モスコヴィシが認めたように、ギリシャと新たな妥協を行う用意があることを示した。ただし、それは、ギリシャが改革に責任を負うことを根拠とするものであった。両者の認識の差は埋められるであろうか。

ここで予め注意すべき点がある。それは、一部の欧州諸国が、ギリシャの急進左派政権を早く終らせたいと考えている点である(32)。こうした考えが、ギリシャの年金改革と労働市場改革に対して一層の圧力になっていることは間違いない。これに対して、シリザの執行委員の一部は、一連の改革が、年金や労働の権利に影響を与えてはならないと主張した。他方で、シリザの内部では、救済協定の締結を支持する動きも見られた。それは、極左派との対決の中で実現したのである(33)。

このような、ツィプラスの妥協の意向は、それだけギリシャの金融逼迫が高まっていたことを反映するものであった。事実、ギリシャはすぐにでもディフォールトに陥る状態にあった。ギリシャの日刊紙カティメリニ(Kathimerini)によれば、ツィプラスは、IMF総裁のラガルドに、ECBがギリシャの短期債券発行を認めないならば、債務返済の責任は果せない旨の手紙を送ったと言われる(34)。欧州側も、ツィプラスのそうした姿勢の変化を評価した。彼は、プラグマティックで親欧州的と判断されたからである。

そこで問題となるのは、ツィプラスの妥協の意向の下で、彼がシリザ内の極左派をいかに説得し、また、ギリシャにとって屈辱的でない合意に達することができるかという点であろう。現実にシリザ内で、ツィプラスを代表とするプラグマティストと、反緊縮を要求する極左派との間で闘争がくり広げられていた。

シリザの中で、最も知られている人物は、言うまでもなくツィプラスとヴァルゥファキスである。しかし、この二人の背後に、実はかれらの政策に影響を及ぼす過激な左翼の政治家が存在した。そうした政治家の中で最も名声のあるのは、文化・教育相のA・バルタス(Baltas)、エネルギー・環境相のラファザニス、並びに内務・行政相のN・ヴゥツィス(Voutsis)の三名と言われる。これらの人の活動内容は表5-3に見られるとおりである。

シリザの極左派の主要メンバーは、トロイカとの関係を直ちに断ち切ることを強く求めた。ツィプラスが、新たな救済協定を結ぶ方向に動いていたことを考えると、これは明らかに、彼に対する公の挑戦を意味した。こうしてシリザ内の反乱グループは、反緊縮のキャンペーンをエスカレートさせたのである。

このような中で、一つの由々しき事態が発生していた。それは、ギリシャの寡頭支配体制の問題である。シリザはすでに示したように、寡頭支配者との対決を一つの重要なスローガンとして掲げ、縁故主義の廃絶を宣言した。有権者も、シリザに対して特別利権集団と政治との結びつきを断つことを期待した。その望みは叶えられるであろうか。

ギリシャの縁故主義は、寡頭支配者との関係に限られない。それは、数えきれないほどのインサイダー取引（内部者取引）にも関係する。そこでは、混沌とした法制が、様々な賄賂の温床となってきた。銀行のような特定のセクターで働く人々は、より高い賃金と年

表5-3　シリザの極左派の主要人物

人物	A.バルタス (Baltas)	P.ラファザニス (Lafazanis)	N.ヴゥツィス (Voutsis)
役職と地位	• 文化・教育相 • 数学者・哲学者 • アテネ、ポリティークの名誉教授	• エネルギー・環境相 • 数学者 • 元共産党メンバー • 「左翼プラットフォーム」のヘッド	• 内務・行政相 • 社会運動家 • シリザの法作成者
活動	• 高等教育の国家コントロールの廃止 • 新教育法の作成 —大学入試の廃止 —学部卒表期限の廃止 —警察の大学介入の禁止 —学生の学長選への参加	• 民営化のキャンセル（動力、水道、電力の部門） • 外国投資のコントロール（カナダ鉱山会社の投資延期） • 「トルコ・ストリーム」（新パイプライン）のプロジェクト建設（対ロシア） • IMFとの協定に判定	• 公務員改革の廃止 • 法違反者に対する人道的扱い

（出所）Hope, K., "Syriza's left urges break with creditors", *FT*, 19, May, 2015 より作成。

金を受け取ることができた。他方で、財政破綻以降にその調整コストは、一般の労働者や年金受給者にふりかかった。そして実は、こうした傾向を変える兆候は、ツィプラス政権の下でわずかしか見られなかったのである(35)。実際にかれらは、多くの領域で反縁故主義的政策を廃止した。そこではもはや、エリート支配を終結させるという姿勢は消えてしまった。このことによって、経済生活の暗い日々を一般市民に再び強いる結果になることは言うまでもない。シリザの極左派によるラディカルな政府批判の一つの意義も、この点にこそ見出せる。

(二) 債権団=トロイカをめぐる諸問題

(イ) ギリシャとドイツの対立

ギリシャは、債権団との交渉を再開するに当り、まずドイツに対して戦争賠償の要求をつきつけた。ツィプラスは、ナチスによるギリシャの占領とその資産破壊に対して補償を求めたのである。この点はまた、ギリシャの研究者の間でも強調された。そこでは、ドイツの戦争賠償責任が、債権団との交渉の中心に据え置かれるべきとみなされた(36)。そこで彼は、そうした要求を遂行するための特別委員会を復興させると共に、ドイツがギリシャで所有する資産は没収されると警告した。

実際にギリシャの新政府は、ドイツに対する三つの要求を公表した。第一に、一般的な戦争賠償金として一六〇〇億ユーロの支払い請求。第二に、ギリシャ中部ディストモ（Distomo）村の住民二一四人の大虐殺に対するドイツの責任の追求。これは、二〇〇〇年のギリシャの高等裁判所でドイツの責任が明らかにされたにも拘らず、ドイツはそれを否定している。そして第三に、一九四三年にギリシャ中央銀行からナチスにより引き出された四一億七六〇〇万ワイマール・マルクのローンの償還。これは、現在価値で一一〇億ユーロに相当すると推計され、それに利子を加えると総額で五〇〇億ユーロ以上にもなる。

ギリシャ新政府はこのように、戦争賠償責任を通してドイツに真っ向から対決する姿勢を明らかにした。これに対してドイツ政府は、そうした責任論を斥けた。かれらは、賠償・補償の問題は、法的にも政治的にも決着がついているとみなす。しかし、このドイツ政府の姿勢が、連立与党内で統一されていたか、と言えばそうではない。与党のSPDの中には、ドイツがポーランドとの間で行った解決はギリシャに対しても可能であるとし、戦争賠償のいかなる交渉も、ギリシャの救済に関する交渉と切り離されるべきとする考えも表されたのである。

このように、ドイツのギリシャに対する戦争賠償責任を再検討すべきとする声は、ドイツの研究者の間でも発せられた。歴史家で賠償問題の専門家であるE・ロンドホルツ（Rondholz）は、ドイツ政府の見解は誤りであり、賠償問題の最終的決着はついていないと唱える。ドイツのギリシャに対する賠償の歴史的経緯をごく簡単に振り返ると次のとおりである。まず一九五三年のロンドン条約で、西側連合軍と西ドイツとの間で債務の削減とリスケジュールが合意される。これに続く一九六〇年に、ギリシャ–ドイツ間の賠償条件が設けられた。その下で西ドイツは、ギリシャに補償金一億一五〇〇万ドイツ・マルクを支払うことで合意する。ところが、一九九〇年のドイツ再統合の際に、いわゆる二プラス四条約で一つの大きな取極めがなされた。東西ドイツと四つの列強である旧ソ連、米国、イギリス、並びにフランスは、ドイツに対する残存の権利を放棄することに合意したのである。そこでドイツは、このことを戦争賠償に対する最終的決着と解釈した。しかし現在、ギリシャは、それを再度議論すべきと主張しているのである。

一方、ドイツ政府は、ギリシャにいかなるスタンスを示したか。まず、メルケルが、ギリシャとの救済支援交渉の中で、強硬路線を貫くように圧力を受けていたことを指摘する必要がある。ドイツの主導的なユーロ懐疑主義者で、メルケルをリーダーとする保守派同盟のメンバーであるＰ・ガウヴァイラー（Gauweiler）は、ギリシャの救済プログラムに反対して当同盟を離脱した(37)。彼の離脱が、ドイツ議会におけるメルケル支持の保守派内で不安を高めたことは言うまでもない。ガウヴァイラーは、ギリシャの救済に対して嫌悪感を抱くドイツ公衆のオピニオンを代弁する人物とみなされる。実際に彼は、救済を四ヵ月延長することにも反対したのである。

他方でメルケルは、反ユーロ政党である「ドイツのためのオールタナティヴ（AfD）」からの圧力も受けた。かれらは、メルケルの最大の支持母体であるＣＤＵにおける不満票を勝ちとった。このことにより、メルケルの政策的な選択の幅が非常に制約されたのは当然であった。そこで彼女は、政権を維持するためにギリシャに対して強硬路線を貫く姿勢を明らかにしたのである。

ドイツのＴＶ局ＺＤＦの世論調査によれば、二〇一五年四月の段階で五二％のドイツ人がＧｒｅｘｉｔに賛同していた。それは二月の段階の四一％から大きく上昇した。ドイツとギリシャの関係は、先に見たギリシャの戦争賠償請求によって一層悪化したのである。メルケルは、公衆のオピニオンを注意深く見ることでよく知られている。その限りで、彼女もポピュリストとみなすことができる。そうだとすれば、Ｇｒｅｘｉｔ支持の増大という調査結果が、メルケルの姿勢に大きな影響を与えたことは疑いない。果してドイツは、ギリシャのディフォールトやＧｒｅｘｉｔの回避に責任を持ち続けられるのか。この点が問われるのは当然であろう。

そうした中で、ショイブレは四月の半ばに、ギリシャが欧州とＥＵの一部であり続けるべきであることを表明した(38)。これにより、彼は一見、ギリシャのユーロ圏離脱を否定しているかのように見える。しかし、ここで注意すべき点は、ショイブレが、欧州やEUという言葉を用いるものの、ユーロ圏という言葉を避けているという点である。その真意が、ギリシャのユーロ圏離脱の可能性を示すのであれば、ドイツにおけるGrexit論の高まりを抑えることは難しくなるに違いない。

（三）IMFとユーロ圏の対立

他方で、トロイカのメンバーであるIMFは、ギリシャ政府がディフォールトを避けるために、改革を約束しなければならないことを一貫して強調する。ラガルド総裁は、FT紙とのインタヴィウで、ヴァルゥファキスに対して改革の加速を求めた(39)。トロイカはこれまで、ギリシャの約束の下にかれらをサポートしたからである。実際に、もしギリシャが新たな経済改革を用意できなければ、かれらは七二億ユーロの最後の支援分は受けられない。それは結果的に、五～六月のIMFに対する返済を不可能にさせる。

そこでIMFは、そうしたディフォールトを避けるために、他の債権団に対して、ギリシャの債務を削減する要求をつきつけた。IMFの欧州局長であるP・トムセン（Thomsen）は二〇一五年五月早々に、ユーロ圏の財務相に対し、欧州の債権団がギリシャの債務を大きく削減しない限り、ギリシャは救済プログラムのコースからはずれると警告したのである(40)。これに対してユーロ圏の債権団は、ギリシャの債務削減に頑強に反対した。このことからIMFは、ギリシャと欧州債権団との間の意識ギャップは非常に大きいと判断する。ギリシャは新しい改革に抵抗する一方で、債権団は債務削減を拒絶するからである。

この事態にＩＭＦは、ユーロ圏の財務相が、ギリシャの債務削減、具体的には二〇二二年までにギリシャの債務の対ＧＤＰ比を一一〇％以下にすることに同意して初めて救済協定が成立することを、改めて強調した。このようにして見ると、ＩＭＦとユーロ圏との間の認識の違いは、ギリシャとユーロ圏との間のそれ以上に大きいと言えるかもしれない。果して、その差は埋められるであろうか。このこと自体が、非常に大きな交渉課題となることは間違いない。現実に、ギリシャ、ユーロ圏、並びにＩＭＦの三者は、いわば三すくみの状態に陥っていたのである。

（四）ディフォールトとＧｒｅｘｉｔをめぐる諸問題

（イ）ディフォールトをめぐる問題

ギリシャは二〇一五年の三月から五月にかけて、つねにディフォールトの危機に晒された。ツィプラスは、こうしたギリシャの窮状を訴えながら、債権団に支援を強く求めた。ところが、この緊迫した事態に至ってもユーロ圏はなお、ギリシャに対する新たな無条件のファンディングを認めようとしなかった。かれらはあくまでも、ギリシャ政府が一連の改革を課すことを支援の条件としたのである。

このように、ギリシャ政府は急速に現金を枯渇させる一方で、欧州当局はギリシャ救済のための現金供給を拒絶した。ギリシャのファンディングのソースは二つしかない。一つは現行の救済プログラムに残存する分の七二億ユーロの受取りであり、もう一つは短期債券の発行である。これらのいずれも実現されないとき、ギリシャにはディフォールトの道しか残されていない。

現実にギリシャは、四月九日にもＩＭＦへのローン償還をめぐって現金を枯渇させると予想された[41]。ギリシャはそのため、経済改革リストをユーログループに送った。しかし、かれらはそれを検討するつもりがなかった。このように、ギリシャとトロイカの合意が成立しなければ、残存分の七二億ユーロは当然に支払われない。これは明らかに、ユーロ圏、より具体的にはユーログループによるギリシャへのブラックメールを意味した。この状況でメルケルは、改革リストを検討する立場にないことを強調した。もしそうだとすれば、最重要な政治的リーダーの関与のないまま支援交渉が進められることになる。これでは合意の可能性が遠のくことは言うまでもない。

ギリシャのディフォールトが、欧州通貨統合に対して、前例のないほどの大きな衝撃を与えることは疑いない。同時に、そうしたディフォールトの起こることの警告が、ギリシャにしてみれば一つの交渉戦略になることも否定できない。ギリシャ政府は、それによって債権団から最も緩やかな条件を引き出せるからである。このような戦略に対して、他の欧州政府は反発した。そこでドイツや他のパートナーは、ユーロ圏がギリシャのディフォールトを乗り切れるほどに十分強いことを確信する。かれらは、そう断言できるほどに真に強力であろうか。この点が問われるに違いない。

こうした中で、ツィプラス政権はいよいよ決断を迫られるときを迎えた。それは、ギリシャが、債権団との救済協定を断ち切るか、あるいはいかなる条件の下でそれに合意するかという選択を意味した。この選択はまた、ギリシャのディフォールトの可能性と深く関連していたのである。

ところで、ギリシャのシリザは当時、交渉戦略をめぐって三つの派に分かれていたと言われる(42)。第一にユーロ離脱派。これは、ラファザニスを中心とする極左派で、かれらは、ギリシャがディフォールト後にユーロ圏を離れて旧通貨ドラクマに戻ることを提唱する。第二に交渉勝利派。これは、ヴァルゥファキスとツィプラスの側近から成り、かれらは、欧州のパートナーをひるませて交渉の勝利を収めることを訴える。そして第三に妥協派。これは、副首相のドラガサキスが中心となる派で、かれらは、ギリシャと債権団の妥協を支持する。

これらの三派が混在する中で、ツィプラスはディフォールトを避けるためにいかなる戦略をとるべきかが問われた。実際に、支払いのタイム・スケジュールは表5-4に見られるように、ギリシャにとってかなり厳しいものであった。ここで真先に考えねばならない点は、ギリシャの債務返済の可能性であろう。欧州も、かれらの返済能力を確信していない。それにも拘らず欧州は、巨大なプライマリー収支の黒字をギリシャに要求する。それは、二〇一六年に対GDP比で四・五%をも示す。この値は、まさに狂気の沙汰である。これによって、ギリシャが長期にわたってリセッションの状態に陥り、そのことが再び債務返済を不可能にさせることは疑いない。欧州が、そうした法外な要求をつきつけながら交渉を進める限りは、非合意とギリシャのディフォールトを引き起こすことは間違いない。

一方、ギリシャのディフォールトについては、欧州内で依然として楽観論が存在する(43)。そこではギリシャの経済規模は極めて小さいため、かれらがディフォールトしようが支払いを遅延しようが、欧州全体に与える影響は大きくないとみなされる。しかし、ここで問題とされるべきは、そうしたギリシャの小さな経済力から生じる影響の度合ではない。重要なことは、欧州プロジェクト、とりわけユーロ・プロジェクトの中でギリシャをどう位置付けるかということである。ギリシャのディフォールトを欧州

表5-4　ギリシャ政府の支払いスケジュール

支払い期日	支払い先	支払い額（ユーロ）
2015年4月末	年金と公共セクターの被雇用者	17億
2015年5月6日	IMF	1億8600万
2015年5月12日	IMF	7億700万

（出所）Barber, T., & Hope, K., "Decision time", *FT*, 18, April/19 April, 2015 より作成。

が予め容認することは、欧州統合そのものに対する不信感を引き起こすに違いない。

このような中で、ギリシャのディフォールトの可能性は、次第に現実味を帯びてきた。ギリシャのファンディング・ポジションは、かなり厳しい状況にあった。ギリシャの当局者は、六月中になされるべきＩＭＦへの支払いはできないと認識していた。この緊急事態に、ＥＵの当局者は、ギリシャが破産宣告を交渉戦略として用いていることを確信する。そこでかれらは、融資の条件として、支出を一層削減する改革を行うように圧力をかけた。これに対してツィプラス政権は、そうした債権団のブラックメールを拒否したのである(44)。

こうしてギリシャと債権団の交渉は難航した。とくにドイツの姿勢はより硬化した。ギリシャの当局者はドイツの当局者との話し合いの中で、ディフォールトの可能性を否定する。しかし、ギリシャがほんとうにディフォールトを回避できるかは不安視された。この事態に米国までもが、そうしたディフォールトがグローバル経済に与えるショックを心配し、ギリシャと債権団の双方に、できるだけ早く協定を結ぶように説得したのである(45)。

確かに、ギリシャのディフォールト危機は目前に迫っていた。ただ、ここで留意しておくべきことは、ギリシャがその中で、ディフォールトかもしくは緊縮政策による改革かの、二者択一的な選択を強いられたという点である。そして重要なことは、そのどちらを採ったとしても、それがギリシャ市民の大きな負担になるという点であろう。市民の側に立ってみたとき、どちらの苦しみがより耐えられるものであるかを、為政者は予断なしに判断する必要がある。

(ロ)　Ｇｒｅｘｉｔをめぐる問題

ところで、ギリシャのディフォールトはしばしば、ユーロ圏からの離脱（Ｇｒｅｘｉｔ）と関連させて論じられてきた。しかし、ある加盟国のディフォールトと、その国のユーロ圏からの離脱とを直接に結びつけることはそもそもできない。EU法において、両者を同一視することは認められていないからである。それにも拘らず現実には、多くのエコノミストは、ギリシャでディフォールトが起こればGrexitのリスクは高まると予想した。実は、欧州とりわけユーログループの中では、すでにGrexitを容認する見解が現れていた。ベルギーの財務相であるJ・ファン・オフェルトフェルト（Van Overtveldt）は、交渉開始後まもなく、ユーロ圏はGrexitに十分に耐えるだけの防衛力を持っていると主張した[46]。このようなGrexit容認論はまた、銀行・金融界のエコノミストによっても支持された。そこでは、Grexitは金融市場を驚かすものではないとみなされる[47]。事実、金融市場は、潜在的なGrexitに対して著しく静かな反応を示していた。市場関係者は、Grexitが起こっても問題にならないと確信していたのである。

以上のような見方は、果して妥当であろうか。もしGrexitが起これば、まずはギリシャの銀行に関するローンが当然に被害を受ける。さらに、隣国に関するローンも大きな損害を被る。ところが、そうした損失の見込みは、市場の評価に正しく反映されない。Grexitに対する投資家のコンセンサスがえられないからである。しかし、ほんとうにGrexitが起これば、投資家のユーロ圏に対する信頼が失われるに違いないし、また通貨同盟を支える各国間のパートナーシップが崩れることは疑いない。

他方で、こうしたGrexit容認論と対照的に、Grexit反対論もはっきりと現れた。FT紙の一連の社説でもそれが示されている[48]。そこでは、Grexitという語は醜く、それはゲームのルールを破壊するとして実現されてはならないと論じられる。大国は確かに、小国に対して自らを保護できる。それゆえ、トラブル・メーカーの離脱は歓迎されるかもしれない。しかし、そうした功利主義的な計算は重要な点を見逃す。それは、Ｇｒｅｘｉｔによって欧州の連帯が解体してしまうという点である。ギリシャがいかに小さくても、また、それが他のパートナーをいら立たせても、欧州にとって、ギリシャを内に留めることの方がはるかによい。一方、問題ないとされる金融市場においても、Ｇｒｅｘｉｔの見込みに対する投機が増して市場が混乱することは間違いない。こうしてＦＴ紙の社説は、Ｇｒｅｘｉｔを問題にすべきでないと断じる。このような、欧州の大国主義に対する批判に基づいた反Ｇｒｅｘｉｔ論は、メディアの良心を表すものとして高く評価できる。

ＦＴ紙の代表的記者の一人であるウォルフも、社説と同じ視点に立ちながらＧｒｅｘｉｔについて次のように論じる(49)。彼はそこで、「ギリシャの混沌の離脱（Greccident）」という用語をつくり出す。それは、Ｇｒｅｘｉｔによって、ギリシャではディフォールト、銀行の営業停止、経済不況、並びに政治的混乱が引き起こされる現象を指す。彼は、この事態を避けるべきと唱える。同時にウォルフは、Ｇｒｅｘｉｔの影響を経済的側面のみならず地政学的側面からも考えねばならないことを指摘する。欧州に見捨てられたギリシャは、反欧州的方向に向かうことも十分にありえる。彼はこうした認識の下に、ギリシャをユーロ圏に留めるためのよりよいオプションを提示する。一つは一層の救済であり、もう一つは「貸付延長と返済偽装」の終焉である。後者については、債務の返済義務を管理できるレヴェルまでに減少することが主張される。こうして彼は、ギリシャをユーロ圏にキープさせる一方で、寛大な条件付きの債務免除の道を求める。

このようなウォルフの議論は、典型的なアングロサクソン的プラグマティズムに基づいた一つの案を示すと考えられる。そこでは確かに、妥協するべき方向が示唆されている。ただ、ここでとくに押えておくべき点は、そうした中でもギリシャの債務負担の軽減が要求されていることである。この債務削減問題は、その後の交渉の中で最も重要な論点となる。

ところで、以上のような反Ｇｒｅｘｉｔ論が展開されたものの、現実には、Ｇｒｅｘｉｔの局面が四月以降に急速に迫ってきた。ただし、ツィプラス政権自体は何度も指摘したように、自らユーロ圏を離脱するつもりが全くない。ではどうすればよいか。ここで、ギリシャがユーロ圏に留まるための中間的ステップが存在するという考えもある(50)。その一つは、資本コントロールの導入である。これは、ギリシャの銀行取付けと資本流出を防ぐ。ところが、このコントロールは、ＥＵを支える根本的な柱の一つである資本の自由移動というルールを犯す。それはまた、ＩＭＦによっても厳しく抑えられている。ただし、ＥＵ法は、加盟国に対して資本流出の一時的抑制を認めている。実際にそのことは、二〇一三年のキプロス救済のときに適用された。そしてもう一つは、ＩＯＵ（借用証書）の発行である。これは、ギリシャが国内での支払いの約束を守るためになされる。ただ、このＩＯＵにも限界がある。それは、ＩＯＵでの支払いが法的に守られるかという問題を示す。ＥＵ法では、ユーロのみが法的地位を有するとされているからである。

このようにして見ると、ギリシャがユーロ圏に留まるための手段として考えられる資本コントロールにしても、またＩＯＵの発行にしても、それで以て万全という訳にはいかない。そうであれば、いっそのことＧｒｅｘｉｔを率直に受け入れてはどうかという見方も当然に現れてくる。例えばＦＴ紙の記者ラフマンは、むしろＧｒｅｘｉｔが最良の終結であることを主張する(51)。もちろん、Ｇｒｅｘｉｔがグローバルな金融のメルトダウンを導くリスクはある。しかし、そのリスクをドイツや他の交渉者が制御できるのであれば、Ｇｒｅｘｉｔはよりよい効果をもたらす。ギリシャは、それによって国家主権を持つと共に、より健全な政治形態に向けてスタートを切ることができる。ユーロ圏の他のメンバーも、継続的なギリシャ支援から解放され、ユーロ圏のルールの意味を再び確立できる。要するに、Ｇｒｅｘｉｔの実現の道が示されれば、欧州は誤った考えの通貨同盟から解放され、それをより管理できるサイズに縮小できる。ラフマンはこのように唱えてＧｒｅｘｉｔを歓迎する。

以上に見られるように、ラフマンは議論の前提として、現行のユーロ圏が誤ったシステムの下で運営されているという認識を示す。その上で、Ｇｒｅｘｉｔを断行することによって、むしろルールの適用を徹底できる。彼の考えはこの点に行き着く。そこでは、ギリシャが欧州ルールを貫徹させるためのスケープゴートとなる。こうしたＧｒｅｘｉｔ支持論には、欧州プロジェクトを促進するためのメンバー間の連帯の強化という姿勢は全く見られない。それだけではない。Ｇｒｅｘｉｔの先に何が現れるかを誰も予想できない、という未知の領域に欧州は突入してしまう。これらの点を踏まえれば、安易なＧｒｅｘｉｔの容認はあってはならない。

以上、我々は、ギリシャと債権団の金融支援交渉に内在する様々な問題を、大きく三つの論点に整理しながら検討を重ねてきた。このことから容易に想像できるように、両者の交渉は難航した。そして不幸なことに、この交渉は最終的に決裂してしまった。最後に、そこに至る過程を見ながら、その意味するところを考えることにしたい。

四　金融支援交渉の決裂

(一) ギリシャのディフォールト危機

(イ) IMFへのディフォールト危機

ギリシャのディフォールト危機は、二〇一五年六月にIMFへの返済をめぐって表面化した。ギリシャ政府は、六月中にIMFに対する一五億ユーロほどの支払いを余儀なくされたのである。しかし他方で、シリザの中には、そうした支払いを拒絶すべきとする意見も出された(52)。それは、債権団=トロイカに対する公然の反抗を表すものであると同時に、ツィプラス政権に対する圧力ともなった。

こうした中で、ギリシャでは、ディフォールト→資本コントロール→新中央銀行による新通貨の創出、という最悪のシナリオが描かれた。実際に、ギリシャは六月末に、救済資金なしにはIMFへ返済することができない。ただし、それは、テクニカルにはディフォールトを直ちに意味しない。IMFのルールは、未払いを「支払い遅延(hold-up)」とみなしているからである(53)。信用格付け会社も、IMFに対する未払いは形式的にはディフォールトではないと認識する。一方、ECBは、その場合にギリシャは本質的に破産したと考える。そうであれば、ギリシャの銀行がえられる緊急ローンの主たる見返りであるギリシャ政府債の価値は消えてしまう。ギリシャがますます緊迫した事態を迎えていたことは疑いなかった。

(ロ) ギリシャの銀行取付け危機

そうした中で、もう一つの危険な現象がギリシャで生じた。それは、銀行の支払い不能から引き起こされる銀行取付けの危機であった。事実、不安感を持つギリシャ人は、銀行から預金を急速に引き出した。これにより、危険な銀行は崩壊する事態となった。ECBの理事B・クーレ（Couré）は、ユーログループの会合で、ギリシャの銀行は営業できなくなるかもしれないことを明らかにする(54)。ECBはそれゆえ、ギリシャの銀行に対して緊急のファンディングを提供した。しかし、ギリシャの財政が悪化し続ける限りは、ECB自身のルールが一層の支援拡大を拒んだのである。

市場アナリストによれば、ギリシャの銀行の脆弱性は次の三点に基づく(55)。第一に流動性不足問題。これは、短期の預金引出しに対する銀行の能力の悪化を意味する。ギリシャの居住者による預金は、すでに五分の一に下落した。それは、一四〇〇億ユーロを少し上回るぐらいであった。そして、このような預金の低下は、急激に加速したのである。その結果、ギリシャの銀行は、ECBのファンディングに依存せざるをえなかった。五月半ばまでに、四大銀行であるギリシャ国民銀行、アルファ、ピレウス、並びにユーロバンクは、ECBからすでに一一〇〇億ユーロ以上借り入れていた。そのうち、七五〇億ユーロはELAを表していた。こうした中でECBは、ELAの限度を一一億ユーロ引き上げて八四一億ユーロまでとする。それでも、ギリシャが要求するものよりもまだ三〇億ユーロ少なかった。

第二に支払い可能性問題。ギリシャの銀行は、ECBから緊急のファンディングをえるために支払い可能とみなされなければならない。同時にかれらは、借入れの見返りとして保証する質の高い証券を保有する必要がある。かれらはそれを実行できるであろうか。それは、ギリシャの銀行の支払い可能性に対する不安となって現れる。四大銀行はよく資本化されているものの、その資産の質については疑いが増す。それらの資産は、ディフォールトが生じたときに深刻なダメージを受ける。ギリシャの銀行の一つの弱みは明らかに、かれらがギリシャ政府債を保有していることにある。実際に四大銀行は、そうした債券を一五億ユーロほど保有している。その価値が、ディフォールトによって著しく損失することは間違いない。

最後に経営困難問題。ギリシャの銀行は、ギリシャ経済の悪化によって経営困難に陥った。ギリシャ経済は、二〇一五年の第一四半期からすでにリセッションに入っている。これにより、銀行の不良債権が増大した。そして政府のディフォールトは、この傾向を一層悪化させるに違いない。さらに、ECBがギリシャの銀行の支払い不能によってELAを停止すれば、政府は資本コントロールを課す他ない。それによってギリシャは、銀行を再資本化するための預金者のベイルイン（損失負担）か、あるいは銀行に新たな流動性を供給するための新通貨の発行かの選択に迫られるであろう。いずれの場合も、ギリシャの預金者や市民に多大な負担を強いるのは目に見えている。

こうした非常事態に、ギリシャの中央銀行は、債権団との合意に達しなかった政府に反対の姿勢を示した。ギリシャ銀行は、ツィプラスに対して協定をいち早く結ぶように求めたのである(56)。この声明は前例のないものであった。それはまた、ツィプラスに痛烈な一撃を加えた。彼は当時、ギリシャを略奪し、その経済的苦境を引き起こした犯罪的責任を問うとして、債権団を激しく非難していたからである。ギリシャ銀行はこれに対し、ユーロ圏のパートナーと協定を結ぶのは、歴史的に避けられないとみなす。しかし、こうした警告にも拘らず、ツィプラスには降伏する気配が全く見られなかった。彼は、債権団による年金削減の要求に抵抗し続けたのである。

ところで、以上に見たように、ギリシャでの銀行取付け問題が次第に現実味を帯びてきた中で、さらに事態を悪化させることが現れた。それはヘッジファンドによるギリシャの銀行に対する投機アタックであった(57)。ロンドンをベースとするヘッジファンドが、ギリシャの危機で打撃を受けた銀行セクターを標的としたのである。これに対し、ギリシャのレギュレーターはヘッジファンドに闘いを挑む。G・ソロス（Soros）のクォンタム・ファンドやトスカ・ファンド、エヴェレスト・キャピタルなどの主要ファンドを含めた二〇以上のヘッジファンドは、ギリシャの資本市場委員会から罰金を課せられた。かれらは、汎欧州ルールで禁じられた銀行株の短期空売り（naked short selling）を行うことで、ギリシャの銀行の株価急落から大きな利益をえようとしたからである。そうした空売りは、ある会社の株式を、他の投資家から借りる権利を持たずに売却し、その株価の値下り時に買い戻すことで利益をえることができる。このギリシャの処置に対し、ヘッジファンドの幹部は、ギリシャの銀行の再資本化をむしろ助けていることを主張した。こうしてかれらは、汎欧州市場をめぐる当局に対してロビー活動を行った。その結果、かれらに対する罰金は和らげられた。さらに欧州当局は、ギリシャのレギュレーターが、短期空売りの汎欧州ルールを厳格に適用してよいかを議論さえしたのである。

このようにして見ると、欧州は資本の自由化という黄金律の基に、市場を乱す不正行為を厳しく規制する機能をもはや失ってしまったのではないか、と思わざるをえない。さらにその背後に、不正行為者によるロビー活動に伴う汚職があるとすれば言語道断である。アングロサクソン流のファンド・ビジネスとかれらのロビー活動を認めることが、欧州独自のレギュレーション（金融規制）・システムを崩壊させることは間違いない。苦境の底にあるギリシャがその犠牲になるとすれば、これほどの悲劇はない。

（八）ディフォールトの可能性

ツィプラスは、六月半ばのＴＶでのスピーチで、救済監視団によるプランを拒絶した(58)。彼はそこで、そうしたプランがギリシャの人々にとって屈辱的であるとみなした上で、ＩＭＦの犯罪的責任を追求した。一方メルケルも、ギリシャと債権団の間のデッドロックを緩和させる手段を見出せなかった。こうしてギリシャのディフォールトの可能性は日増しに高まったのである。この事態に資本市場は鋭く反応した。二〇一七年に満期を迎えるギリシャ政府債の利回りは、二〇一五年になって初めて二七％以上に上昇した。またギリシャの株式市場も五％下落した。ギリシャが債権団のアイデアに応じない限りは、両者の間で協定が結ばれるはずはない。そこで市場は、最悪のケースを見越す形で明快な動きを表した。ただし、ここで注意すべき点は、ツィプラス自身はプライヴェートに、交渉相手に対して協定を結ぶつもりであると伝えていた点であろう。こうしたツィプラスの言わば二枚舌をとる姿勢が、交渉のプロセスをより複雑にしたことは疑いない。

では、実際にギリシャがディフォールトしたとき、政府はいかなる対策を必要とするか。真先に考えられるのは資本コントロールである。実は、すでに数ヵ月前からその可能性が指摘されていたものの、それは依然として遠いと思われていた。ところが六月に入ると、ギリシャ政府の現金枯渇や預金者による銀行からの現金引出しが勢いを増す中で、そうした異常手段の話が急速に広まった。現実に、ギリシャが六月末のＩＭＦに対する一五億ユーロの返済をディフォールトしたとき、状況はコントロールの効かないものとなる。そこでギリシャ政府は、かつてキプロスで行われたように、銀行の支払い不能を回避するため介入せざるをえない。

しかし、ギリシャで資本コントロールを徹底的に行うことは難しい(59)。まず、市民の預金引出し制限のような国民の不満を引き起こす政策を課すことによって、政府の責任が追求されるに違いない。かれらは、市民の怒りに直面する。また、ギリシャに固有の障害もある。確かに、キプロス危機に際して資本コントロールが設けられた。ただし、それは、キプロスと債権団の間で合意された救済プログラムの一部を成すものであった。これに対してギリシャは、依然としてそうした協定を欠いている。さらにもう一つの不安は、ギリシャ政府が、資本コントロールを正しく課すことができるかという点にある。もしも多くの汚職による不正行為があれば、そうしたコントロールは当然に機能しない。

このように、ギリシャにとって、資本コントロールの手段に様々な問題が含まれている以上、それは最善策にならない。ただし、資本コントロールは、Ｇｒｅｘｉｔのような最悪のケースよりはまだよい。Ｇｒｅｘｉｔは、ギリシャにダメージを与えるだけでない。それは、欧州に対する信頼を失わせてしまう。ところが実際には、ギリシャと債権団は当時、そうした最悪の道に向かおうとしていた。ＦＴ紙の社説が説くように、債権団が適切な政策から逸脱した要求をギリシャにつきつける一方、ギリシャは正当なオールタナティヴな策を打ち出せないからである(60)。

ではどうすればよいか。ここで解決の鍵となるべきものは、やはりギリシャの債務削減にある。その必要性は誰しも認めているにも拘らず、債権団は、それを政治的な観点から一切拒否する。実は、この債務削減案は、二〇一〇年の最初のギリシャ救済から議論されてきた最重要な問題であった。しかし、二〇一〇年のときには債務は全く減免されなかった。また、第二次支援が行われた二〇一二年には、民間セクターに対してのみ、債務の一部のヘアカット（元本削減）が行われたにすぎなかった。このようにして、ギリシャに対する金融支援は、さらなる支援を引き起こすという事態が生じたのである。ツィプラス政権は、この悪循環を断ち切ることができるであろうか。

FT紙の社説は、そこに三つの大きな問題が立ちはだかっていることを指摘する(61)。それらは、第一に、ギリシャに敵対的な欧州北部の債権国が債務削減に頑強に抵抗していること、第二に、ツィプラスの抵抗の原則がギリシャの人々の支持にあること、そして第三に、思慮深いはずの欧州人がGrexitを考えていること、である。これらの問題の指摘は全く正しい。そして、それらが解消されないとき、ギリシャにとっても欧州にとっても大きな悲劇が待ち受けている。この決定的な事態に直面して、債権団であるトロイカはいかに対応をしたか。

(二) 債権団=トロイカの脅迫

(イ) 債権団の基本的要求

債権団はこの間に、ギリシャの財政、年金、並びに労働市場について様々な改革を要求してきた(62)。それらの要求は、いずれもギリシャの新政権が掲げてきた目標と大きく隔たっていた。財政のプライマリー収支の黒字についても、債権団の求める目標値は、ギリシャのそれよりはるかに高い。これによりギリシャは、当然に一層の緊縮を強いられる。また年金システムについては、とくにIMFがその改革を強く主張した。さらに労働市場の改革に関して債権団は、ギリシャは以前の救済協定で約束したものから後退していると訴える。

しかしギリシャ政府の眼には、これらのトロイカの要求は「受入れか拒絶か(take it or leave it)」というブラックメールとして映った。実際にかれらは、六月の第一週にギリシャに対して救済プランに合意するように圧力をかけた(63)。債権団は、七二億ユーロの支援と引換えに、一連の困難な経済改革をギリシャにつきつけたのである。ただし、ここで二つの点に留意しなければならない。一つは、ユーロ圏当局者自身も、それらの厳しい要求の多くがギリシャによって拒絶されることを心配していたことであり、もう一つは、トロイカの思惑が一致していた訳ではないことである。ＩＭＦと欧州委員会の間で、ギリシャの経済改革と債務レヴェルの低下について合意がなされていなかった。ＩＭＦは、ギリシャによるプライマリー収支の黒字達成を疑っていたし、またかれらの債務再編を強く望んだ。

こうした中で、欧州委員長のＪ－Ｃ・ユンケル（Juncker）は、債権団のオファーは決してブラックメールではないことを強調した(64)。しかし他方で彼は、六月の第一週までに協定が成立しないと救済プログラムを延長せざるをえず、そこには大きなリスクが含まれると唱えた。ギリシャの経済改革について合意がないままプログラムを延長しても、かれらは七二億ユーロをえられないし、そうした延長がドイツによって認められねばならないからである。

彼がタイム・テーブルを注視したのもそのためであった。果して債権団は、ギリシャに歩み寄る姿勢を示したであろうか。

(ロ) ドイツの対応

ドイツの保守派と民主派から成る連立政権は当時、これまでギリシャに同情的であったＳＰＤを含めて、ギリシャ政府を責め始めていた(65)。例えば、非常に和解的な姿勢を崩してこなかったＳＰＤ党首で副首相のＳ・ガブリエルでさえも、ついに保守系のビルト紙に、ドイツの我慢は消えつつあるとしてギリシャを非難する論稿を寄せた(66)。このようにドイツの与党議員は、一丸となってギリシャに対する批判の色を濃くした。協定の成立に向けて、かれらの見解は重要であった。いかなる協定も、ドイツの議会で承認されねばならないからである。今やドイツでギリシャ支援を支持するのは、野党である緑の党と極左派のリンケ（Linke）のみであった。

このような事態に、首相のメルケル自身はいかなる姿勢を表したか。まず注目すべき点は、彼女が当時、ギリシャをユーロ圏に留める意思を示していた点である。それは、地政学的観点からであった。彼女は、Ｇｒｅｘｉｔの及ぼす地政学的影響が、それで生じる金融ショックを起えていると認識する(67)。さらに、そうした意思表明には他の理由もあった。Ｇｒｅｘｉｔにより真先にその責任を追求されるのがドイツであることは間違いない。メルケルは自己防衛に長けているがゆえに、その点を十分に感じていた(68)。

現実に、バルカン半島の不安定化や地中海を通した移民のコントロールの困難を踏まえると、Ｇｒｅｘｉｔの地政学的影響は計り知れない。それゆえＧｒｅｘｉｔは、欧州の歴史的失敗を意味する可能性が高い。それは、欧州統合のプロセスが依然と難航していることを示すからである。そもそもドイツの再統一は、一層統合された欧州という仮定に基づいていた。そこでＧｒｅｘｉｔが起きれば、ドイツの首相は確実に敗者となる。自身を欧州統合のガーディアンと呼ぶメルケルにとり、そうした選択をとる訳にはいかない。この時点で彼女は、ギリシャは巨大に高くつくものの、しかしそれは、究極的に支払うに値すると判断したのである。

ところで、メルケルのこうした姿勢は、ショイブレとの間で考えの相違を深めた。彼女がこの間、ギリシャとの合意に努めてきたのに対し、ショイブレは、ギリシャがユーロ圏に残るための改革を実行することにつねに懐疑的であった。彼はプライヴェートに、Ｇｒｅｘｉｔへの動きを推進すべきと唱えていた(69)。彼の情熱は、欧州のルールの尊重に注がれた。この観点から、彼は、ギリシャはルールをベースとしたユーロ圏に適合しないとみなす。他方で彼は、ユーロ圏はＧｒｅｘｉｔによってむしろ強まると認識する。

以上から我々は、ドイツのギリシャに対する基本的姿勢を次のようにまとめることができる。第一に、ドイツはあくまで、ギリシャに対して欧州ルールの遵守を訴える。この点で、メルケルもショイブレも同じ立場にある。第二に、Ｇｒｅｘｉｔについては、ドイツ政府は一枚岩でない。ショイブレがＧｒｅｘｉｔを容認するのに対し、メルケルはそれに反対する。そして第三に、メルケルが明言したように、仮にＧｒｅｘｉｔが起きても、ドイツはその責任をとるつもりがない。ギリシャにとって最大の交渉相手であるドイツがこうした姿勢で交渉を進める以上、ドイツは、真にギリシャの、そして欧州の将来のことを念頭に入れて行動するつもりがあるのか。この点が問われるのは疑いない。

（八）ＥＣＢの対応

他方で、ギリシャの銀行システムに流動性を供給できるＥＣＢはいかに対応したか。Ｍ・ドラギ（Draghi）総裁はまず、ＥＣＢは、欧州ルールに基づいた機関であるものの、政治的実体ではないのでギリシャの将来を決定するものではないと公言する(70)。ＥＣＢは確かに、ＥＬＡのローンによってギリシャの銀行にライフラインを提供できる。しかし、このローンは、ＥＣＢのルールの下で、ギリシャの銀行あるいは政府が支払い不能に陥ったときにはもはや供給されない。そこでＥＣＢ理事会のドイツを代表とするタカ派は、ギリシャに対するＥＬＡの撤回を要求した。しかしドラギは、ＥＣＢの監督者によるギリシャの銀行の評価を受けて、その要求を却下する。ただ、ＥＣＢが最も警戒したのは、ギリシャの銀行取付け騒ぎであった。そこでかれらは、ＥＬＡの額を若干増やして総額八五九億ユーロに引き上げる(71)。それでもＥＣＢ側は、支払い不能の銀行にマネーを注入するかもしれないという不安を高めていた。この事態に、欧州大統領のＤ・トゥスク（Tusk）は、ギリシャ政府は、ＥＣＢからの支援を受け入れるか、あるいはディフォールトに向かうかを選択する必要があるとして、かれらに決断を迫ったのである。

ギリシャの銀行は、中央銀行のローンを必要とする。それは、預金者に支払うためである。一方、預金者は六月に入って一挙に預金を引き出し始めた。ECBはこの事態に対処するため、緊急ローンの利用限度をさらに二〇億ユーロ引き上げた(72)。この増大分は、ギリシャの銀行が一日分のファンド不足の危機に対応するものであった。しかし、銀行サイドは、ファンディングに対して一層の不安を高めた。現実に、かれらに対する人々の信頼度は日一日と低下していたのである。

以上からわかるように、ギリシャでは当時、預金引出し増→銀行の支払い不能危機→ECBのELA増、という図式が描かれた。それは、六月に入って鮮明になった。そこでECBのELAが途絶えれば、ギリシャで銀行取付けが起こり、銀行システムは崩壊する。しかし他方で、次のような図式も想定できる。それは、欧州の金融支援→ギリシャのディフォールト回避→ECBのELA保証、である。この図式は、ECBが結局は、欧州機構の中で十分な独立性を確立していないことを如実に示している。そうだとすれば、ギリシャはもはや、ECBに全面的に依存する訳にはいかない。

(三) IMFの対応

では、トロイカの中で重要な役割を担うIMFはいかに対応したか。かれらは六月に入り、ギリシャと欧州債権団の双方に不満を募らせた(73)。ギリシャは、IMFの主張する課税と年金システムの改革に反対し、欧州債権団は、IMFの求める債務免除を認めないからである。とくにユーロ圏政府は、いかなる債務再編にも頑強に抵抗する。かれらは、債務削減はそもそも交渉の要件からはずすべきと唱える。ここでIMFが心配したのは、ギリシャのディフォールトと、それが及ぼすIMFへの影響であった。

ギリシャは現在、IMFに対する最大の債務者である。かれらはこの五年間に、IMFから三四七億ユーロものローンを供与された。そこで、当然にその返済が大問題となる。それは、六月末の一五億ユーロの支払いを皮切りに、二〇一五年の年度内だけで五五億ユーロもの支払いを予定している。果してギリシャは、IMFの歴史の中で最初の未払い先進国となるのか。もしそうであれば、ギリシャは、発展途上諸国の中で一方的未払いを行ったザイールやジンバブエと同じ類に入る。この事態を避けるため、欧州債権団は、より低い財政黒字目標に基づく救済条件を新たに提示した。それは、プライマリー収支黒字の対GDP比を二〇一五年に一％、そして二〇一八年に三・五％にするものであった。しかし、この変更案に対してIMFは、それでも必要とされる変更の度合を欧州債権団は全く理解していないとみなす。

こうした中で、IMFの多くの人は、ギリシャとの関係を断ち切ることを主張した(74)。これから一年以内に、ギリシャの経済的混迷が消え去ると信じることは非現実的である。かれらは現状をこのように捉えた。一方、欧州側も、ギリシャは六月末にIMFへの支払いができなければIMFの資金に対するアクセスを失うため、その分を負担することを考えねばならない。実際にIMFは、加盟国がディフォールト宣言をしたとき、かれらのIMF資金へのアクセスとすべての支援を禁じている。さらに、ディフォールトに続く数年間に、かれらはIMFの被選挙権の資格も消失する。それらの具体的な手続きは、第一に、一五ヵ月間の非協力とすべての支援の停止、第二に、一年半の投票権と代表権の中断、そして第三に、二年間のIMFからの排除である(75)。

欧州委員会はそこで、数十億ユーロの国際収支支援プログラムを準備した。そうしたファシリティは、ＥＵ予算に基づいたギリシャに対するローンを意味する。ところが皮肉にも、このプログラムは再びＩＭＦの役割を復帰させる。ＥＵの国際収支サポート・スキームは、すでにハンガリー、ラトヴィア、並びにルーマニアに対して実行された。そのいずれの場合も、ファンドはＥＵ単独によってではなく、ＩＭＦと合同でつくられたのである。そこでＩＭＦは、すでにかなりのローンを提供しているギリシャに対し、それ以上のファンディングを容認するであろうか。

　ＩＭＦは言うまでもなく、全世界の国を支援対象とする。それはグローバル機構であって、欧州の機構に組み込まれている訳ではない。そうだとすれば、ＩＭＦの中に、欧州債権団と連帯する意識があまりないのは当然であろう。他方でギリシャ自身も、これ以上ＩＭＦに頼ることはできない。仮にＩＭＦから一層の資金をえることができたとしても、ギ

表5-5　債権団とギリシャの改革プラン

改革項目	債権団のプラン	ギリシャのプラン
プライマリー収支の黒字（対GDP比）	• 2015年に１％ • 2016年に２％ • 2017年に３％ • 2018年に3.5％	• 2015年に0.6％ • 2016年に1.5％ • 2017年に2.5％ • 2018年に3.5％
付加価値税（VAT）	• VATの収入をGDPの１％ • 免除（対島）の廃止 • 標準的VATを23％ • 基本的必需品（食料、医薬品）に11％	• 最低率を6.5％（対薬品、本、演劇） • その他の基本的必需品（食料、水、エネルギー）に11％ • 最高率を23％ • 免除（対島）を終結しない
年金	• 全体でGDPの１％ないし18億ユーロの削減（2017年まで） • 早期退職ルールの厳格化 • 年金受給者の医療支出の増大	• 削減率はGDPの１％よりはるかに低い • 2022年までに６億5000万ユーロの削減 • 今後10年間に退職年令を62才に漸次的引上げ

（出所）Spiegel, P., "Hurdles remain in quest for €7.2bn bailout aid", *FT*, 6, June/7 June, 2015より作成。

リシャはその代わりに厳しいコンディショナリティを受け入れねばならないからである。この点に関して、シリザが選挙キャンペーン以来一貫して反対してきたことはくり返すまでもない。そうした中で、ツィプラス政権はいかに対応したか。

(四) ツィプラス政権の抵抗

(イ) ギリシャ政府の改革プラン

ギリシャは、七二億ユーロの支援を受けてデフォールトを避けるために一連の経済改革プランを提示し、その承認を債権団からえなければならない。ところが実際には、ギリシャのプランと債権団の要求の間に依然として大きなギャップが存在した。表5-5は、両者の内容を比較したものである。まずプライマリー収支の黒字目標について見ると、両者とも二〇一八年に同じ目標値を設定している。しかし、そこまでのプロセスで、ギリシャは債権団よりもより低い値を予定する。この黒字目標は、他の政策のねらいを最終的に定めるものとして最も重要なものである。

第二にVATについて、ギリシャはEUの中で最低率の国の一つとみなされている。それゆえ欧州委員会はこれまで、ギリシャの広範な税逃避と共に、ある商品や地域が多くの税免除を有する複雑なVATシステムを非難してきた。しかし、ツィプラス政権はVATに関して、そうした批判に応える姿勢を示していない。

第三に年金は、すべての中で最大の争点となる問題である。シリザはこれまで、「一三ヵ月目」の年金ボーナスの復活を約束してきた。それは、一二〇万人以上の人々に相当する低い年金(月額七〇〇ユーロ以下)の受給者に支払われる。しかし、トロイカ、中でもIMFは、これに対して強硬な姿勢を表した。かれらは、年金システムは「赤字ゼロ」に基づくことを強調した。それがシリザの約束を反故にすることは言うまでもない。それゆえツィプラス政権は、早期退職の点で若干譲歩したものの「赤字ゼロ」の方針を見送ったのである。

第四に労働市場についても、とくにＩＭＦは、ギリシャの新政府がこの五年間に合意された改革を後退させていると主張する。新政府は、最低賃金を押し上げて集団交渉力を強めているからである。しかし、この問題については他の債権団が最大の柔軟性を示した。一方ギリシャ側も、集団交渉権はＩＬＯにより認められていると唱えた。

そして第五に民営化について、ギリシャはこれまで、それを大きく推進できなかった。これは、救済プログラムの最大の失敗であった。債権団は、四年前に民営化は五〇〇億ユーロの収入をもたらすと予想した。しかし、最終のプログラムで達成されたのはその半分のみであった。こうした中でシリザは当初、すべての民営化の凍結を誓ったものの、ツィプラス政権は次第にそのスタンスを変えた。かれらは、一定の民営化を受け入れたのである。

このようにして見ると、ツィプラス政権は、トロイカの要求に対する拒絶と譲歩の相異なる姿勢を合わせ持ちながら経済改革プランを提示したことがわかる。その中で、かれらがトロイカに対する全面的な抵抗を表したのが年金改革の部門であった。危機前のギリシャの年金システムは確かに、ＥＵで最も寛大なものとみなされた。銀行のような、ある特定のセクターの年金は最終賃金の一〇〇％以上であったし、公共セクターの労働者は五〇才で退職する権利をえた。これらのことが、ドイツや他の債権国の人々を怒らせたのは疑いない。しかし、ギリシャの年金は現在、これまでと全く異なる様相を表している[76]。主たる年金は二〇一〇年以来、四四～四八％削減された。平均の年金受給額は、月額七〇〇ユーロにまで減少した。ギリシャの年金受給者の約四五％は、月額六六五ユーロ以下である。これは、ギリシャの公的な貧困ライン以下を示す。

このようにギリシャの年金支給が大幅にダウンした中で、救済監視団はさらに「赤字ゼロ」システムを求めた。それは、年金システムに対する財政的補助を終らせると同時に、当システムを二〇六〇年まで持続可能にさせるためであった。ギリシャは、主たる年金と補完的な年金の双方を削減させる圧力をトロイカより受けた。それは、以下の四つの改革を意味した。第一に、最も低い年金受給者に対する毎月の特別年金の廃止、第二に、退職年令の六七才までの引上げ、第三に、働いている母親や危険な仕事に就いている人々によるフルの年金付き早期退職の終結、そして第四に、部門ごとの年金の三つの主ファンドへの合併である。

他方で、ギリシャの年金ファンドが急速に減少したことも事実であった。それは、推計で二五〇億ユーロ失ったと言われる。この分は、二〇一二年の債務再編で完全には埋めることができなかった。しかも、この年金システムへの資金供与は、失業率が二五％以上に上昇したため停滞したままであった。そうした中で、職を失うのを恐れた六万人以上の公共部門の労働者は早期退職を選択したため、年金の支払いが非常に増大したのである。

ギリシャの年金システムはこのようにして、その持続可能性が危ぶまれる状況に達した。しかしツィプラス政権は、年金改革に依然として着手できなかった。それは、公共部門の労働組合による強い反対のためであった。そして多くのシリザの指導者も、組合を支持しながら現行の年金システムを保護した。シリザはそもそも、年金受給者に対してこれ以上の削減がないことを約束して政権を握ったからである。この点で年金の削減は、ツィプラス政権にとって、まさに「越えてはならない一線（レッド・

ライン）」であった。これに対して債権団側は、年金改革は改革の中のキーと考える。両者はいかに歩み寄れるか。ツィプラス政権にとり、この年金改革で妥協を押し進めることが極めて難しいことは間違いなかった。

（ロ）ツィプラスの姿勢の転変

こうした中で、ツィプラス自身は、債権団に対して一貫した姿勢を示すことができなかった。彼は、譲歩と反発の相反する姿勢を交互にくり返しながら交渉に臨んだ。それはまた、ギリシャ内の複雑な抗争を物語っていた。

まず六月早々に、ツィプラスは債権団に対して譲歩する姿勢を表す(77)。彼は、七二億ユーロの支援を受けるのに譲歩が必要と考えた。ところが、そうした姿勢をとることによって、彼はシリザ内の過激派を押え込まねばならなかった。かれらは、欧州とりわけドイツがギリシャを罰していると信じ、債権団に挑戦的な姿勢を露にしたからである(78)。実際にシリザの極左派は、ギリシャはトロイカの案がいかなるものでも拒絶するように警告を発した。かれらは、年金と労働市場の改革に関して、いかなる譲歩も受け入れられないと主張した。この点でかれらは、譲歩を拒まないツィプラスを評価しなかった。

一方ツィプラスは、六月初めのEUリーダーとの会合後、債権団との間で新救済協定に調印することを表明した。しかし、それはシリザ内から激しい抵抗に会って進めることができなかった(79)。シリザの議員は、圧倒的に協定案を拒絶したのである。これにより、ツィプラスのリーダーシップが揺らいだことは言うまでもない。そこで彼が、年金と課税に関する「レッド・ライン」を踏み越えればシリザは分裂しかねない。シリザの経済戦略のチーフであるA・カリヴァス（Kalyvas）は、一層の年金削減、エネルギー価格の上昇、並びに公共部門の仕事の削減を受け入れることはできないと主張する。また、極左派グループ「レッド・ネットワーク」のリーダーであるJ・ミリオス（Milios）は、IMFへの支払いの停止を求めると共に、トロイカによる脅迫の排斥を強く訴えた。さらに「左翼プラットフォーム」のリーダーでエネルギー相のラファザニスは、この新協定がシリザの進めるプラットフォームに従うものではないと断じた。

ツィプラスはこのような事態に、債権団の進める不合理で極端な改革案は受け入れられないとする一方で、可能な妥協の門戸を開くことを約束する。これにより彼は、協定の内容をギリシャの議会で明らかにするように強いられた(80)。そこで債権団の要求の詳細が知らされると、シリザの極左派は激怒したのである。その結果、ギリシャの経済改革案はよりギリシャ寄りとなる。債権団がそれを再び退けたのは当然であった。こうして協定が結ばれるという確信は、六月早々で消えてしまった。

一方、ツィプラス自身は、債権団に歩み寄る姿勢を示した。彼は、ユンケルとの会談後、新たな財政黒字目標を受け入れる(81)。その目標はギリシャが望むものより大きいものの、現行の救済プログラムにおけるものよりは小さかった。さらに彼は、エネルギーに対する課税や年金削減以外のプロジェクトにも合意する。これに対してシリザのメンバーは、このツィプラスの姿勢の変化に激怒し、そうしたプランを拒絶した。これによりギリシャは、財政黒字をより低めるための再交渉を要求する。ユーロ圏の当局者は、このギリシャの方針転換に失望し、ユンケルはツィプラスの裏切りに怒りの声を上げた。

他方でIMFは、不安感を一層増していく。欧州サイドがギリシャの累積債務問題を深刻に議論しないことに対し、IMFはフラストレーションを高めた。IMFの計算によれば、ギリシャ経済を持続可能とするためには、少なくとも既存の債務の満期延長を必要とする。しかし欧州当局は、それすら論じようとしない。ではギリシャの方は万全かと言えばそうではない。ギリシャ政府が、協定を結ばないときのプランBを持っているかは疑わしい。もしそうであれば、かれらはディフォールトに対して立ち向かうことができない。

こうした状況の下で、ツィプラスはもはや瀬戸際政策を続ける訳にはいかなかった。と言って彼は、市民と約束した以上、Ｇｒｅｘｉｔの切り札を使うこともできない。彼はまた、新たな救済協定をすんなりと受け入れることもできない。ギリシャの人々は、ノー・モア緊縮という指令を彼にはっきりと送っていたからである。さらにより問題となるのは、ツィプラス政権の主導的閣僚の多くがラダイト（根本的反対論者）であるという点であろう。このようにツィプラスは、六月に入ってほとんど八方ふさがりの状態に陥った。彼はその中で、荒っぽい緊縮策を含めた新救済協定を受け入れるか否かの厳しい選択を迫られたのである。

ツィプラスは六月半ばに、協定を結ぶために妥協する意向を示した。彼はこの点について次のように述べる。「もし我々が、実行可能な協定をえられるのであれば、妥協がどれほどきついものであったとしても、我々の唯一のねらいが危機と屈辱（救済）からの脱出である以上、それを我慢するであろう(82)」。ここで一つの大きな疑問がわいてくる。妥協に伴う厳しい緊縮策を我慢するのはギリシャ市民である。それをツィプラスが代弁できるであろうか。彼がギリシャで依然として高い人気を誇っていたのは、彼がトロイカに対して反緊縮の強硬姿勢を保つと信じられたからに他ならない。そこで、もしツィプラスがその路線から離れれば、彼を支持した市民は失望するに違いない。

このようにして見ると、ＦＴ紙の記者ミュンショーが鋭く指摘したように、ツィプラスのメイン・

ゴールは政権の座に留まること、と思われても仕方ない[83]。さらにミュンショーは、トロイカのプログラムを受け入れることは、ギリシャにとってもツィプラスにとっても自殺行為であると主張する。債権団の要求する財政調整を行えば、それはギリシャの成長率に大きな影響を与えると同時に、その債務比率は対GDP比で二〇〇％に近づくと推計される。これによってギリシャは、その市民社会と民主主義を崩壊させてしまうかもしれないのである。

以上に見られるように、ツィプラスの姿勢は実に転変した。それはまた、ギリシャと債権団の交渉の難航を如実に物語っていた。彼の抵抗と妥協の間を行き来する言動によって、両者の間の信頼関係はますます稀薄になった。この信頼感の欠如は、リーダーの間でも見られた。ユンケル委員長は、ツィプラスに置いた信頼は報われなかったと語るし、ラガルド総裁も、ツィプラスのIMF批判に不快感を露にした[84]。他方でギリシャ側も、自分達のアイデアが全く受け入れられなかったとして債権団の姿勢を非難したのである。

このようにしてギリシャと債権団は、ギリシャのディフォールトのタイム・リミットが迫った六月に入っても合意の糸口を見出すことができなかった。そこでの最大の争点は二つであった。一つは年金改革であり、もう一つはVATの増大である[85]。年金改革について、債権団はギリシャに年金の削減と早期退職の廃止を求めたのに対し、ツィプラス政権はこれを拒絶した。またVATに関しても、債権団はその一律の引上げと島の税免除の廃止を要求したのに対し、ギリシャ政府は法人税の引上げによって税収不足をカヴァーするとした。

両者の交渉の難航が続いた結果、欧州債権団はついに、六月末（二七日）にギリシャとの協定合意を断念する[86]。債権団は最終的に「受け入れるか、あるいは拒絶するか」の選択を迫ったのに対し、ギリシャは、そうした最後通牒に脅かされないことを表明した。その際にメルケルは、ツィプラスに債権団のオファーを受け入れることを懇願したと言われる。ただし彼女は、両者を仲立ちするための介入をしないことも明らかにした(87)。一方ツィプラスは、EUサミットの場で、債権団のプランが、ギリシャの選挙における民主主義的指令を無視するものであることをくり返し主張し、かれらのオファーを拒否したのである。

五　おわりに

以上、我々は、ツィプラス政権と債権団＝トロイカの金融支援交渉をめぐる様々な問題について検討を重ねてきた。それにより、そうした交渉が、両者の満足する形で合意に達することは極めて難しいことがよくわかった。実際にそれは、二〇一五年六月末に決裂したのである。そこには、交渉の仕方に関するテクニカルな問題と同時に、交渉の基本的姿勢という本質的な問題が横たわっていたと言わねばならない。

交渉の仕方については、参加するアクターの問題がある。今回、交渉のプロセスで非常に大きな役割を演じたのは、実は欧州の政治家ではなくテクノクラートであった(88)。かれらは、基本的に細かなテクニカルな事に拘泥してしまい、大きなパースペクティヴを示すことができない。例えば、この点は、かれらがギリシャのプライマリー収支の黒字幅を対GDP比で何％にするかにこだわった点に端的に現れている。他方でかれらは、そうしたプライマリー収支の黒字化というプロジェクトそのものの正当性を一切問わない。このプロジェクトが、数値の設定を超えてはるかに大きな問題を引き起こすことに、かれらは全く関心を示さないのである。両者の間の経済外交はまさに、そうしたテクノクラート主導のテクニカルな話に終始した。そこでは、ギリシャをユーロ圏内に留めて繁栄させるにはどうすればよいかという視点は初めから欠落していたのである。

一方、より本質的な問題は、とくに債権団側の問題として現れた。かれらはまず、ギリシャの公的債務が持続不可能なことを決して認めない。他方でかれらは、ギリシャは誠実な経済改革案を提出しないと主張する。しかし、そうした改革案はそもそも、債権団の緊縮要求が異常なレヴェルに達しているがゆえに示されたものである。このことをかれらは理解しようとしない。

このような見方に対し、全く逆にギリシャを責める論者もいる。つねにEUに批判的なFT紙の記者ラフマンもその一人である。彼は、ギリシャの交渉戦略はだましのゲームを展開しているとして、かれらを厳しく糾弾する(89)。そこでは、ギリシャは欧州の要求する緊縮に反対できるはずがないのに、依然として欧州に勝てると信じているとみなされる。この見方は妥当であろうか。そもそも欧州の緊縮要求そのものに根本的問題があるのに、それはさておいて、ギリシャが金融支援を受ける条件としてそうした要求を受け入れるべきとする考えは、問題の核心を完全に外していると言わねばならない。

では、ギリシャと債権団の交渉が最終的に決裂したことは、欧州にいかなる影響を及ぼすであろうか。最大の問題は、それが欧州に対して長期的な政治的ダメージを与えたことである(90)。どうしてユーロ圏は、この五年間にわたる救済プログラムの中でギリシャ危機を終らせることができなかったのか。まずはこの点が問われるに違いない。その間にかれらが危機を解決できる国として最も頼ってきたのは、言うまでもなくドイツである。そうだとすれば、ドイツ自身に対する国際的信用が著しく低下することは否定できない。

他方で、金融支援交渉の決裂によってＧｒｅｘｉｔ問題が表面化したことも、欧州に大きくて深い問題を投げかけた。ユーロ圏がＧｒｅｘｉｔの可能性を認めた上で自分達がそれに耐えられることを表明することは何を意味するのか。この点こそが問われるのである。ギリシャという弱者を救済するのではなくて排斥することは、他の弱小国に大きな脅威を与えるであろう。同時にそのことは、欧州をこれまで支えてきた連帯スピリットの消滅を示すに違いない。これは、欧州統合のヴェクトルを逆向きにさせることにより、欧州に対する国際的信用を失墜させるであろう。ギリシャと欧州は、一体いかなる方向を目指すべきか。次に課題となるのは、まさにこの点にこそある。

【注】

（1）Barber, T., “Greek finance minister unveils bid to end stand-off with creditors”, *FT*, 3, February, 2015.

（2）Moore, E., “Greek plan depends on creditors accepting sacrifices”, *FT*, 4, February, 2015.

（3）Wagstyl, S., “Brief encounter in Berlin leaves the main actors as far apart as before”, *FT*, 6, February, 2015.

（4）Entretien avec M. Varoufakis, “ M. Varoufakis ‘ On doit arrêter d’imiter Sisyphe”, *Le Monde*, 7, février, 2015.

（5）Giugliano, F., “Game theory in practice, Varoufakis’s strategic thinking put to the test”, *FT* 14/15, February, 2015.

（6）FT, Editorial, “Athens plots a daring escape from the troika”, *FT*, 3, February, 2015.

（7）Emmott, B., “Greece risks repeating the mistakes of Little Britain”, *FT*, 10, February, 2015.

（8）Hope, K., “Uncertainty grows over privatization schemes”, *FT*, 5, February, 2015.

（9）Guillot, A., “De la difficulté de collecter l’impôt en Grèce”, *Le Monde*, 7, février, 2015.

（10）Wagstyle, S., “Greek head into Schäuble showdown”, *FT*, 5, February, 2015. Wagstyle, S., “ Schäuble sets stage for showdown with Athens”, *FT*, 20, February, 2015.

（11）Wagstyle, S., Spiegel, P., & Moore, E., “Merkel signals tough line on Greek talks”, *FT*, 10, February, 2015.
（12）Jürgen, S., “German prudence is not to blame for the eurozone’s ills”, *FT*, 12, February, 2015.
（13）Vasager, J., “German MPs told to be tough on Athens”, *FT*, 26, February, 2015.
（14）Spiegel, P., “ECB ‘s ‘hardball’ stance threatens to leave Greece without funding”, *FT*, 4, February, 2015.
（15）Jones, C., & Giugliano, F., “ECB split on move to cancel Greek waiver”, *FT*, 6, February, 2015.
（16）Sinn, H-W., “Impose capital controls in Greece or repeat the costly mistake of Cyprus”, *FT*, 17, February, 2015.
（17）Jones, C., “ECB weighs pulling plug on Greek banks”, *FT*, 18, February, 2015.
（18）Barker, A., & Hope, K., “Bankers cross fingers for political accord”, *FT*, 19, February, 2015.
（19）FT, Editorial, “The ECB is right to take a back seat on Greece”, *FT*, 6, February, 2015.
（20）Spiegel, P., “Athens lacks wiggle room as wrangling rumbles on”, *FT*, 23, February, 2015.
（21）Ducourtieux, C., “La Grèce de Tsipras se plie aux exigences de Bruxelles”, *Le Monde*, 25, février, 2015.
（22）Spiegel, P., & Hope, K., “Greece races to meet deadline as dissent over deal grows” , *FT*, 23, February, 2015.
（23）Barker, A., & Hope, K., “ ‘Aegina gang’ holds key to Greece’s eurozone crisis”, *FT*, 22, February, 2015.
（24）Vasagar, J., “Germany votes to extend Greek bailout”, *FT*, 28, February/1, March, 2015.
（25）Donnan, S., “Lagarde shows tough love to Athens”, *FT*, 27, February, 2015.
（26）Spiegel, P., “How eurogroup chiet sealed the deal with Greece”, *FT*, 2, March, 2015.
（27）Ducourtieux, C., et Guillot, A., “Varoufakis, la <rockstar> qui agace Bruxelles”, *Le Monde*, 12, mai, 2015.
（28）Ducourtieux, C., & Guillot, A., “Varoufakis écarté des négociations avec l’Europe”, *Le Monde*, 29, avril, 2015.
（29）Hope, K., & Spiegel, P., “Out spoken Varoufakis sidelined as investors welcome Athens shake-up”, *FT*, 28, April, 2015.
（30）El-Erian, M., “Missteps and miscalculations that could cost Greece the euro”, *FT*, 26, March, 2015.
（31）Ducourtieux, C., “Grèce : il y a urgence à trouver au compromis”, *Le Monde*, 24, mars, 2015.
（32）Ducourtieux, C., & Guillot, A., “La Grèce en mal d’union face à ses créanciers”, *Le Monde*, 1, avril, 2015.

(33) Hope, K., "Tsipras wins party approval for bailout deal" , *FT*, 26, May, 2015.
(34) Ducourtieux, C., & Guillot, A., "Le recours à un referendum en Grèce fait son chemin", *Le Monde*, 19, mai, 2015.
(35) Palaiologos, Y., "Syriza must let markets and meritocracy rule", *FT*, 13, May, 2015.
(36) Hope, K., Wagstyl, S., & Spiegel, P., "Athens riles Berlin with war cash claim" , *FT*, 12, March, 2015. Negreponti-Delivanis, M., "Le cycle du désastre de la Grèce s'achève" , in Lafay, G., dir., *Grèce et euro : quel avenir ?*, L'Harmattan, 2015, p.124.
(37) Vasagar, J., & Spiegel, P., "Merkel under pressure after bailout rebel quits", *FT*, 1, April, 2015.
(38) Wagstyl, S., "Berlin toughens its stance towards Greece", *FT*, 17, April, 2015.
(39) Donnan, S., & Fleming, S., " Greece urged to bring reforms to 'fruition' ", *FT*, 20, April, 2015.
(40) Spiegel, P., " IMF takes hard line on aid as Greek surplus turns to deficit ", *FT*, 5, May, 2015.
(41) Spiegel, P., " Greek hopes dashed over disputed funds ", *FT*, 26, March, 2015.
(42) Barber, T., & Hope, K., " Decision time ", *FT*, 18 April/19 April, 2015.
(43) Münchau, W., " The simple core of the Grexit and Brexit conundrum ", *FT*, 18, May, 2015.
(44) Hope, K., " Greece warns bailout deal needed to avoid IMF repayment default ", *FT*, 25, May, 2015.
(45) Jones, C., & Wagstyl, S., & Hope, K., " Lew calls for deal in Greece talks ", *FT*, 30 May/ 31 May, 2015.
(46) Robinson, D., & Spiegel, P., " Greek exit is no threat to single currency ", *FT*, 17, March, 2015.
(47) Moore, E., & Levin, J., " Asset purchases banish worst fears about 'Grexit' ", *FT*, 30, March, 2015.
(48) FT, Editorial, " Greek exit from the euro is not a risk worth taking ", *FT*, 18, March, 2015. Do., " Greece slides towards the single currency trap door ", *FT*, 21, March, 2015.
(49) Wolf, M., " A mishap should not seal Greece's fate ", *FT*, 1, April, 2015.
(50) Giugliano, F., " Spectre of Grexit returns as repayment looms ", *FT*, 8, April, 2015.
(51) Rachman, G., " Grexit may be the best end for a bad marriage ", *FT*, 5, May, 2015.
(52) Hope, K., & Spiegel, P., " Greece to withhold €300m loan repayment in show of defiance ", *FT*, 5, June, 2015.

(53) Spiegel, P., " No deal today means little to discuss tomorrow ", *FT*, 18, June, 2015.
(54) Giugliano, F., " Fears highten over solvency of Greek banks ", *FT*, 20/June.21/June, 2015.
(55) *ibid.*
(56) Spiegel, P., & Hope, K., " Greek central bank tells politicians to do a deal or face 'uncontrollable crisis' ", *FT*, 18, June, 2015.
(57) Johnson, M., " Regulator fines hedge funds over short selling ", *FT*, 19, June, 2015.
(58) Spiegel, P., Hope, K., & Moore E., " Creditors make emergency plans as Greek defiance spurs bond turmoil ", *FT*, 17, June, 2015.
(59) Giugliano, F., "Athens draws ever closer to capital controls", *FT*, 15, June, 2015.
(60) FT, Editorial, "Greece takes one more step towards euro exit", *FT*, 6, June, 2015.
(61) FT, Editorial, "The time has come for Tsipras to accept Europe's deal", *FT*, 19, June, 2015.
(62) Hope, K., & Wagstyl, S., "Greece cannot accept 'take it or leave it' deal from Europe, says Syriza hard left ", *FT*, 3, june, 2015.
(63) Spiegel, P., & Hope, K., "Greek creditors to push Athens for accord on new rescue", *FT*, 3, June, 2015.
(64) Spiegel, P., "Junker rebukes Tsipras over bailout snub ", *FT*, 8, June, 2015.
(65) Wagstyl, S., "Merkel comes under rising pressure to break Athens intransigence", *FT*, 8, June, 2015.
(66) Spiegel, P., & Hope, K., "Greeks walk out of 11th-hour bailout talks", *FT*, 15, June, 2015.
(67) Stephens, P., "An offer that Greece should not refuse", *FT*, 5, June, 2015.
(68) Stephens, P., "Merkel's one big reason to hold on to Greece", *FT*, 19, June, 2015.
(69) Wagstyl, S., "Showdown exposes Merkel rift with Schäuble", *FT*, 18, June, 2015.
(70) Jones, C., "Draghi tries to stay above the fray", *FT*, 16, June, 2015.
(71) Jones, C., Hope, K., & Spiegel, P., "ECB throws Greece brief lifeline as weekly bank withdrawals hit €5bn", *FT*, 20, June/ 21, June, 2015.

(72) Jones, C., Hope, K., & Foy, H., "ECB grants banks reprieve for one day", *FT*, 23, June, 2015.

(73) Donnan, S., & Spiegel, P., "IMF fears default and consequances for its reputation", *FT*, 16, June, 2015.

(74) Donnan, S., & Spiegel, P., "Debt woes mean Greeks likely to rely on outside help for years", *FT*, 23, June, 2015.

(75) Charrel, M., Chastand, J-B., Gatinois, C., & Guélaud, C., "Une crise des scénarios", *Le Monde*, 23, juin, 2015.

(76) Hope, K., "Athens holds out on pentions reform", *FT*, 5, June, 2015.

(77) Spiegel, P., & Hope, K., "Tsipras bullish ahead of meeting with creditors", *FT*, 4, June, 2015.

(78) Stephens, P., "An offer that Greece should not refuse", *FT*, 5, June, 2015. Hope, K., & Wagstyl, S., "Greece cannot accept 'take it or leave it ' deal from Europe, says Syriza hard left", *FT*, 3, June, 2015.

(79) Hope, K., "Tsipras grounded by Syriza dissent ", *FT*, 5, June, 2015.

(80) Hope, K., Spiegel, P., & Atkins, R., "Tsipras dismisses 'absurd' creditors' offer ", *FT*, 6 June/ 7 June, 2015.

(81) Spiegel, P., Donnan, S., & Hope, K., "IMF quits Greece talks amid 'air of unreality' ", *FT*, 12, June, 2015.

(82) Spiegel, P., & Hope, K., "Greeks walk out of 11th-hour bailout talks", *FT*, 15, June, 2015.

(83) Münchau, W., "Two dismal plans for Greece", *FT*, 8, June, 2015. Do., "Greece has nothing to lose by saying no to creditors", *FT*, 15, June, 2015.

(84) Spiegel, P., "Resentment and collapse of trust make last-ditch deal more difficult", *FT*, 20 June/21 June, 2015. Ducourtieux, C., Gatinois, C., Lemaître, F., et Salles, A., "Cinq ans de guerre des nerfs" , *Le Monde*, 24, juin, 2015.

(85) Spiegel, P., "Cautions welcome for Athens reform proposal", *FT*, 23, June, 2015.

(86) Spiegel, P., Chassany, A-S., & Wagstyl, S., "Athens handed ultimatum as EU leaders ready 'plan B' ", *FT*, 26, 2015.

(87) Wagstyl, S., Spiegel, P., & Hope, K., "Tsipras spurns Merkel plea to accept bailout offer", *FT*, 27 June/ 28 June, 2015.

(88) Münchau, W., "Two dismal plans for Greece", *FT*, 8, June, 2015.

(89) Rachman, G., "Four games the Greeks may be playing", *FT*, 16, June, 2015.

(90) Fratzsher, M., "A failed euro would define Merkel's legacy", *FT*, 30, June, 2015.

第六章　ギリシャにおけるレファレンダムと第三次金融支援

一　はじめに

ツィプラス政権は、債権団との金融支援交渉が決裂すると直ちに、かれらの要求した緊縮策を軸とする経済改革案に対して国民の意思を問うレファレンダムを行った。果して、このレファレンダムによってギリシャは債務危機から脱け出る機会をえたであろうか。

ギリシャのマセドニア大学元教授のネグレポンティ－デリヴァニスは、今日のギリシャ社会の惨状を訴え、その解消を緊急に求める中で、レファレンダムはギリシャをトロイカから救えるかという問いをツィプラスのレファレンダム宣言の前に発していた(1)。この点について、彼女は悲観的な見方を表す。レファレンダムは、トロイカとその支援を受ける政府との間の闘いを意味する。そこでは、政府はつねにトロイカの小さな生徒として扱われ、満足のいくように宿題を行わないとひどく責められる。それゆえ政府は、支援を懇願するために、トロイカの仕方が誤っていることを認識しつつも、かれらに対して思い切った対応を示すことができない。結果として政府は、将来一層トロイカに従わざるをえなくなる。彼女はこのように結論づける。

そこで問われるのは、ツィプラス政権がこうした考えを覆えし、反緊縮に基づく社会変革に乗り出すことができたかどうかという点であろう。結論を先取りすれば、答は否であった。それどころか、ネグレポンティ-デリヴァニスが予見した以上に、ギリシャ新政府はトロイカに従属する羽目に陥ったのである。なぜそうなってしまったのか。またそのことは、ギリシャにとっても欧州にとっても何を意味するのか。本章の目的は、二〇一五年七月初めに行われたギリシャのレファレンダムとその後のトロイカとの新金融支援交渉が行われた過程を詳細に追いながら、それらの点について検討することにある。そうすることによって筆者は、現在のギリシャと欧州が抱える根本的問題を解消するための糸口を探ることにしたい。

二　レファレンダムの決定

(一)　レファレンダムの告知

ツィプラスは、債権団との交渉が決裂する前日（六月二六日）に、かれらの緊縮策に基づく改革案を受け入れるかどうかを国民に問うこと（レファレンダム）を告知した(2)。

このレファレンダム宣言はまさしく、トロイカに対する民主主義的抵抗を意味した。ツィプラス政権は、ギリシャに対する緊縮策の正当性を問い資すことでトロイカへの挑戦を試みたのである。ギリシャは以前にも、G・パパンドレウ政権のときにそうしたレファレンダムを行おうとしたものの、それは債権団、中でもドイツとフランスによって却下された。この点で、今回のレファレンダムの決定は画期的であったと言ってよい。さらに注目すべき点は、ツィプラスがレファレンダムの告知と同時に、ギリシャ市民に対して「ノー」の投票を呼びかけたことである(3)。このことはまた、ツィプラス政権の反緊縮という基本的姿勢をストレートに打ち出すものであった。

ところで、このギリシャ政府による突如のレファレンダム宣言は、他の欧州政府に極めて大きなインパクトを与えた。これにより、欧州の一部では、Ｇｒｅｘｉｔの可能性が強まると見られたのである。一方、市場の側も鋭く反応した。レファレンダムの告知後に、すべての証券市場で価格が崩落した。ニューヨーク連銀総裁のW・ダドレイ（Dudley）は、ギリシャのリスクは巨大な手に負えないカードであり、市場の反応は、我々が認識する以上に大きいかもしれないとみなす(4)。もちろん、ＩＭＦへの未払いが支払の遅延と判断される限り、それが直ちにディフォールトを示す訳ではない。実際に、格付け会社もギリシャをそのように見ることはなかった。しかし多くのエコノミストは、支払いの事故としてギリシャの市場をカオスと捉えたのである。

そうした中でギリシャ政府は、レファレンダムの告知後直ちに資本コントロールを課した。六月二八日に、銀行と証券市場を七月六日まで一時的に閉鎖することが宣言されたのである。同時に政府は、預金の安全性は保証されることを通知した。具体的には、銀行による海外への資金トランスファー、かつまた自動引出し機からの預金引出しが制限された。後者については、一日当りかつまた一人当りの預金引出しが六〇ユーロに制限された。それは、銀行の支払い可能性が脅されるのを防ぐためであった。また、小切手の現金化も停止されると共に定期預金も封鎖された(5)。

こうした資本コントロールは、確かにギリシャの銀行取付け騒ぎを防ぐために必要な措置であった。しかし、そのギリシャ経済に及ぼす影響は非常に大きかった。とくに、すでにクレディット・クランチの被害を受けていた中小企業は、一層苦しむ羽目に陥った。ギリシャにおける中小企業の役割の大きさを考えると、資本コントロールがより厳しくなればなるほど、ギリシャの経済復興が遠のくリスクもより大きくなる、と言ってよいであろう。

(二) レファレンダム告知をめぐる諸問題

ところで、ツィプラスによる突然のレファレンダム告知について、様々な問題が潜むとする指摘が相次いで現れた(6)。今回のレファレンダムで求められる答は、次の問い、すなわち「六月二五日のユーログループで合意されたトロイカによる草案を受け入れるべきか」という問いに対するものである(7)。その際の草案の主たる部分は、「現行のプログラムとそれを超えて完成させる改革」から成る。そこで最大の問題となる点は、ギリシャの人々が投票で求められているオファーが、もはや話し合いのテーブルにはないという点である。レファレンダムで是非が問われる救済プログラムは、六月三〇日の真夜中にすでに消失している。それゆえ、現に存在しない提案に投票することは非現実的ではないかとみなされた。

また、今回のレファレンダムには、ギリシャの憲法上の問題があることも法曹会から指摘された(8)。それは、財政政策と財政問題を問うレファレンダムを禁じるギリシャの憲法に違反するというものであった。しかし、ギリシャは憲法裁判所を持っていないため、政府は裁判官の要求に応えるつもりがない。そこで法学者は、性急な投票が憲法を犯すかどうかを議論すべきであると唱えた。

一方、このレファレンダムについては、投票の行為をめぐるテクニカルな問題もある。それは、今回の実際の投票者数が確実に少なくなるという点である。町に住んでいるものの、他の村や島に住民登録を行っている有権者は、現地に行くことが困難になる。ギリシャで資本コントロールが行われているため、住民にとって資金不足の問題が生じているからである。

さらに、今回のレファレンダム告知に対して、より本質的で一層大きな問題も出現した。それは、欧州債権団がギリシャ人の投票に対して圧力をかけようとしたことである。まずかれらは、ギリシャに対する救済プログラムを、レファレンダムを超えて五日間延長することを拒絶した。このことは、レファレンダムの結果次第で救済を見直すことを暗に示すブラックメールを意味した。次いでメルケル、オランド、並びにユンケルの三人のリーダーは、ツィプラスの「ノー」の呼びかけに対していかに応じるかを協議する(9)。ユーロ圏のリーダーがギリシャ政治に介入する姿勢を示したことは、今回が初めてではない。先に示したように、すでにかれらは、二〇一一年にドイツとフランスが共謀してギリシャのレファレンダムを阻止したし、また二〇一四年の総選挙のときに反シリザのキャンペーンを積極的に行った。そして今度も欧州のリーダーは、介入は必要であり、それによってギリシャの有権者が問題の所在をはっきり理解できると信じたのである。こうして欧州のリーダーはギリシャに対し、レファレンダムはユーロ圏のメンバーシップに関するものであると警告した。「ノー」の投票は、ギリシャをユーロ圏から去らせる。「ノー」は欧州に対する「ノー」を意味する。そして「ノー」は悲惨な経済的諸結果を生む。かれらはこのように強調した。これこそまさに、欧州債権団のギリシャの政府と市民に対する直接的なブラックメール以外の何ものでもなかった。また、ここで留意すべき点は、本来ギリシャを基本的にサポートし、南欧の盟主として位置付けられるべきはずのフランスでさえも、「イエス」の投票を呼びかけた点である。オランドは、レファレンダムはギリシャがユーロ圏に留まりたいかどうかを決定するものであり、ユーロ圏離脱の責任はかれらにこそあると主張した。

このように欧州債権団は、ギリシャのレファレンダムがユーロ圏離脱に対する賛否を問うものと捉えた上で、市民の「ノー」の投票に圧力をかけた。しかしギリシャ側は、事態を全く異なるように見る。かれらは、レファレンダムはあくまで、欧州債権団がオファーする最終的条件に関するものであって、それはユーロ圏のメンバーシップに関するものでは決してないとみなす。この両者の食違いは、その後に大きな問題を残すことになる。

一方、欧州債権団の側も必ずしも意見が一致していた訳ではなかった。メルケルは、ユンケルと対照的に慎重な姿勢を表した。彼女は、ドイツの「イエス」の投票に対する要求、あるいはツィプラスに対する猛攻撃は生産的でないと述べる。この時点でメルケルは、ギリシャを手放すつもりはなかった。この点で、これまでギリシャを擁護してきた副首相のガブリエルの方が、むしろＧｒｅｘｉｔの容認に傾いていた。彼は、「ノー」の投票はギリシャがユーロ圏をから離れることを意味するとみなした。ＳＰＤ党首のそうした発言は、ここにきて欧州の左派政党による連帯が崩されたことを物語っていた。ＳＰＤも、一つのポピュリスト党に転化してしまったのである。

他方で、ギリシャの有権者は当然に、以上に見たようなＥＵの他国の国内政治への介入に非常な憤りの気持を表した。かれらの怒りは、ギリシャ内での「ノー」キャンペーンに結実する。

三　レファレンダムのキャンペーン

（一）「ノー」のキャンペーンの展開

ツィプラスは先に見たように、レファレンダムに際して市民に「ノー」の投票を訴えた。それが、ギリシャの債権団に対する交渉力を強めると考えられたからである。その際の交渉は、これまでの財政支出の削減を要求する緊縮策の終焉を示す。この彼の見解に若者は鋭く反応した。反緊縮の怒りの声を上げげた若者の集団は、「ノー」のキャンペーンをリードしたのである。

シリザの若い運動家は、「我々のメッセージは、緊縮対民主主義について」であることを力説した(10)。かれらは、「ノー」をネガティヴな言葉からポジティヴな言葉に転換させた。それは、ギリシャの威信と民主主義の復活を意味した。シリザの若者党員はまさしく、緊縮に対する「ノー」をギリシャのトロイカに対するレジスタンスのシンボルとみなしたのである。

他方で、シリザの党員の一部は、この「ノー」のキャンペーンが一種の階級闘争であることを強調した。なぜなら、「イエス」の投票は、より一層の緊縮と現状維持をよしとするもので、これは、ブルジョアと上流階級が欲するものだからである。その代表が、悪名高い寡頭支配者であり、また信頼のおけない政治家達であった。これに対し、「ノー」を支持する若者は、これと全く逆の立場にある。例えばある若者は、一日九時間働いてもたった三五〇ユーロの月給しかえられないと言われる。これではかれらが、我々は失うものは何もないと言うのも当然であろう。

ただし、ここで銘記すべき重要な点がある。それは、「ノー」のキャンペーンを展開する若者達が、ユーロ圏を離れる意思を全く持っていないという点である。かれらは、ユーロと旧ギリシャ通貨であるドラクマとの選択の問題について語るつもりがない。この点でかれらは、ツィプラスと同じ視点に立つ。こうした姿勢に対し、それがうわべのパラドックスであり、ユーロ圏残留をめぐる脅威の問題をもみ消しているという批判がある。そうした批判は妥当であろうか。「ノー」のキャンペーンを行うギリシャの若者達が意図することは、確かにユーロ圏に留まることを前提とした体制内変革である。しかし、それは決して身勝手な要求ではない。実は、そのような変革を強く求めさせる社会的要因がギリシャにある。第二章で見たように、ギリシャはまさに劣悪な社会と化していた。若者の異常に高い失業率は、そのことを象徴的に物語っている。

実はEUも、このレファレンダムの直前に、「ギリシャの若者政策」と題した報告書を刊行し、こうした事態に対処する構えを表した。かれらは、若者の雇用危機がEUの政治的アジェンダのトップに位置付けられることを認め、EUの若者戦略を打ち出す(11)。その中でEUは、若い人々に対し、教育や労働市場でより多くの、そして等しい機会を与えることを訴える。しかし、そこには具体的な方法は何も示されていない。ましてや、そのための補助金やファンドなどの資金については一切語られていない。そこでEUは結局、そうした改革の主たる責任は国民的レヴェルにあることを唱えるに止める。さらに由々しきことは、EUが仕事を求める若者に対し、EU内での移動を勧めている点である。それは、エラスムス・プログラムの一環とみなされる。

これで以てギリシャの若者の心は動かされるであろうか。EUは一方で、ギリシャに対してあれほど厳しい緊縮策を課しておきながら、他方では若者の雇用増に対する責任をギリシャ自身に押し付ける。しかし、ギリシャにそのための資金がもはやないのは明らかではないか。しかもかれらは、失業している若者に対し、ギリシャから離れて仕事を提供できる国に移るように説く。こうしたEUの方針は基本的に矛盾しているばかりでなく、あまりに無責任であると言わねばならない。そこには、この若者を悲惨な事態に追い込んだのがEUの緊縮策であることの認識は全く見られない。これでは、一体何のためにそうした報告書をレファレンダム直前に出したのかが問われるであろう。なぜなら、ギリシャの若者は反緊縮を強く訴えているからである。

（二）社会問題の悪化

シリザをサポートしたギリシャの人々は、ツィプラス政権の成立によって経済・社会問題が一挙に解消されることを期待した。しかし、現実はそれほど甘くなかった。その後も経済の状況が改善されることはなかったのである。副首相のドラガサキスは、ギリシャ経済の状態は一九三〇年代のそれより悪く、これまでの調整プログラムによって一層悪化したことをFT紙上で訴えている(12)。継続的な緊縮策がGDPを縮小させ、それによって債務管理の力学が働かなくなった。それゆえ債権団に求めることは、ギリシャをそうした悪循環のワナから脱け出させることにある。実は欧州も、ギリシャ経済の劇的な悪化を予想していた。それにより、公的債務のレヴェルが再び上昇するとみなされたのである(13)。

このような中で、ギリシャは社会保障ファンドが枯渇する事態を迎える(14)。そこで年金と公務員の給与の支払いが問題視された。この点についてツィプラスは、ル・モンド紙に長い論稿を寄せ、ギリシャ社会の危機を訴えた(15)。彼は、そうした社会保障ファンドの喪失に対して、前政権と共にトロイカが責任を負うべきことを強調する。それゆえツィプラスは、債権団の要求に譲歩しないことを誓う。それは、イデオロギー上の頑固さではなく、民主主義の問題に関連する。彼はこのように唱えた。

では、ツィプラス政権の下で、つねに社会的支出が優先されたかと言うと必ずしもそうではなかった。我々がここで注意すべき点は、軍事支出が社会的支出を犠牲にして増大したことである。ギリシャの新政府は、発足後まもなくして多額の軍事支出を行う羽目に陥る。連立与党である独立ギリシャ人党の党首で防衛相のカメノスは、ギリシャの海洋監視を強化するために米国製軍用偵察機の購入を要望した。これは、何と二〇〇六年以来最大の軍需品調達を示すもので、それはプロト・テーマ（Proto Thema）紙により暴露された(16)。ツィプラスは、その要求を承認する一方で、反貧困プロジェクトのファンドを大幅に削減したのである。このことはまた、連立与党の抱える矛盾を露呈するものであった。

ところで、ここでさらに気をつけておくべきことは、ギリシャでは軍部が依然として強いナショナリズムにより支えられているという点である。軍事支出は確かに、救済と引換えに一旦減少したものの、二〇一四年以降に、前首相サマラスにより監視強化の名目で増大した。ツィプラスも、その方針を基本的に認める。現金の枯渇したギリシャ政府にとって、軍事支出の増大は当然に他の支出の減少を意味した。社会的支出もその犠牲になったのである。この点は言うまでもなく、シリザ内の極左派によって強く批判された。社会危機が厳しさを迎える中で、過去最大規模の防衛プログラムの意義が問われた。社会的支出よりも軍事支出を優先する姿勢に、ギリシャ新政府の政策スタンスの混乱ぶりと矛盾をはっきりと見ることができる。公共支出のそうした割当て問題はまさに、ギリシャの社会的保護体制を揺がした。それは、政府が公共医療サーヴィスの財源にまで手を付けたことに端的に現れていた(17)。

他方でツィプラス政権は、地方自治体との対立をも生み出した。地方自治体は、中央政府によるさらなるファンディングを拒絶したからである(18)。それはまた、コスト削減プランに抵抗する労働組合によっても粉砕された。実際に、これまで地方政府は、逆に中央政府からのファンディングを削減させられてきた。その際の資金は、地方の貧困と社会的編入のプログラムに融資するためであった。そこでは、ギリシャの社会的保護に果す地方自治体の役割が無視された。ツィプラス政権の下で、その役割が復活するどころか、中央政府は現金の枯渇をカヴァーするために、地方政府に対して移転された資金を取り戻そうとしたのである。このことは、シリザの掲げた基本方針と明らかに逆行するものであった。

ツィプラスは先に見たル・モンド紙への投稿の中で、ギリシャの問題は欧州統合の将来に関する戦略の中心になることを強調した。彼はそこで、欧州は現在、人々の平等と連帯の中で統合を深化させるか、あるいは分裂を導くかの分岐点にあり、後者の方向に向かってはならないと訴えた。ところが実際には、そうした発言とは裏腹に、ツィプラスはギリシャ社会の危機を克服するための政策を積極的に打ち出すことがなかった。否、それどころか彼は、社会的支出の一定の削減を容認したのである。

このようにして見ると、急進左派政権として社会変革を第一に掲げたツィプラス政権は、実際にはファンド不足と連立与党内の政治事情の下で社会的支出を思うように引き上げることができなかった。その結果、ギリシャの社会問題は解消されるどころか、上流階級と労働者階級の間の両極化が一層強められた。レファレンダムに対する両階層の反応の仕方は、それを如実に物語っていた。上流階級の人々が心配するのは、あくまでもかれらのユーロ建て資産であった。かれらにとって、ユーロは繁栄とアイデンティティを象徴している。それゆえ、かれらが現状維持を願うのは当然であった。これに対して労働者階級においては、二〇一〇年以来の一連の救済プログラムによる緊縮策の下で賃金と仕事の機会は激減した。かれらが、反緊縮を意味する「ノー」のキャンペーンを進めたのはそのためであった。

では、そうした「ノー」のキャンペーンはツィプラスの主導の下でスムーズに展開されたであろうか。その成否は、ひとえにツィプラスの言動にかかっていた。

（三）ツィプラスの言動をめぐる諸問題

そもそもシリザの多くの闘士は当初より、ツィプラスがEU本部にあまりに譲歩するのではないかと不安を抱いていた。なぜなら、彼はつねに妥協点を探っていたからである。こうした妥協の意思は、この五ヵ月間における債権団との交渉の中ですでに見え隠れしていた。それは、ツィプラスが政権政党の圧力を受けたことをはっきりと示している。同時にそのことは、実はツィプラスの性格にも由来するものでもあった。

ツィプラスは、相異なる二つの人物像を合わせ持つ人間として位置付けられる(19)。まず、第三章で示したように、彼はれっきとしたプラグマティストである。その証拠に彼は、金融支援交渉が決裂する寸前まで、EUの緊縮策に従って協定にサインをするつもりでいた。彼は、それによって選挙キャンペーンでの約束を反故にすることから非難を受けても、それはギリシャの人々とシリザの前で防御できる妥協と考えた。しかし、彼が緊縮策の受入れに屈服することで、シリザにショックを与えることは間違いなかった。

そこでツィプラスは、もう一つの側面を捨て去ることがなかった。それは、欧州民主主義のヒーローの装いを示すことであった。ツィプラスはギリシャの議会で、「ギリシャの人々は最後通牒に大きな声でノーと言うだろう。しかし同時に、連帯の欧州に大きな声でイエスと言うだろう」と叫んだのである。その際に彼は、一九四〇年一〇月二八日にムッソリーニの侵攻を拒んだギリシャの愛国のシンボルであるI・メタクサス（Metaxas）将軍の行為を引合いに出した。それ以来、「ノー」の日は国民的祝日になったのであり、今回のレファレンダムはそれに準じた決定である。彼はこう唱えた。

このようにして見ると、ツィプラスは当初より、相矛盾した人物像を演じることで二つの行動ラインを設けていたことがわかる。その一つは、ユーロ圏内でEUと妥協することを探ることであり、もう一つは、彼に信頼を寄せたギリシャの人々の指令を守ることである。彼が前者の道を採れば、シリザの理念に背くことから党を分裂させるリスクを負う。このことは目に見えていた。

一方、欧州はツィプラスを中道左派の方向に導こうとした。実際に欧州の保守派の間では、欧州の転換を目的とした極左派のリーダーと対話することは不可能と思われた。そうした中でツィプラスは、あくまでも欧州の新しい顔になることを望む。それは、緊縮策につねにノーの姿勢を保つことでギリシャの社会的破壊を終結させることにより確立される。彼はほんとうにそのような姿勢を貫けたであろうか。実はメルケルは、当初からツィプラスの本質を見抜いていたと思われる。彼女は、彼を次のように把握する。「ツィプラスは弱い。彼は欧州にも有権者にも反対する勇気を持っていない」と。それゆえメルケルは、ツィプラスのドイツ批判による大きな挑戦に対して全く動じることがなかった。

では、現実にツィプラスはレファレンダムをめぐってどのように行動したか。まず彼は、現行の救済プログラムが終了する寸前に第三次金融支援を債権団にアピールした[20]。それは二九一億ユーロのリクエストであり、ギリシャのライフラインを確保するためのものであった。実際にギリシャでは、資本コントロールと銀行閉鎖の後に現金が枯渇する一方、老人は年金を集めるのに苦しんでいた。EU本部の多くの人は、このリクエストに驚くと共に、本部はもちろん、このアピールを斥けた。EUの当局者は、このアピールは、レファレンダムの前に力をつけるための試みと判断した。欧州債権団によるギリシャのリクエストの拒否により、ギリシャは初めて金融のセーフティ・ネットからはずされたのである。

こうした中でツィプラスは、救済プログラムが消失した翌日（七月一日）に、債権団へ手紙を送る(21)。この手紙はFT紙を通して公開された。それは、絶対的に必要な救済と引換えに、債権団の要求のほとんどを受け入れることを約束するものであった。急進左派政権として欧州債権団と闘ってきたツィプラス政権は、ついにくじけたのである。これには、金融市場筋も歓呼したと言われる。

ところが、話はそれで終ったのではない。ツィプラスは、何とその手紙を送った数時間後に、ギリシャのTVで厳しい救済条件の受入れに対して「ノー」の投票を強く呼びかけた。彼はそこで、「破壊の警笛は、危機から脱するいかなる見込みもなしに、人々に対してイエスと言うように脅迫している」として、債権団を糾弾したのである(22)。彼のこの二枚舌によるパフォーマンスは、まさに驚くべきエピソードとなった。ツィプラスはこうして、欧州債権団とギリシャ市民の双方を裏切った。欧州債権団は、このツィプラスの言動を知ると、改めてギリシャに対し強硬な姿勢で臨むことを決定する。かれらはツィプラスに対し、手紙で示された譲歩では済まないことを宣告すると共に、レファレンダム後まで交渉を停止することを伝えた。

他方で、ツィプラスを支えるべきシリザ自身も、そうした彼の変節を一斉に非難した。そもそもシリザの中には、レファレンダム自体が皮相な戦略と考える党員がいる。それは、有権者に対してツィプラスが債権団との協定を結ぶために誠実に働いていることを信じさせるためのものにすぎない。かれらはこうみなした。そうした中で、ツィプラスの側近であるパパス国務相は、党内の投票キャンセルの動きを阻止してレファレンダムの実施を決定したのである。ところが、その後のツィプラスのジグザグとした言動は、シリザのメンバーの間で絶望感を高めた。政府内の反体制派であるドラガサキス副首相やスタタキス開発相らは、レファレンダムの施行によってギリシャの債権団に対する交渉力は逆に低下すると警告した。またシリザのヴェテラン達は、ツィプラスが外部に混乱させるメッセージを送ったのは誤りであるとして彼を強く批判した。

以上に見たように、レファレンダムをめぐるツィプラスの、債権団とギリシャ市民に対する二重の裏切り行為は、その後の政府の両者に対する関係に暗い影を落とした。ギリシャ政府と債権団の関係は、これまでにも増して悪化することは間違いない。また、仮にツィプラスが大きく譲歩してかれらと協定を結べば、それこそ彼のサポーター達が怒りの声を上げるに決まっている。そうした中でツィプラス自身は、投票結果が「イエス」であっても辞任の意思はないことを表明する。では、一体何のためにレファレンダムを行うのか。この点が問われるのは言うまでもない。そこにはツィプラスの、プラグマティストとヒーローという二つの人物像を越えた権力者としての姿が鮮明に映し出されていた。

四　レファレンダムでの「ノー（反緊縮）」の勝利

（一）レファレンダムの結果

二〇一五年七月五日に行われたレファレンダムは、投票率が六二・五％でそのうち「ノー」が六一・三一％を占めた(23)。このレファレンダムが、トロイカとの合意を受け入れねばならないのかという問いに対する投票である以上、「ノー」の圧勝は、ギリシャ市民が反緊縮の意思を明確に示したことを意味する。

さらに、この投票結果でとくに注目すべき点がある。それは、若い世代の間で「ノー」の投票率が極めて高かったという点である。しかもそれは、若くなればなるほど高い値を示した。表6−1は、レファレンダムの投票結果を年齢別に示したものである。見られるように、一八〜二四才の若者のうち、実に八五％が「ノー」と投票した。それは、平均を二〇％以上も上回っていた。一般にこの年齢層は、社会学者に言わせれば親に保護された順応主義者とみなされる。このイメージは、今回の投票で壊された。かれらは、これまでの欧州の仕方に憤慨し、年配者を唖然とさせたのである。ギリシャの一八〜二四才の世代は、ＥＵの中で生まれユーロで

表6-1　レァファレンダムにおける「ノー」の投票率、年齢別構成

年齢層	「ノー」の投票率（%）
18〜24才	85
25〜34才	72.3
35〜44才	67.4

（出所）Cojean, A., “Notre non entrera dans l’Histoire”, *Le Monde*, 13, juillet, 2015より作成。

生活し、エラスムス・プログラムの教育を受けられる欧州家族の一員である。それなのに、なぜかれらは怒りの声を上げて「ノー」と投票したのか(24)。実は、かれらこそが危機によって大被害を受けたのである。それは、この世代の失業率の異常な高さ（五〇％以上）を見れば直ちにわかる。だからこそかれらはまず、ギリシャ内外の既存の支配者層（エスタブリッシュメント）に反発した。前首相のパパンドレウ、ユンケルやメルケルなどの欧州のリーダー、並びにギリシャの寡頭支配者と伝統的な大政党の政治家達は、こぞって「イエス」のキャンペーンを行った。若者は、かれらこそがギリシャ危機に責任があるとして、そうした支配者層を嫌悪したのである。それはまた、既成のエリートに対する反逆を意味するものであった。さらに、若者が現行の欧州（ＥＵ）に幻滅している点を指摘する必要がある。欧州は、かれらの眼にはもはや屈辱、ストレス、さらには希望の欠如をもたらすものと映ったのである。

他方で、すでに実社会で働いている若い世代は、ギリシャ社会の危機的状況に対する反発とその打開の意図を今回明らかにした。二五～三四才と三五～四四才の二つの世代は、五年間の危機により賃金の低下と失業保険のない解雇によって生活を破壊された。かれらのキャリアは崩壊し、大望は砕かれ夢は消えてしまった。その回復の可能性はごくわずかであったとしても、「ノー」の投票によってかれらの願いを表したのである。

では、このレファレンダムにおける「ノー」の圧勝は、ギリシャにとっても、また欧州にとっても一体いかなることを意味したか。次にこの点を、制度と構造の観点から考えることにしたい。

(二)「ノー」の勝利の意味

今回の反緊縮＝反トロイカの意思表示をした投票結果は、欧州全体に大きな衝撃を与えた。レファレンダムの直後に、ル・モンド紙が「欧州の将来不安」と題し、またレ・クスプレス誌が「いかに欧州を救うか」と題して共に数十ページに及ぶ大特集を組み、そこで様々な論者による議論が展開されたことは、そのことを象徴するものであった(25)。

まず、ギリシャの債務危機からの脱出は、内外での民主主義をめぐる闘いの形をとった(26)。この点をぜひ銘記しなければならない。それは、テクノクラートの厳命に対抗する人民の主権、機関に対抗する国民国家、そして覚書に対抗するレファレンダムとして表出した。そうだとすれば、「ノー」の勝利はまさに、債権団＝トロイカの支配に対抗する民主主義的高揚を示す以外の何ものでもなかった。

しかも大事なことは、そうした民主主義的な闘いが、メディアを含めた世間での「イエス」を唱える議論に打ち勝ったことである。実際にギリシャの民間メディアは、こぞって「イエス」の運動を展開した(27)。かれらは、ポピュリズムとナショナリズムに基づく感情的な意見を表明した。しかし、ギリシャの公衆は、そうしたメディアが寡頭支配者に所有されていることを承知しており、それに何の信頼も寄せなかった。そこでメディアは、議論を深めることができなかったのである。

一方、ギリシャの「ノー」の勝利は、他の南欧諸国の急進左派政党に大きな勇気を与えた。シリザと共同戦線を組んできたスペインのポデモスにおいて、その共同設立者であるＪ・Ｃ・モネデーロ(Monedero)は、「人民の時が鳴る」と題する論稿をル・モンド紙に寄せた(28)。彼はそこで次のように論じる。グローバル金融経済による支配の下で、国家主権的民主主義がつねに脅かされてきた。現実にトロイカのテクノクラートは、冷酷にギリシャ政府の正当性を無視した。そしてかれらは、Ｇｒｅｘｉｔを促すドイツの横暴を容認すると共に、金融経済に精通したエリートとしての利益を享受した。今回のギリシャの投票結果はそれに対する明白な挑戦を意味する。今こそ人民の時であり、緊縮のワナから抜け出す時である。それは、民主主義と人権とが金銭欲を追い払うことを示す。そしてギリシャと共にそれを行うことが、欧州の平和とアイデンティティを確立することになる。このように彼は、欧州民主主義の復権がギリシャで達成されたことを高らかに宣言したのである。

また、イタリーのポピュリスト党で極左派の「五つ星運動」のリーダー、B・グリロ（Grillo）も、「銀行にではなく人々に力を」と訴え、ギリシャの投票結果を非常に歓迎した(29)。このグリロの熱狂的声明は他方で、イタリー自身のM・レンツィ（Renzi）政権を脅かす一つの材料を提供した。五つ星運動は現在、イタリーで二番目に強い政党だからである。E・レッタ（Letta）前首相も、ギリシャの投票結果は、潜在的にイタリーでのポピュリズムを強めることを認めた。ただし、グリロはあくまで反ユーロ論者であり、イタリーのユーロ圏離脱を主張している点でツィプラスとは異なる立場にある点に注意する必要がある。

では、ギリシャにおける「ノー」の投票結果は欧州のこれまでの緊縮政策を変更させることができるか。あるいは逆に、欧州はギリシャ市民の反緊縮の意思を無視できるか。これらの問いが次いで重要になることは間違いない。

ここでまず忘れてならない点は、ギリシャの人々は自分達の意思で「ノー」と投票したという点であろう。それは、ツィプラスの呼びかけにたんに応じたのでは決してない。危機の中で一層の緊縮策を強いられ生活を押しつぶされた市民が、「ノー」の答を自ら発したのである。かつてムッソリーニの指令に対して「ノー」をつきつけたのと同じように、レジスタンスの精神はこうしてギリシャで蘇った(30)。そうだとすれば、このギリシャ市民の選択は、ギリシャとユーロ圏の将来に対して責任を持った歴史的事実として位置付けられねばならない。

レファレンダムは、民主主義の存在を試すリトマス紙の役割を担う。レファレンダムが何の介入もなく自由に行われると共に、その結果が尊重されて初めて正常な民主主義の存在を確かめることができる。欧州は今回、そのプロジェクトに抵抗するギリシャ市民に対し、それは反欧州的行為であると警告した。このことこそが、まさにレファレンダムに介入する非民主的行為である。非難されるべきは、欧州当局とりわけテクノクラートの間でその意識が全くないという点であろう。

このような欧州の冷淡で横暴な対応は、結局一般市民のかれらに対する愛情を失わせ、両者の間の関係に永続的にひびを入れることになる。そして実は、こうした欧州市民のトローマティズムは、ギリシャのケース以前にすでに現れていた。フランスとオランダで市民が欧州憲法条約を拒絶したにも拘らず、それは、その後のリスボン条約で市民の声を聞くことなしに実質的に復活したのである(31)。これらの一連の欧州の姿勢は、まさしく民主主義の否定を意味した。しかもそれが、欧州のテクノクラートによって進められたことに留意しなければならない。今や欧州は、テクノクラートの怪物と化している。かれらは、失業や不平等の増大のような問題をコーディネートする気が全くない。ギリシャに対するかれらの姿勢に、それははっきりと現れていた。

ところで、ギリシャ市民の反緊縮＝「ノー」の答が、かれらの生活苦から発している以上、それをもたらしたことに対する債権団＝トロイカの責任が問われるのは当然であろう。かれらの緊縮プログラムの下に、ギリシャの人々は大不況による被害を受けたからである。それにも拘らずトロイカは、その責任を全くとろうとしない。それどころかかれらは、逆にそのプログラムを固守し、それをなおギリシャに押し付けた。この点は、プライマリー収支の黒字目標の設定に端的に表された。ギリシャ市民が、この目標を達成することで人間的苦痛を味わうことは言を俟たない。さらに「貸付延長と返済偽装」をくり返す限り、ギリシャの債務が持続できるはずはない。実際にギリシャに新たに貸し付けられた巨額のマネーのうち、ギリシャ自身のために使える部分はほんのわずかにすぎず、そのほとんどはドイツとフランスの銀行システムを保つために使われる。そこでは、旧借入れの返済のために新規借入れが行われるにすぎない。まさにトロイカによる貸付のブーメラン効果が出現する。かれらがギリシャの人々に一丸となって「イエス」の投票を呼びかけたのも、そうした効果を維持させたいがためではなかったか。そうだとすれば、ギリシャにとってこれほど理不尽なことはない。ギリシャ市民が経済・社会的苦境から脱するためには、今回の投票結果がトロイカによって全面的に尊重される以外にないのである。

他方で、以上に見たような反欧州論や反トロイカ論と対照的に、プロEU派は全く異なる見解を示した。その代表は、これまでの欧州統合を推進した立役者の一人であるV・ジスカール・デ・スタン(Giscard d'Estaing)である。彼は、レファレンダムの直後にレ・クスプレス誌とのインタヴィウの中で自説を展開した(32)。彼は、ギリシャの「ノー」の結果をいかに考えるかという問いに対し次のように答える。ユーロ圏は、経済同盟と通貨同盟から成る。通貨同盟は経済同盟なしに生きることができない。そして経済同盟は安定(財政)・成長協定で支えられる。そこでギリシャの新政権は、そうした協定の尊重を拒否し、経済同盟への参加を拒絶した。したがってかれらは、通貨同盟を間接的に放棄した。今回のレファレンダムで、かれらはその選択を確認した。それゆえユーロ圏は、ギリシャからユーロ加入の資格を奪うことを決定しなければならない。これが彼の結論である。

このようにジスカール・デ・スタンは、ギリシャのユーロ圏離脱は当然の論理的帰結とみなす。その根拠は、かれらが安定協定を破棄したことにある。しかし、そこでは安定協定そのものに問題があることは一切論じられない。ギリシャがそうした協定に従わないのは、それが同国の経済・社会を破壊したからに他ならない。かれらは、勝手に一方的に同協定の遵守を拒否したのでは決してないのである。この点でジスカール・デ・スタンは、欧州のテクノクラートと同じ目線で判断していると言わざるをえない。

ただし彼は、ギリシャが永続的にユーロ加入の資格を奪われる訳ではないことも主張する。それは、あくまでも資格の停止（mise en congé）であって懲罰的な離脱を意味するものではない。ギリシャはこれにより、ＥＵには入るがユーロ圏には入らない一員として位置付けられるにすぎない。したがってギリシャが、条件を整えて協定を守れるようになれば、その後にユーロ圏に復帰することは可能となる。こうしてジスカール・デ・スタンは、Ｇｒｅｘｉｔは資格の停止による一時的なものであると捉える。この見方は妥当であろうか。

そもそも、ユーロ圏への加入が不可逆的であると規定されたのは、そうした一時的離脱の容認によってユーロ圏内で混乱が生じることを阻止するためであったのではないか。もしギリシャが、ユーロ圏の一時的離脱の前例になるとすれば、それ以外の国でも国内外の事情から意図的にユーロ圏を離脱するケースが現れることは十分に想像できる。そのようなユーロ圏での出入りを自由に認めることになれば、ユーロ圏の運営がスムーズにいかなくなることは目に見えている。

一方、ジスカール・デ・スタンと並んで欧州統合をリードし、経済・通貨同盟（ＥＭＵ）設立の父と言われるＪ・ドロール（Delors）も、前世界貿易機構（ＷＴＯ）総裁のＰ・ラミー（Lamy）、並びに欧州副委員長のＡ・ヴィトリーノ（Vitorino）と共同でル・モンド紙に投稿し、現行の危機打開のための道を提示する(33)。かれらは、ギリシャに対してやはり、他のパートナーと共に欧州のプログラムにしたがうべきことを強調する。ギリシャ政府の正当性は、欧州の仲間と同じようになることで初めて認められる。ギリシャで起こるドラマは、ただ国民的なものではない。このようにかれらは、ギリシャが単独で行動することを戒める一方で、Ｇｒｅｘｉｔは地政学的パースペクティヴの下に、バルカンや移民の危機を踏まえながら阻止されねばならないと唱える。この後者の考えは、メルケルのそれにつうじると言ってよい。

ところでＥＵ側では、第一にギリシャに対するリーゾナブルな金融支援を行うこと、第二にギリシャ経済を成長に復帰させること、そして第三にギリシャが必要とする債務の再編に責任を持つことが要求される。要するに、ギリシャと欧州は、共通に必要な将来に向けていっしょに妥協の道を見出す必要がある。それは、欧州建設をつくり出す連帯の原則に基づく。かれらはこのように訴えた。

以上の声明には、冷静で中立的な姿勢が貫かれている。そこには、ジスカール・デ・スタンの示したようなプロ欧州の観点から生まれるバイアスは見られない。しかし、ここで注意すべき点は、やはり目線の問題であろう。結局、かれらのようなエリートにとっての最大の関心はあくまで、体制としての欧州の維持・発展にある。この観点からギリシャと欧州が何をなすべきかが説かれる。問題となるのは、そうした体制を欧州市民が支持するかどうかという点である。ギリシャ政府が、かれらの主張するように、欧州プログラムをつくる緊縮策を遵守すれば、確かに欧州体制は維持されＧｒｅｘｉｔも回避されるであろう。ところが忘れてならないことは、その際にギリシャ市民がそうした緊縮策によって生活上の苦難を強いられるという点であろう。市民を犠牲にするような欧州体制は、市民目線からすれば全く評価されないに決まっている。今回のギリシャ市民による反緊縮＝「ノー」の選択は、この点を雄弁に物語る。同時に、欧州におけるエリートと一般市民とが遊離する姿を、ここにはっきりと見ることができる。

五　金融支援再交渉とギリシャの屈服

(一) レファレンダム後の行方

では、レファレンダムによる「ノー」の勝利を受けて、ギリシャはその後にどのような道を歩めるか。ギリシャは果して、Grexitを回避すると共に、欧州債権団に対して有利な立場を貫けるか。そこには三つのシナリオを描くことができる(34)。第一のシナリオは、新たな合意に向けた交渉である。ただし、これは不可能ではないにしても、かなり複雑な道を辿ることになる。そこでは、ギリシャの改革容認と債務削減が交渉の中心テーマになると予想される。しかし、それらは簡単に解決されるものではない。第二のシナリオは、親愛の情を持ったユーロ圏離脱である。欧州側からすれば、「ノー」の結果はギリシャが欧州のゲームのルールを受け入れないことを示す。それゆえ欧州の統治者は、集団でGrexitを促す可能性がある。ただし、そこでは先に見たジスカール・デ・スタンの考えのように、ギリシャは通貨同盟を去るがEUには留まるものとされる。そして第三のシナリオは、無秩序なユーロ圏離脱である。これにより欧州とギリシャの鋭い対立が表面化する。欧州は以前にも増してラディカルな改革を要求するのに対し、ギリシャはそれを真っ向から拒否するためである。

これらの三つのシナリオの中で、第一のシナリオが最も穏やかでギリシャと欧州の双方に大きなダメージを与えないのは言うまでもない。そこでの焦点は、やはりギリシャの債務再編である。この点について、T・ピケティ（Piketty）はル・モンド紙とのインタヴィウの中で、欧州はギリシャの債務再編の交渉を受け入れるべきであると唱える(35)。ピケティはそもそも、他の仲間と共にフランスを例としながら将来の財政革命の柱として、富者から貧者への課税に基づく社会的な資金トランスファーを主張している(36)。そこで彼は、この考えを欧州とギリシャの関係にあてはめる。欧州の真のリスクは、保守派が欧州を破壊することである。それは超暴力的な仕方でギリシャを追放し、その経済を窒息させてしまう。もともと一九五〇年代にドイツとフランスは、債務の再編と破棄という解決を見ることができた。とくに一九五三年にドイツの対外債務が免除されたことは特筆に値する。そのときのかれらの債務は、ギリシャのそれより大きかった。このような歴史的事例を踏まえれば、一九八九年のドロール・レポートで示されたように、今こそ欧州での地域的な資金トランスファーが必要とされる。それゆえ欧州は、債務に関するユーロ圏の会議を開くと共に、新たな民主的ガヴァナンスを確立しなければならない。

ピケティの行論をごく簡単にまとめると以上のようになる。こうした欧州での債務再編によるギリシャ危機の解決を目指す議論は全く正しい。この点は、すでに見たドイツ保守派の考えと正反対である。実際に欧州が、ギリシャの債務再編を受け入れない限りは、ギリシャ危機の根本的解決はありえないのではないか。この点は改めて強調されねばならない。では、ツィプラス政権はレファレンダム後に債権団といかに交渉しようとしたか。

（二）ツィプラスの交渉準備

ツィプラスはまず、「ノー」と投票したギリシャ市民に対し、それがユーロ圏からの離脱を開始するものではないことを約束する(37)。当時、ギリシャ人の過半数がユーロ圏を離脱したくないと考えていたからである。そこで彼は、この投票結果をあくまで債権団から最良の条件をえるための強力な指令と解釈する。つまりツィプラスは、緊縮にはノー、欧州にはイエスという姿勢を明らかにした。したがって彼は、ギリシャ市民に対して交渉をいち早く再開することを誓う。とくにその際の交渉の眼目は、ギリシャの債務再編に置かれていた。

それでは、そうしたツィプラスの交渉に対する思惑が、ストレートに欧州債権団に届くかと言えば決してそうではなかった。ユーロ圏のパートナーは、ギリシャの投票結果を尊重する一方で、彼に対して同じような思いを抱いたのでは全くない。そこには、ツィプラスに対する強い不信感が根づいていた。すでに指摘したように、レファンダムの告知の段階から、彼は債権団の意向を裏切る言動を表していたからである。この両者の認識の相違が、その後の交渉で不確実な様相を示すことになる。

事実、欧州債権団は一様に、ギリシャの「ノー」の結果に厳しい路線を貫くことを明らかにした(38)。例えば、ギリシャと同様に重債務国であるアイルランド、ポルトガル、スペイン、並びにイタリーは、すでに相当の緊縮策を施行しているため、ギリシャの反緊縮の成功を考えたくなかった。かれらは、シリザのような左翼のポピュリスト党の台頭を恐れたのである。また、フィンランド、ドイツ、並びにオランダのような北欧諸国も、反緊縮の勝利による右翼の勢力拡大を不安視した。とくにドイツでは、ギリシャに対する懐疑派がメルケルに圧力をかけ即Ｇｒｅｘｉｔを求めた(39)。これに対してメルケルは、ここでもギリシャのユーロ圏残留を支持した。彼女は、EUで最初の分離を指揮した人物と思われたくなかったのである。それゆえ彼女は、「ノー」の投票結果後も、ギリシャと話し合うことを表明する。しかし、ドイツのもう一人の主役であるショイブレは、二〇一二年以来一貫してGrexitを唱えてきた。それは、彼がルールを信奉するからに他ならない。ただし彼は、ギリシャがユーロ圏を離れてもEUには残留すべきことを強調する。この点でショイブレは、先に見たジスカール・デ・スタンの考えと相つうじている。

このようにして見ると、ツィプラスを取り巻く状況は、「ノー」の結果を生かして交渉をスムーズに進められるようなものでは到底なかった。そこで彼は、レファレンダム後直ちに債権団と交渉を再開する上で、妥協の意思を持った新たな戦略を展開する。それは、これまでの交渉を主導してきたヴァルゥファキス財務相の解任から始まった(40)。ツィプラスは、ヴァルゥファキスに代えて同じくアテネ大学経済学教授のツァカロトスを財務相に据える。この財務相の交替はまさしく、ツィプラスの妥協の意思を表すサインであった。事実、ユーログループはヴァルゥファキスの解任を歓迎した。ヴァルゥファキスは、確かにギリシャ国内では債権団と闘うヒーローとみなされ高い人気を誇ったものの、欧州の他の財務相から非常に嫌われた存在であった。では、そうした財務相の交替で幕が開いた再交渉劇はスムーズに演じられたかと言えばそうではなかった。そもそも欧州債権団は、先に示したようにツィプラスの裏切り行為を経験した以上、彼に対して根本的な不信感を抱いていたからである。

他方で、ツィプラスを支えるはずのシリザの内部で、過激派は彼に対する批判を強めた(41)。ツァカロトス新財務相は妥協する姿勢を表すために、税金と年金の改革を示す手紙を債権団に送る。それは、第三次金融支援の要求をねらいとするものであった。これに対してエネルギー・環境相のラファザニスは、トロイカをブラックメーラーと呼びながら、ギリシャはあくまでもかれらの圧力に抵抗すべきと唱えた。彼は、レファレンダムでの国民の指令を尊重すべきであり、債権団と寡頭支配者に対して「ノー」をつきつけるべきであると訴える。ラファザニスは、シリザ内の極左派で反ツィプラス派のリーダーである。彼は党中央委員会メンバーの三〇％以上の支持をえている。彼はまさに、シリザの急進左派によりイデオロギー的価値を保護する人物とみなされてきた。しかし、このラファザニスの力は、もはやツィプラス政権を根底から揺り動かせるほどのものではなかった。実際にツィプラスは、何とレファレンダムの翌日に、そうしたシリザ内の強い批判をかわすかのように、プロEUの野党と救済協定のアウトラインについてすでに合意していたのである。

ツィプラスのこのような身変わりの早さを示すビヘイヴィアは、実は学生運動のリーダー時代から変わることがなかった(42)。彼は一九九〇年に、当時の中道左派政権と教育改革の協定をめぐって闘い、法案を廃棄させる勝利を収めた。注目すべき点は、その後に彼が、より抜本的な改革を求めてストライキを続ける学生に対し、ストライキの停止を呼びかけたことである。彼はそのとき、「いつ止めるかを知ることが非常に重要である」と述べた。彼のこうした言動は、今回のレファレンダムに関してもそのままあてはめられる。ツィプラスは勝利後、先の言葉と同じ言葉をくり返したのである。それは何を意味するか。彼にして見れば、ギリシャはレファレンダムでの「ノー」の勝利によって債権団の緊縮策のオファーを拒絶したものの、そうした反緊縮の姿勢は勝利後に終了するものと考えられた。そこで彼は、反緊縮運動は止めて金融支援を再オファーすることへ行動を移す。ツィプラスのこうした衝動的で不安定な言動こそが、まさに彼の真骨頂を示していた。彼はその点で、抜け目がなく計算高い戦略家とみなされた。しかし他方で、欧州の交渉者、シリザ党員、並びにギリシャ人の多くは、彼の政治的かつ人間的な資質に首をかしげていた(43)。確かに彼は、プラグマティストとして妥協できる素質を持っている。この点は評価されてよい。ところが彼は、自身の確固とした信念で行動するようなアイデアリストでは全くなかった。この点も忘れてはならない。そこで問われるのは、そうしたツィプラスの姿勢が、彼自身とギリシャにとって功を奏したかという点であろう。

(三) ツィプラスの降伏

ギリシャと債権団の金融支援交渉は、二〇一五年七月一一日にユーログループの会議で正式に開始された(44)。これにより、ギリシャに対する金融支援の合意が見出されると共に、ギリシャのユーロ圏残留が決定した。しかし、それは真に双方の「合意」であったのか。それはむしろ、ツィプラスにとって完全な降伏を意味したのではないか。なぜなら、ギリシャはこれによって極めて厳しい条件付の約束を強いられたからである。そこでは、ギリシャは複数の大きな改革を議会で七月一五日までに可決するように追い込められた。それと引換えに、第三次金融支援のプランがギリシャに対して実行される。ツィプラスはこうして最終的に過酷な改革のリストを受け入れざるをえなかった。彼はまさに、債権団に屈服したのである。

では、債権団がギリシャに要求した改革プログラムはいかなるものであったか。それらは大きく分けて三つある(45)。第一に大規模な民営化。ツィプラスは選挙キャンペーンで民営化の終結を約束したにも拘らず、今回のかれらのプログラムは、それこそ非現実的と言えるようなスピードでの民営化を強要した。その際の民営化は空港、インフラ、銀行、並びに電力ネットワークに及ぶ。そして、民営化によるファンディングの目標は五〇〇億ユーロに設定された。この額は実にギリシャのＧＤＰの三分の一に相当する。そして留意すべき点は、民営化でえた資金の半分はギリシャの銀行の再資本化に、またその四分の一の一二五億ユーロ分は債権団に対する返済に向けられるという点である。結局のところ、そうした民営化によってギリシャの人々が恩恵を受けるのは全体の四分の一にすぎない。しかも、この民営化が欧州当局の監督の下でドイツによって推進される。ギリシャにとって、これほどに屈辱的なものはないであろう。

第二に構造改革。債権団はここで二つの点を要求する。一つは年金と製品市場に関するより大きな改革であり、もう一つは労働市場の改革である。とくに後者の改革については、集団労使交渉や労働組合活動、並びに集団解雇に関する見直しを含む。これらの改革によりギリシャの市民や労働者の権利が、債権団の圧力によって大きく侵害されることは間違いない。そこには、連帯に基づく社会的ヨーロッパの形成というプロジェクトは全く見られない。

そして第三に財政収支のコントロール。債権団は、ギリシャの財政収入の増大のためにVAT制度の見直しと合理化を要求する。そこではとくに、観光の島に認められている税免除の廃止が求められた。

さらに債権団は、ツィプラス政権がこれまでギリシャ市民に約束してきたことを悉く反故にすると共に、かれらの要求を斥ける決定を下す。まずかれらは、ツィプラスの約束に反してトロイカによる監視の権利を求めた。これによりギリシャ政府に対するコントロールが強化された。ギリシャは、すべての法制的プロジェクトをトロイカと協議して取り決めなければならない。これはまさに、ギリシャが債権団によって半ば保護領化されることを意味する。

債権団はまた、ツィプラス政権のこれまでに行った政策の再検討を迫る。すなわち、ギリシャの新政権は前政権の行った政策と逆のことを行っているのであり、それを元に戻す必要がある。トロイカはこう主張する。この点は例えば、前政権で解雇された公務員の再雇用の見直しなどで表される。

そして欧州債権団は、ツィプラス政権の要求してきた債務削減を真っ向から否定する。かれらは、返済期限の延長は検討の余地があるものの、名目的な債務削減（ヘアカット）は絶対にできないことを改めて強調した。しかし、この点はトロイカの中で一致している訳ではない。IMFは一貫してギリシャの債務削減の必要性を訴えているからである。

こうしてツィプラスは、債権団の要求に屈辱的に従うことを約束する。新たな交渉を始めるはずの新財務相ツァカロトスにとって、最初の重要な仕事は、皮肉にも債権団に対して全面的に降伏することであった。その結果、ギリシャはかれらに新たな改革リストを送る羽目に陥る。そこでツィプラスは、EU本部に一三ページにも及ぶ改革リストを提示した[46]。表6-2は、その主たるものを示している。見られるように、それらはツィプラスがレファレンダムで有権者に対してそうした改革を行わないと説いたものを含んでいた。こ

表6-2　ギリシャの新経済改革リスト

改革項目	改革内容
プライマリー財政収支の黒字	• 債権団の要求に準じる • 黒字目標（対GDP比）は2015年に1％、2016年に2％、2017年に3％、そして2018年に3.5％
VAT（付加価値税）	• 新たなVATの基準を23%、ただし電気とホテルには13% • 島に対する優遇措置の廃止
年金改革	• 早期退職希望の終了 • 退職年齢の67才までの引上げ（2022年までに） • より貧しい年金受給者への「連帯グラント」の段階的廃止（2019年末までに）
課税	• ぜいたく品に対する税率の引上げ（13%） • 財政赤字の場合に新課税を導入
政府支出	• 防衛支出の削減（2015年に1億ユーロ、2016年に2億ユーロの削減）
自由化	• 労働市場と製品市場の自由化

（出所）Spiegel,P., “Athens demands few changes from two-week-old proposals”, *FT*, 11July/12July, 2015. より作成。

のことが、その後にシリザ内で大きな波紋を引き起こしたことは言うまでもなかった。

（四）シリザ内の反乱

以上に見たように、これまでのツィプラスの債権団に対する挑戦的姿勢は、今回の数多くの譲歩によって完全に粉砕された。こうしたツィプラスの変節が、ギリシャ国内で怒りの声を上げさせたのは当然であった。アテネの新聞はこぞって、ギリシャが受けた屈辱に対して非常な怒りと不満を露にした(47)。またシリザの扇動的な議員も、ギリシャの継続的な「社会的奴隷」の容認に対して公然と非難し始めた。

シリザの極左派議員の多くは協定に反対し、ツィプラスに反逆した。かれらは、この協定はEUによる今までで最も介入的なプログラムを示すとして、それに対する合意を拒否した。事実、そうした協定はまさしく、ギリシャに対して一層の緊縮政策を積み重ねた超緊縮の内容を表していた。レファレンダムによる反緊縮の投票結果は、欧州債権団によって完全に無視された。ツィプラスは、「ノー」の結果を交渉の有利な展開に利用する、とギリシャ市民にくり返し約束した。それにも拘らず、彼はその約束を自ら反故にした。これによって彼は、シリザ内の反乱に見舞われる羽目に陥ったのである。

こうした中で、シリザ中央委員会の過半数は協定に反対した。それは「不意の一撃」として批判された。N・ヴァラヴァニ（Valavani）副財務相は、この協定はギリシャの人々や国にとって持続可能なものではないとする書簡をツィプラスに送り、副相を辞任した(48)。極左派のリーダーでエネルギー・環境相のラファザニスも、旧通貨ドラクマへの復帰を提唱してツィプラスへの挑戦を開始した。一方、財務相を解任されたヴァルゥファキスは、ギリシャは依然として債務再編を協定の一部として押し進めるべきであることを強調した。彼は「現行の条件は我々にとって隷属のようなものとなる」として協定を批判する。

ツィプラスはこのように、シリザ内での激しい抗議に直面した。同時に彼は、連立与党の独立ギリシャ人党からも批判された。カメノス党首は、今回の合意はドイツとその強力な同盟による攻撃であって賛同できないことを表明する(49)。これによりツィプラスは、経済改革のための緊縮策を議会で可決するために、野党の支持に頼らざるをえなくなった。このことは、彼がシリザのよりラディカルな部分を切り捨ててプロEU派の野党の支持をえるように強いられたことを意味した。

このような事態にツィプラス自身は、あくまでも自己弁護する姿勢を崩さなかった。「私は、ギリシャの人々の大部分が、我々の成長に戻す努力を支持することを信じる。かれらは、我々がまさにこのために闘っていることを認めている。我々は最後まで闘った。」彼はこのように述べる(50)。確かにツィプラスが、債権団との交渉で闘う姿勢を示したことは認められる。しかし、彼の結果責任は問われねばならない。実際に彼は、選挙キャンペーンであれほど強弁した約束をほとんど反故にした。この点に関して、ギリシャの国民とりわけシリザのサポーターに対し、かつてのヒーローのグレゾスが行ったように謝罪があって然るべきであった。ツィプラスの発言には、逆に闘ったことに対する自画自賛の姿がはっきりと読みとれる。レファレンダムのキャンペーンの中で、彼が仮に「イエス」の結果でも辞任しないことを表明した点と合わせて考えてみると、そこには権力にしがみつく意思が明白に現れていると言わねばならない。

ツィプラスのこうした姿勢に対し、シリザの極左派の多くは怒りを噴出させた。かれらは、ギリシャ市民に対して闘いの存続を訴えた。かれらのウェブサイトであるイスクラ(Iskra)の社説は次のように語る。「ギリシャの人々は失望してはならない。それと反対に、我々がレファレンダムで示したように頑固でなければならない[51]。」事実、何万人ものギリシャ市民は、「旧救済を停止、新救済も停止」というシュプレヒコールを上げながらアテネでデモをくり広げた。とくに公務員は、二四時間のストライキを行って反緊縮のキャンペーンを展開した。これらの運動はまさに、ツィプラスの思惑と全く逆の現象であった。我々は、このようなギリシャ市民の抗議の声に耳を傾ける必要がある。

（五）ギリシャ屈服の意味

それでは、最終的にギリシャが債権団に降伏したことは一体何を意味するか。

まず指摘しなければならないのは、レファレンダムでギリシャの有権者の大半が支持した「ノー」＝「反緊縮」という投票結果が、債権団によって完全に無視されたという点である。振り返って見ると、このレファレンダムはそもそも、統治者のツィプラスによって策動されたものであった。彼は、ギリシャ市民に反緊縮の呼びかけを行う一方で、欧州当局には緊縮策を受け入れる意思を表していたからである。しかし、そうしたツィプラスの二枚舌が欧州側の強い不信感を誘い、結局彼は打ちのめされた。そしてそのことは同時に、欧州によってギリシャ市民の意思が全く蔑ろにされる結果を表した。

さらに驚くべきことに、話はそれに止まらなかった。欧州当局は、自ら「イエス」の投票を呼びかけたにも拘らず、それに反対の意思表示をしたギリシャの人々は反欧州派であると決めつけた。そこでかれらは、ギリシャの反緊縮の要求と真逆に一層の超緊縮策をギリシャ政府に強要したのである。それでなくても、これまでの緊縮策によって大きな痛みを感じたギリシャの人々が、そうした緊縮策でさらなる苦しみを日常的に受けることは目に見えている。今回の欧州債権団の決定はまさに、懲罰行為以外の何ものでもない。欧州が、ギリシャにこれ以上の緊縮を強いる理由はないはずである。そうした行為は無意味な残忍行為であり、到底容認できない。それは、欧州統合史上で最大の暴挙であると言っても過言ではない。かれらはギリシャに対して、間違いなく「やり過ぎた（enough is enough）」のである。

では、これらの一連の出来事で何が起こったか。まずギリシャ国内で、ツィプラスと彼を支持してきた一般市民との間で亀裂が走ったことは言うまでもない。同時にギリシャの人々は、ドイツを中心とする欧州債権団に対して強い憎しみを抱いたに違いない。これは言ってみれば、欧州人の分裂を意味する。欧州はこれまで、欧州市民を保護するための民主主義を標傍してきたはずではないのか。ここにきて欧州は、自らその根本思想を覆した。かれらは、ギリシャに対して政治的テロリストと化したのである。

他方で欧州は、経済的にもギリシャに強権発動する。ギリシャはまさしく、欧州債権団の保護領と化した。この点は、かれらのギリシャに対する大規模で強制的な民営化の要求に端的に現れた。実際にギリシャの国営資産は、債権団によって差押えられた。かれらはローンを供与する代わりに、その返済を確実にするための担保物件を求めたのである。しかもそれらの物件の売却を想定して返済資金が用意されるのであれば、そうしたローンはサブプライム・ローンで行われた「略奪的ローン」を意味する、と言われても仕方がない。しかも、ギリシャのGDPの三分の一を占める国営資産が、主としてドイツを中心とした欧州債権団の資本によって買い取られることを踏まえれば、ギリシャの保護領化は明白であろう。

ところが、ここで注意すべき点がある。それは、欧州債権団のギリシャに対する民営化の要求が、実はかれらの説く緊縮プログラムと本来的に合致しないという点である。なぜなら、民営化は当プログラムの求める経常的な財政バランスを果すものではなく、たんに特別収入の増大を示すにすぎないからである。それにも拘らず、かれらが巨大な民営化プランを強要するのは、やはり返済資金と資産コントロールをねらったものではないか。そう思わざるをえない。同時にそれが、反国有化を唱える新自由主義のイデオロギーを直に反映するものであることは言を俟たない。

さらに銘記すべき点は、そうしたギリシャの民営化に対し、確実に国内の寡頭支配者が参加するという点である。それによってかれらは、外国の巨大ビジネスと当然に結託する。その結果、ギリシャ経済のインフラを含めた根幹となる部分が内外の大資本によって支配されてしまう。ギリシャにまさしく国際的寡頭支配体制が成立する。ツィプラス政権の下で再三強調されてきた寡頭支配体制の打破という構想が、これによって頓挫することは疑いない。同時にこのことは、欧州自身がギリシャ政府に強く求めていた非近代的体制の転換と齟齬する、と言わねばならない。

六　第三次金融支援と総選挙

（一）第三次金融支援の決定

ギリシャと債権団は、二〇一五年七月二〇日より新たな支援プログラムの合意に向けて交渉を開始した。最終的に、両者は八月一一日に合意に達した(52)。その支援額は三年間で八六〇億ユーロほどである。そして、その基本的部分は欧州版ＩＭＦとも呼ばれる欧州安定メカニズム（ＥＳＭ※）により貸し付けられる。それは、七月の段階で総額の八割を占めた(53)。その中で最大の貸し手は言うまでもなくドイツであり、次いでフランスとイタリーの貸出しが大きい。ただし、ドイツとフランス、並びにフランスとイタリーの間の差はそれほど大きくない。つまり、ドイツ一国がこと更に負担する訳ではない。この点に注意する必要がある。

ところで、今回のESMの参加に関してぜひとも留意すべき点が一つある。それは、ESMの活動の中で、債権者に対する元本削減(ヘアカット)の負担を求める「集団的行動条項(CACs)」が謳われているにも拘らず、そのことが今回は一切発動されなかったという点である。その際の債権者には民間機関と公的機関の双方が含まれ、ギリシャに対する第二次金融支援では、とりあえず民間機関について一定のヘアカットが要求された。ところが、この第三次金融支援においてCACsは全く機能していない。ということは、ギリシャが大規模な債務免除を与えられることはないことを示している。ESMの総裁K・レグリング(Regling)は、ギリシャはすでに寛大なローンの条件から利益をえているとして、かれらの債務削減をくり返し拒絶した(54)。彼は、ギリシャの債務は累積の観点ではなく年々のフローのベースで測られるべきことを強調する。新規の救済プログラムが終了する時点でESMは、ギリシャ債務の六〇%以上を保有する。レグリングがその中心的役割を担うことは疑いない。そして同時に、彼の考えがドイツや他の北欧諸国による債務削減反対論をカヴァーしている点も忘れてはならない。

さらに注意しなければいけないのは、そうした債権団の金融支援によって受け取った資金の使途である。表6-3に見られるように、支援金の半分以上は債務償還と利子支払いに当てられる。それ以外の使途で最大のものは、銀行の再資本化に向けられる資金である。それに銀行システム関連に使われる資金を加えると、その合計は四割近くに上る。要するに、トロイカの提供する資金は結局、ギリシャの債務返済と銀行の再編に使われる。これで以て、ギリシャ経済が真に復興されるか甚だ疑わしい。

他方で、ESMによる貸付がIMFに準じた非常に厳しいコンディショナリティを課す点は、第三次金融支援においてもはっきりと現れた。まず、ギリシャの財政目標について、プライマリー収支の赤字（対GDP比）を二〇一五年に〇・二五％、また二〇一六年から同収支を黒字化し、その黒字（対GDP比）を同年に〇・五％、二〇一七年に一・七五％、そして二〇一八年に三・五％にすることが課された。この数値目標が、それまでのものよりも一層厳しいことは明らかである。すでにリセッションに入っているギリシャは、果してこの目標を達成できるのか。この点が問われる

表6-3　ギリシャにおける第三次金融支援の使途

使途	割当額（億ユーロ）	割合（％）
資本償還	297	34.3
ユーロシステム	143	16.5
IMF	99	11.4
民間保有	55	6.4
銀行の再資本化	250	28.9
利子支払い	172	19.9
その他民間契約等に対する借金	70	8.1
銀行システムの流動性に対するキャッシュ・バッファー	77	8.9
合計	866	100

（出所）Barker, A., Nooman, L., & Jones, C., "ECB loans will keep struggling banks afloat", *FT*, 14, July, 2015 より作成。

※欧州金融安定システム（ESM）は、二〇一二年三月のユーロ・プラス協定の一環として、ギリシャ危機への対処のために設けられた。それは、IMFと欧州委員会が共同で貸付けることができる政府間機構である。その理事会はユーロ圏の財務相によるユーログループから成り、投票の重み付けはIMFと同じく資本応募額に比例する。それゆえ、ドイツがESMで最大の発言力を発揮する。この点について詳しくは、前掲拙著『フランスとEUの金融ガヴァナンス』、二三一〜二四三ページを参照されたい。

のは間違いない。

一方、ギリシャの民営化については、その手続きに責任を負うファンドの創出に関して議論が続いたと言われる。そうした中で、債権団は優先されるべき三五の政策を課す。それらは、とくにドイツにとって必要不可欠なものと考えられた。その中には、農業従事者の税制上の優位性の撤廃、後発医薬品価格の低下、社会的保護制度の完全な評定（社会的支出をＧＤＰの〇・五％に設定）、早期退職の段階的廃止、ギリシャの島に関するＶＡＴの明確化、さらにはエネルギー・ガス市場の改革などが含まれる。これらの政策は、確実にギリシャの大きな譲歩を表した。それればかりでない。そうしたギリシャのとるべき優先的政策は紛れもなく、今までにない非常に厳しい経済的・社会的・政治的な環境をつくり上げる。シリザの極左派リーダーのラファザニスは、「この協定は、ギリシャの人々の首につけられた首つり縄である」と述べ、ツィプラスを激しく責めた(55)。

では、債権団側は今回の合意で安心したかというと決してそうではなかった。その点はドイツとＩＭＦとの関係で現れた(56)。ドイツは、ＩＭＦが新救済プログラムに賛同するかどうかを不安視する。もしかれらが共同融資に参加しないならば、ＥＳＭが責任をもたざるをえない。ＥＳＭへの最大の資金の出し手はドイツである。それゆえドイツがその点を心配したのは当然であった。

これに対してＩＭＦは、ギリシャ経済がリセッションに入るのは必然であるため、かれらの債務の持続可能性を非常に疑った。同時にＩＭＦは、ブラジルやインドのような新興国から、ギリシャの特別扱いに対して強く批判された。それゆえＩＭＦ総裁のラガルドは、もしギリシャの債務免除がなければ、かれらへの一層の救済は難しいと唱えた。実際にＩＭＦの新レポートによれば、今後二年間にギリシャの債務は対ＧＤＰ比で二〇〇％にも上ると予想されたのである。ところが、こうしたＩＭＦ

の警告にも拘らずドイツは、ギリシャ債務の名目的ヘアカットはＥＵ条約に反するものとしてその削減に応じる姿勢を全く表さなかった。このようにして見ると、ドイツとＩＭＦのギリシャ救済をめぐる意見の相違は、支援交渉が再開してからも全く変わっていないことがよくわかる。

そうした中でドイツ自身は、この新救済協定を議会で承認する必要があった(57)。メルケルは協定の支持を訴えたものの、肝心の与党（ＣＤＵとＣＳＵ）から大きな反発を受けた。最終的にドイツ連邦議会は、この協定を圧倒的多数で可決する。しかし、ＣＤＵとＣＳＵの議員のうち六〇人もが反対した。このような反対の声が高まったことはまた、他のユーロ圏メンバーに対して、ドイツの経済的・金融的権力の増大という脅威を与えた。このコンテクストの下にメルケル政権は、ギリシャに対してトーンを少し和らげるようにスタンスを変えたのである。

ところで最初の金融支援は、八月二〇日にＥＣＢへ返済するためのものであった。ただ、そのかなりの部分はギリシャの銀行の再資本化に向けられる。このように、ギリシャと債権団は結局、今までの「貸付延長と返済偽装」をくり返しているにすぎない。しかも、そうした支援の大部分が銀行支援に費やされるのであれば、それはギリシャの市民生活と社会を改善することに直接寄与しないことは明らかである。これで以てギリシャの債務危機が根本的に解消されるとは到底考えられない。

さらに銘記すべき点は、従来と同じく債権団の要求する改革をギリシャが実行しているかを監視する権限がトロイカに与えられている点である。ここにはもはや、ギリシャが自由に裁量できる政策的余地はない。トロイカはまさに、ギリシャの民主主義の権利を奪ってしまった。そう言っても過言ではない。

（二）総選挙の決定とシリザの分裂

ギリシャとトロイカの間で合意された第三次金融支援プランは、ギリシャでの議会の可決とユーログループによる最終的承認を必要とする。そこでツィプラスは新たな戦略を展開した。彼は八月二〇日に公式に首相を辞任し、新たに総選挙を行うことを宣言したのである(58)。これによりギリシャは、緊縮策に対するレファレンダムからわずか一ヵ月後に再び選挙を行う運びとなった。ツィプラスは、債権団との合意が緊縮プランから脱するために有効かどうか、また必要な改革を十分に自覚できるかどうかの判断を有権者に求めたのである。このように、ギリシャにおける政局の混乱は目を覆うばかりであった。政治的安定を目ざしたはずのツィプラス政権の成立後に、その混乱ぶりは皮肉にも一層高まったと言ってよい。表6-4は、二〇一五年の一月から八月までの政治的事変を整理したものである。見られるように、その変化は以前にも増して大きいことがよくわかる。

こうしたツィプラスの方針に対し、野党は一斉に反発した。新民主党（ND）の新党首であるE・メイマラキス（Meïmarakis）

表6-4　ツィプラス政権下の政治的事変、2015年1月～8月

期日	事変の内容
1月25日	• 総選挙：シリザが第１党、独立ギリシャ人党と連立政権 • 緊縮の終結宣言
2月20日	• ユーログループによるギリシャ支援延長の容認 • 緊縮政策の交渉再開
6月27日	• 債権国との交渉の決裂 • 緊縮策をめぐるレファレンダムの告知
7月5日	• レファレンダムで反緊縮派が勝利
7月13日	• 金融支援交渉の再開 • 厳しい緊縮と引換えに支援を受入れ
8月11日	• 第３次金融支援プランの妥結
8月20日	• ツィプラスの首相辞任、総選挙（９月20日）の告知

（出所）筆者による作成。

やパソク総裁のF・ゲンニマータ（Gennimata）は、ツィプラスが合意に対する責任を逃れようとしているとして彼を厳しく批判した。一方、ツィプラスにしてみれば、野党による批判よりも彼の支持母体であるシリザ内の反対の方がより脅威であった。今回の総選挙宣言も実は、四年間の首相在任期間における権限の維持のために、党内の批判勢力の排除をねらいとしていたのである。

実際にシリザ内の極左派は、ツィプラスを公に批判し始めた。例えばラファザニスの率いる左翼のプラットフォームは、協定の成立直後にツィプラス派のイデオロギー的な裏切りと背信を糾弾した(59)。これに対してツィプラス側は、左翼のプラットフォームのドラクマ復帰プランは自殺行為であるとしてかれらに応酬する。その中でツィプラスはラファザニスを解任し、かれらに挑戦する姿勢を明らかにした。そこでラファザニスは、「政府は、第三次覚書の全体像が知らされる前に、また人々の日常生活にその影響が感じられる前に、市民に対して投票を呼びかけた」とするコミュニケを発表し、ツィプラスを厳しく非難した。

合意のわずか三日後に、シリザの議員四〇名は、第三次金融支援プランを拒絶して党を脱退した。これにより、ツィプラス政権を支える議員は議会で過半数を割ることになった。それらの脱退した議員のうち二五名が、ラファザニスの下で新しい政党を発足する。この新党は「人民の統一」と名付けられた(60)。その告知は、ギリシャで驚きを以て迎えられた。これによって反緊縮の新しいフロントが形成されたからである。それはツィプラス政権を揺がすことになるか。アテネ大学政治学教授のM・スプゥルダラキス（Spourdalakis）は、この新党はツィプラスにとって真に脅威にはならないと断じる。シリザ内の極左派は、シリザの有権者の三〜四%にすぎず、したがってそれはシリザのオールタナティヴを表すことにはならない。では、総選挙はいかなる結果を生んだか。

（三）シリザの再勝利

七月末のアンケートによれば、総選挙でシリザは三三・六％の投票をえると予想された。それは、NDの一七・八％やト・ポタミの六・一％を大きく上回っていた。ところが九月二〇日の選挙が近づくにつれ、アンケート結果が激変する。シリザとNDの支持は拮抗し、シリザがNDをわずかにリードするという事態を迎えたのである(61)。その中でNDの党首メイマラキスは選挙直前にシリザとの連立政権を呼びかけた。メイマラキスは前党首のサマラスと異なり、まとめ役としての力量を持つとみなされ信望の厚い人物であった。しかしツィプラスは、NDと連立することを「自然に反する」同盟として拒絶した。さらに彼は、シリザがトップになれば、新たに独立ギリシャ人党（ANEL）と組むことを排除しないと宣言した。

ここで問われるのは、ツィプラスのそうした連立政権の成立に向けた姿勢ではないか。彼は一方でNDとの連立を拒みながら、独立ギリシャ人党と再び連立することを否定しない。ところがシリザとANELとはイデオロギーの面で水と油の関係にあり、両者の同盟はそれこそ「自然に反する」。ツィプラスのこうした矛盾する言動が、政治的な混乱を余計に引き起こしているのである。

実際にツィプラスは、救済案を議会で可決するために中道右派（ND）と中道左派（パソク）のサポートに依存せざるをえない(62)。そうだとすれば、これまでにツィプラス政権が行ってきたことは一体何であったのか。この点が問われるに違いない。確かに第三次金融支援によって、ギリシャはユーロ圏離脱の恐れを取り除くことができる。しかし、その結果として現れる世界は、ギリシャと欧州債権団の双方による見せかけの世界ではないか。結局はすべてが同じことになってしまう。この九月二〇日の総選挙によってギリシャ社会が大きく変わるのでなければ、それを行う必要があるのかが問われるに違いない。

では選挙結果はどうであったか。表6-5は政党別の得票結果を示したものである。見られるように、シリザは一四五の議席を獲得して再び第一党の地位を勝ちとった。それはNDの議席の倍近くに上る。しかし得票率で見ると、シリザはNDの二八％を七ポイントほど上回っていた（三五・五％）にすぎず、前回よりもわずかに減少した。また議席数も一月の選挙のとき（一四九議席）に比べてやはり少し減少した(63)。これに対して注目すべきは、NDの得票率が七月の予想をはるかに上回っていた（一〇ポイント以上）点である。

この選挙結果に対してツィプラスは、大きな喜びというよりはむしろ慎重な姿勢を崩さなかった。そこでは前回と異なり派手な勝利宣言はなかった。勝利後に彼は「ギリシャの人々が我々に与えた指令ははっきりしている。それは……ギリシャを支配する汚職を一掃するためのものである」と述べるに止めた。ここで我々が気をつけるべき点は、ツィプラスが反緊縮という当初のギリシャの

表6-5　ギリシャの総選挙の結果、2015年9月20日

政党名	議席数	割合（%）
シリザ（急進左派）	145	48.3
新民主党（ND、保守派）	75	25
黄金の夜明け（急進右派）	18	6
パソク（中道左派）	17	5.7
共産党（KKE、左派）	15	5
ト・ポタミ（中道左派）	11	3.7
独立ギリシャ人党（ANEL、右派）	10	3.3
中道同盟	9	3
合計	300	100

（出所）Guillot,A.,&Salles,A., “Le troiseme pari gagne d’Alexis Tsipras”, *Le Monde*, 22, septembre, 2015 より作成。

人々の指令について、あえて触れていない点である。このことは、彼の緊縮策に対する姿勢を表している。ギリシャの国民がレファレンダムであれほど明確に緊縮を拒否したのに対し、ツィプラスは今や緊縮政策のすべてを否定するつもりではない。

一方ツィプラスは、この選挙結果を受けて、再び独立ギリシャ人党と連立することを明らかにした。かれらは当初、アンケートでは負けると予想されていたが最終的に一〇の議席を確保した。これによりツィプラス政権の議席数はシリザと合わせて一五五となり、全議席の過半数を達成することができる。それでは、今回の選挙結果は一体何を意味しているか。

まず、ぜひとも銘記すべき点がある。それは、多くのギリシャ人とりわけシリザを支えてきた若い有権者が、ツィプラス政権に不信感を抱いたという点である[64]。かれらのシリザに対する失望は極めて大きかった。事実、シリザの人気は当時低落していた。それには三つの要因があると言われる。第一に、ツィプラスの一八〇度の政策転換。彼はそれによって、国民に最も不人気な政策（増税と政府支出減）を課した。第二に、資本コントロールの続行。原料を輸入する製造業者はそれによって問題を抱えた。そして第三に、NDのリーダーの変更。これによりNDは、プロ欧州派の有権者を引きつけた。

こうした中で若いギリシャ人は、とくにツィプラスに対して怒りの気持を露にした。かれらは、ツィプラスはもはやギリシャ人の欲することを行っていないと断じる。シリザの若者サポーターは、ツィプラスの妥協と約束の反故によって裏切られたと感じた。これによりかれらは、投票を棄権する動きを示した。実際に、全体としても棄権率は大きかった。人々はまさに、政党政治に対して絶望したのである。他方でサポーター達は、ツィプラスの政策面のみならず、プライヴェートなビヘイヴィアの面でも彼を疑い始めた。かれらの眼には、彼はすでにラディカルな革命家ではなく、逆に権力者として寡頭支配者につうじる人物と映ったのである。「ツィプラス、お前もか」※という言葉がまさにそこであてはまった。この点でもギリシャの政治はやはり変わることがなかった。

そこで次に問われるのは、シリザの再勝利後に第三次金融支援はスムーズに実行されたかという点であろう。実は、そこには依然として数多くの解決すべき難問が横たわっていた。最後に、それらの問題を整理しながら金融支援の課題とその行方を検討することにしたい。

七　第三次金融支援の課題と行方

（一）債務削減問題

ギリシャに対する第三次金融支援について、最大の障害は、トロイカの意向が一枚岩でないという点である。ＩＭＦとドイツの対立は、支援の合意成立後も深まるばかりであった。さらに、ギリシャとトロイカの関係も決して良好ではなかった。要するに、ギリシャ、欧州債権団、並びにＩＭＦの三者の関係はこじれたままであった。そうした中でギリシャの新財務相ツァカロトスは、経済復興のた

※ツィプラスは、彼の長男をギリシャで最も名声があり学費の高いプライヴェート・スクールに入学させ、また夏のヴァカンスをギリシャの裕福な船主の所有する別荘で過ごしたことがメディアで取り上げられた。これは大きなスキャンダルとなった(65)。

めには債務免除が絶対的に重要であることを総選挙の直後に表明する(66)。このギリシャの主張に対し、IMFと欧州債権団はいかなる姿勢を示したか。

まず注目すべき点は、先にも見たように、このギリシャの債務削減をめぐってIMFと欧州債権団とりわけドイツとが鋭く対立したという点である。この点についてIMFは、二〇一六年に入って一層はっきりとした意向を表す。IMFの欧州局長トムセンは、欧州委員会によるギリシャの公的赤字の削減目標が非現実的であることにいら立ちの感を露にした(67)。実は、IMFはギリシャへの第三次金融支援に対し、必ずしもゴー・サインを出したのではなかった。IMFは、ギリシャの債務再編がなされない限りは支援に参加しないことを表明したのである。実際にIMFは、第二次金融支援が行われた二〇一二年以降に、ギリシャの債務はつねに持続不可能であったことを確信する。それゆえIMFは、この新救済プログラムは活用できないと判断した。同時にかれらは、ツィプラス政権による改革の実行能力も疑っていた。こうした中でラガルド総裁は、ギリシャの欧州パートナーが、現実的な財政目標に基づいて債務免除を行わなければならないとして、ギリシャと欧州債権団の双方を強く批判した(68)。このようなIMFの強硬姿勢の背後に、先に示したような欧州以外の加盟国からの圧力があることは否定できない。

IMFはまた、欧州債権団の示す新救済プログラムを根本的に疑う(69)。財政緊縮プログラムが、ギリシャのリセッションと債務負担からの解放にはつながらないと考えられるからである。そこでまず、救済プログラムにあるプライマリー収支の黒字目標の変更が求められる。IMFの提案は、対GDP比で一・五％の黒字であり、それは欧州債権団の要求よりはるかにリーゾナブルとみなされた。さらにIMFは、欧州債権団による一層の融資の必要を訴える。具体的にユーロ圏は、IMFによる救済分を買い戻すことができる。これは、欧州債権団からギリシャへの資金移転を表す。ユーロ圏は、ギリシャの経済復興のためにより多くの支援が必要であることを認めなければならない。こうしたIMFの主張は、ギリシャ支援に限って見れば全く正当なものである。

一方、以上のようなIMFの債務削減の要求に対し、欧州債権団とりわけドイツは真っ向から反対した。ショイブレ財務相は、債務削減が必要でないことを盛んに強調する。しかし他方で、八六〇億ユーロもの対ギリシャ支援は、資金面でIMFの参加なしには考えられなかった(70)。そうだとすれば、欧州債権団はIMFの要請に一定の譲歩をせざるをえない。実際にギリシャの債務免除をめぐる議論が欧州債権団との間でスタートを切る。ショイブレは、債務免除のテーマを初めてとり上げたのである(71)。ただし、それは条件付きであった。そこでは、ギリシャの累積債務に対してヘアカットがないこと、また現行の救済プログラムが改正されないことが条件とされた。

では、どれほどの債務免除が必要とされるか。それは依然として議論されなかった。ユーログループのディーセルブルーム総裁は、債務免除を短期と中期に分けて理解する。彼は、短期ではESMのローンをより長期で固定利子の債務にスワップする一方、中期では満期の大きな延長ないしはECBの保有するギリシャ債から生じた利潤を償還する案を提示した。これに対してドイツは、二〇一八年までは債務削減問題に関与したくなかった。それは、二〇一七年の連邦選挙のためであった。

そうした中で、ドイツとIMFは対ギリシャ金融支援に関する思惑の違いをなくすことに努める。それは、ユーロ圏に対する信頼を維持するためであった。同時にドイツにしても、IMFの参加なしにギリシャ支援案を連邦議会で可決することは不可能であった。そこでショイブレは、二〇一六年五月早々にギリシャの債務免除を考えることを正式に表明する。ただし、その実行は二〇一八年以降という条件が付けられた(72)。この条件付きのショイブレ案が、ＩＭＦに受け入れられないことは確実であった。ギリシャの債務免除は、ＩＭＦが参加する前に機能しなければならないからである。しかし最終的に両者は、二〇一六年五月二五日に妥協的な協定を結ぶ。これによってショイブレは二つの目的、すなわち、ＩＭＦを参加させることと債務免除の決定を二〇一八年まで引き延ばすことを達成した。その代わりに彼は、ＩＭＦの条件にコミットすることを非明示的であれ示したのである。

この協定における債務免除のアウトラインは、満期の延長とＩＭＦのローンの買取りを二〇一八年に行うというものであった(73)。では、これでドイツとＩＭＦの考えのギャップが完全に埋まるかと言えば、それは依然として疑わしかった。現実にドイツにおけるユーロ懐疑派は、ＡｆＤを中心にこの同意に反対する意思を表したのである。

そこで、もしもＩＭＦ、欧州債権団、並びにギリシャの間で根本的に異なる姿勢が保たれればどうなるか。言うまでもなく、それは再びギリシャのディフォールト危機とＧｒｅｘｉｔの可能性を高めるであろう。それゆえツィプラスは、困難打破をねらいとする緊急ＥＵサミットの開催をアピールした(74)。実際にギリシャでは、二〇一六年五月に再び現金の枯渇する恐れがあった。税収の遅れから、公務員賃金と年金支払いができないと予想されたのである。

ところが、こうした事態に至っても債権団はギリシャに対して新たな緊縮策を要求した。それは、ツァカロトス財務相が主張するように、ギリシャの議会で可決される見通しが全くない。それでなくてもツィプラスは、これまでに国民との約束を反故にしたことから急速に人気を失っていた。そこで彼が、国民に不人気な緊縮策を一層打ち出せるはずはなかった。もしも交渉が難航して支援金の支払いが遅れればＧｒｅｘｉｔが再び近づくことは明らかであった。

一方ドイツにしても、難民危機が深刻化している中で、Ｇｒｅｘｉｔのリスクを犯す余裕はない。他方で欧州は、ギリシャに対して「救済延長と返済偽装」を永続させることもできない。ミュンショーが指摘するように、ギリシャはそれによって永遠の支払い不能とリセッションに陥るからである(75)。ではどうすればよいか。ギリシャ危機を抜本的に解決する最良の手段は、やはり債務削減しかない。この点はＩＭＦのみならずドイツもわかっているはずである。ドイツが債務削減を通して域内資金移転を認めることにより、欧州はＧｒｅｘｉｔを阻止するだけでなくユーロ圏を新たな統合の段階に引き上げることができる。

（二）緊縮政策問題

一方、ギリシャでは今まで以上の緊縮策を強いられることによって生活上の困難に見舞われる一般市民が、この救済協定に強い不満を表したのは当然であった。それは、二〇一五年一一月一二日のジェネラル・ストライキとなって現れる。このストライキは、ツィプラス政権が成立して最初のものであった。そこでは、何千もの公共セクターの被雇用者、年金受給者、並びに仕事を失った人々が反緊縮のスローガンを掲げてデモを繰り広げた(76)。自宅の担保権喪失と年金の一層の削減などに対する不安が、そうしたストライキを引き起こしたのである。ギリシャ最大の労働組合である公務員組合のアデディ（Adedy）は、「我々は救済政策を逆転させ、かつまた債務削減を勝ちとるための闘いを想定する」と宣言した。ツィプラスが救済と引換えに緊縮策を承諾したことは、ギリシャの人々を絶望させた。彼は年金削減だけでなく、社会保障システムをも破壊してしまった。労働組合がジェネラル・ストライキを起こして闘う決意を表明したのもそのためである。

一方ツィプラス政権は、議会で予算案を可決するためにプロ欧州の野党に協力を求めざるをえなかった。しかし野党は、厳しい緊縮案を推進するための合意を拒否した。リセッションの高まる中で国民に大不人気な構造改革を課したくなかったからである。実際にギリシャ経済は、二〇一五年のゼロ成長から二〇一六年にはさらに〇・七％縮小すると予測された(77)。生産も資本コントロールの後に減少している。政府のプライマリー収支の黒字も控え目な予想に止まる。民営化による収入も当初の見込みの六割にも満たない。

こうした中でツィプラスは、二〇一六年に入ると直ちに、ギリシャは一層の年金削減に対する不合理で不公正な要求には従わないことを誓った(78)。彼は財政収入の確保のために雇用者負担を強める一方、銀行取引税の設定を提案した。しかし債権団は、年金のさらなる削減は不可避であると主張すると共に、ビジネスを困難にさせるギリシャ政府の提案を批判する。

このように、二〇一六年に入ってもギリシャと債権団は再び対立する様相を示した。そこでツィプラスは、FT紙に自ら投稿して危機打開を図る意思を表す(79)。彼は、トロイカとの協定に従って必要な財政パッケージの遂行を謳う。それは、所得税をGDPの一％分追加し、また年金を二〇一八年までにGDPの一・五％節約するというものであった。他方で彼は、そうした財政改革が社会的公正を失するものとならないようにすることも強調した。この目的は、直面する財政緊縮に際しても果されねばならないとされた。これによってツィプラスは、二〇一六年がギリシャにとって社会的・経済的な分水嶺になることを確信する。ほんとうに彼の言うとおりになるであろうか。そもそも、人々の痛みを伴う緊縮策と社会的公正が両立するという見方自体を、疑う必要があるのではないだろうか。

実は、このツィプラスの宣言直後に、IMFでラガルド、ツァカロトス、ショイブレ、並びにユンケルが会合した[80]。そこで初めて、ギリシャが二〇一八年にプライマリー収支の黒字目標を達成するために、財政改革プランの実現の必要が強調された。同時にＩＭＦと他の債権団は、ギリシャが新たな改革を受け入れることに合意する。ギリシャは、これによって再び妥協を強いられたのである。かれらは最終的に一層の緊縮策を押しつけられた。二〇一五年一月にギリシャの人々は少しだけ夢を見ることができたものの、それは幻想に終ってしまった。緊縮は続くばかりかさらに強められた。この点でギリシャの経済・社会は何も変わっていない。否、それどころかますます悪くなるとさえ言ってよい。ツィプラス政権は果して、新たな犠牲を国民に強いることができるのか。この点が問われるのは間違いない。

二〇一六年七月初めのギリシャのマセドニア大学による世論調査は、八六％のギリシャ人が政府に不満であることを示している[81]。シリザ党内においてさえ、それは六九％にも達していた。ギリシャの市民は、日常生活の改善に対するすべての希望を失った。かれらは、もはや政治家の誰も信じていない。この調査で、誰がギリシャをよく救えるかという質問に対し、かれらは誰もいないと答えた。これはまさしく、今日のギリシャ国民のエスプリを反映していた。かれらは、トロイカをファシストとみなす。年金の一層の削減は、サディズム以外の何ものでもない。ギリシャの人々はまた、ツィプラスは結局前政権の決定を引き継いだにすぎず、彼にはもう何も望もうとしない。

現実にギリシャ経済は、ツィプラスの宣言とは裏腹に二〇一六年に入っても悪化したままである。二〇一五年六月末から設けられた資本コントロールにより、民間の支出は減少し、すべての経済活動が停滞している。この状況を管理することはすでに困難と言われる。それにも拘らず、ギリシャは新たな緊縮策の一斉攻撃を受けた。ＶＡＴは一九％から二四％に上昇し、同年九月から不動産税も一層増大する。

これで以てギリシャの人民は、欧州に対する信頼を保てるであろうか。イギリスのEU離脱（Brexit）の経験は、こうした人々の気持の欧州離れに対する警告ではないだろうか。ギリシャの有権者は確かに、ますますユーロ懐疑主義者になっている。世論調査によれば、ギリシャの市民の間でユーロにポジティヴな考えとネガティヴな考えとの差が急速に縮まったのである(82)。しかも、この結果に誰も驚いていない。そうだとすれば、Grexitを叫ぶ声がギリシャ内から高まっても何ら不思議ではない。

（三）難民・移民問題

ギリシャは総選挙を経て第三次金融支援を受ける体制をつくった直後に、今度は夥しい難民・移民の到着に見舞われた。ギリシャは、トルコからEUに向けて流れ込んだ何十万人もの難民・移民の玄関口となった。かれらは、ギリシャの何十もの島に散らばり島民をも上回るほどであった(83)。ギリシャはもともと、歴史的に人々の避難先として位置付けられてきた。そして現在、そうした人々はかつてないほどの規模に達している。そこで問題となるのは、かれらをいかに管理するかという点である。それでなくても現金の枯渇したギリシャにとって、そのための資金は当然に捻出できない。それゆえギリシャは、金融支援以外に難民・移民対策費のための支援を欧州に要請せざるをえない。ギリシャとユーロ圏はまさに、債務危機と難民・移民危機の二重の危機に瀕した。両者は連鎖したのである。こうした事態に欧州はいかに対応したか。

そもそも欧州では、シェンゲン協定の下にパスポート・フリーの領域が存在する。したがってその領域内で欧州の人々は自由移動を保証されている。そうだとすれば、ギリシャに到着した難民・移民は当該域内で受け入れられねばならない。かれらの受入れを宣言したドイツのメルケルは、当然にシェンゲン協定を盾に、難民・移民の受入れを欧州でシェアするメカニズムに同意する必要があることを主張した。ユンケルも、シェンゲン協定が失敗すればユーロも失敗するとして両者の連結を訴えた(84)。

確かにシェンゲン協定とユーロは、EUの最も野心的なプロジェクトである。この観点からEUは、ギリシャが難民・移民への対応を怠れば、かれらをシェンゲン領域から外すとして再びギリシャを脅迫する(85)。ユーロ圏離脱を逃れたギリシャは、今度はシェンゲン圏離脱の脅威に晒されたのである。そうした中で、さらにもう一つの恐れがギリシャにふりかかる。それは、マセドニア・プランと呼ばれるものであった。EUのリーダーは、避難先を求める難民・移民の大量流入を食い止めるために、ギリシャと接するマセドニアに入る人々を阻止することを考える(86)。ギリシャに到着した難民・移民はマセドニアを通って中・東欧諸国に流入できるからである。そして欧州委員会とドイツも、EUの非メンバーであるマセドニアを支援することに一旦同意した。これが、シェンゲン協定の失敗を意味したことは言うまでもない。欧州はこうして、難民・移民のコントロールをギリシャに押し付けようとしたのである。

ギリシャはもちろん、このプランに激怒した。ツィプラスは、もしもマセドニアとの国境が封鎖されれば、ギリシャは難民の「ブラック・ボックス」となり、かれらの共同墓地と化すとして警告を発した(87)。毎日二千人もの難民・移民がギリシャに押し寄せる事態に対し、限られた資金しか持たないギリシャが、かれらを登録させて管理することなどは到底できる訳なかった。それは、人口一一〇〇万人ほどのギリシャに、八〇万人以上の難民・移民が何十もの島に散在している状況を踏まえれば容易に理解できる。それにも拘らず、なぜ欧州は無理難題をギリシャに突きつけたのか。欧州のねらいは、金融支援の受入れ条件をギリシャにいち早く受諾させることによって、その資金を難民・移民の対策費として使わせることにあるのではないかと考えられる。もしそうだとすれば、金融支援は再びギリシャ国民に直接に益するものではなくなる。これはギリシャにとって、あまりに不条理であると共にさらなる悲劇であろう。

　こうした中でマセドニアは、二〇一六年二月二三日に実際にギリシャとの国境を封鎖してしまった。また、これに先立って東欧諸国とバルカン諸国も、ドイツへの「バルカン・ルート」を閉鎖し始めた[88]。これらによって、何万人もの難民・移民はギリシャに封じ込められた。とくにマセドニアとの国境近くにあるイドメニ（Idomeni）・キャンプには、千五百人の収容能力に対して少なくとも九千人もの人が押し込められた。その中には何千人もの子供達が含まれており、かれらは飢えのリスクに晒された。これは人道的危機以外の何ものでもなかった。ユニセフは、この点について強く警告を発したのである。

　この一大危機に、欧州の政策決定者は右往左往し、ようやく事態の深刻さを受け止めて一つの新たなプランを提示する。それは、トルコと協定を結ぶことで、ギリシャに入り込んだ経済的難民としてのシリア人をトルコに送り返すというものであった[89]。欧州委員会は、これによってかれらの権利は尊重されることを強調した。ほんとうにそうであろうか。まず、この大量の難民の送り返し（renfoulement）が国際法に適するものかを審議する必要がある。それは強制送還を意味するのではないか。この点が問われねばならない。また実践的にも、一体どのようにして経済的難民を選別できるか。その方法にも疑いが生じる。ところが、そうした根本的問題がこのプランに潜んでいるにも拘らず、欧州内でそれに誰も異を唱えなかった。人権問題に最も敏感であるはずのフランスでさえ、オランドは、不法な状態で滞在するシリア人がトルコで再認可されると述べて、このプロジェクトに賛意を表したのである。

では、この新プランでギリシャの負担が軽減されるかと言えばそうではない。そこにはいくつもの厄介な仕事が待ち受けていた(90)。まず、ギリシャは自国の避難所法を修正しなければならない。この難民送還プランが、同法を犯す恐れがあるからである。ギリシャでは、歴史的に避難所（英語で言う asylum はギリシャ語の asulon を起源とする）は神聖な場であり、そこに入り込んだ人々の安全が確保されねばならない。そこで送還先のトルコが、そうした場になりえることを認める必要がある。

次いでギリシャは、避難所のシステムを改善しなければならない。それはこれまで、難民を受け入れられないほどに劣悪な状態であった。それゆえ欧州人権裁判所は、避難を求める人々をギリシャに送ることを二〇一一年に禁じたのである。そもそもEUにはダブリン・レギュレーションが設けられている。それは、難民の到着する最初の加盟国がかれらを登録して収容することを示す。ただし、そこでは難民が他の所に移動しても最初の到着地に戻ることが認められている。そうだとすると、このダブリン・レギュレーションはギリシャに通用しない。そこでもしトルコとの協定が結ばれれば、ギリシャは難民を一定期間収容できるようにすると共に、かれらの一部をトルコに戻す作業を行わなければならない。そのために、大きな資金とマン・パワーが必要となることは言うまでもない。

EUは、以上に見たような様々な問題を回避することを目的として、最終的に二〇一六年三月二〇日にトルコとの間で協定を交わした(91)。その内容は、ギリシャに到着した難民・移民をトルコが受け入れることであった。これによって、「不当な新移民」はトルコに送り返されることになる。その代わりにトルコ在中の真のシリア難民を欧州が受け入れる。ここで「シリア人一人に対して一人のシリア人」というメカニズムが働く。トゥスクとユンケルもこの協定を賞賛し、欧州が難民を受け入れる最も寛大な大陸であることを誇った。そしてメルケルもツィプラスも、この協定に賛同したのである。

果してこの協定は、欧州のリーダーが説くほどに難民・移民危機を根底から解消できるであろうか。先に示したように、そうした方法はどう説明しても、形式的には「送り返し」にすぎない。とくにシリア人について、その合法性は疑わしい。同時に欧州は、難民・移民危機をトルコに下請けさせたとする批判も正当であろう。これは決して魔法の杖ではない。それはたんに、バルカン・ルートの閉鎖に伴う便法にすぎないのではないか。

より基本的な問題は、やはりギリシャ側にこそあると言わねばならない。実際にギリシャの難民キャンプの管理者が主張するように、それらの難民の中から、ごく短期の間でトルコに送還する人を選別することは極めて難しい(92)。かれらには、もはや難民をコントロールするだけのカネもヒトも足りないのである。欧州がギリシャに新たな支援を行ってこの点を解決しない限りは、難民・移民危機は続くと考えざるをえない。

確かに、EUとトルコとの協定が、新たな移民流入の大きな抑止力になったことは事実である。四月に入ってギリシャに到着した移民は三月のときに比べて激減した。この移民減少傾向はその後も続いている(93)。しかし他方で、ギリシャに滞留している難民・移民を見ると、そこには依然として大きな問題が立ちはだかっている。かれらの収容施設は完全に飽和状態であり、その人道的状況は非常に悪化していると言わねばならない。

こうした中でEUは、ギリシャに対して避難所の状態を改善するように圧力をかけた(94)。それは、ダブリン・レギュレーションをギリシャに再び適用することをねらいとした。このEUの要求にギリシャが反発したのは言うまでもない。ギリシャはこの事態に、人道的緊急プランの中で新たな支援をEUに求めたのである(95)。

このようにして見ると、ギリシャ社会は今や二重の人道的危機に見舞われていると言ってよい。それは、超緊縮策によるギリシャ国民とギリシャに滞留する難民・移民の人道的危機である。まさに、ギリシャに悲劇は次から次へ押し寄せている。この事態を欧州は重く受け止めなければならない。ところが逆に、かれらは、追打ちをかけるかのようにギリシャをさらに痛めつけている。債務奴隷と化したギリシャに対し、EUはシェンゲン圏離脱のブラックメールを送った。もしそうなれば、ギリシャの人々、とりわけ若者の雇用機会は一層減少すると共に、外国投資も大きく低下するに違いない。それによってギリシャの経済状況はますます悪化し、再び債務危機が生じるのは目に見えている。それがまたユーロ危機を意味することは言を俟たない。欧州がここで銘記すべきことは、結局ギリシャの債務問題の抜本的解消なしに難民・移民危機から脱することはできないという点である。この点で欧州は、ギリシャの債務削減を何としても認めなければならない。

八　おわりに

ギリシャの人々はレファレンダムで、トロイカの管理する緊縮行政にはっきりと反旗を翻した。かれらは、ツィプラス政権を通して自分達の声を欧州債権団に届けようとした。しかし、それははかない夢に終わった。ギリシャ国民の反緊縮という思いは、欧州によって無残に打ち砕かれた。否、それどころか欧州は、今までにないほどの超緊縮策を懲罰的な意図でギリシャに強要した。かれらはギリシャに反逆したのである。欧州こそが、世界で最も民主主義を声高に謳っていたはずなのに、かれらは同じメンバーのギリシャの民主主義を否定した。これはまさに、欧州の歴史的な誤りであった。さらに言えば、パリ・シアンス・ポリティーク景気循環研究所の報告書が指摘したように、ユーロ圏は自分達の犯した誤りを理解さえしなかったのである(96)。同時にギリシャの市民は、大きな期待を持って支持したツィプラスによっても裏切られた。これもまた、ツィプラス政権の歴史的な失敗を示した(97)。

では、なぜギリシャはそうした事態に追い込まれたのか。人々のユーロ圏残留という願いが一つの要因になったことは否定できない。ギリシャはそれを前提としてトロイカと交渉せざるをえなかったのである。総選挙でかれらがツィプラスを再び支持したのも、その点で理解できる。そこで問題となるのは、ユーロ圏に留まった上で反緊縮をほんとうに遂行できないのか、という点であろう。

欧州の要求する緊縮策は、先に見たように年金や労働市場などを対象とする構造改革を意味する。そうした改革は国民的レヴェルでも欧州レヴェルでも必要とされることが、ユンケルを筆頭にドラギに至るまでの欧州のリーダーによって強く訴えられた(98)。そこで問われるべきは、この構造改革の正当性であろう。IMFの前副総裁であるA・モディ（Mody）が言うように、そこには構造改革を必要とすることに対して民主的な説明責任が問われるはずなのに、それは一切行われていないのである。

一応通念的には、欧州の周辺部は債務を持続可能にして中心部にキャッチ・アップするために、かれらの経済構造を根本的に改革しなければならないとみなされる。しかし実際には、構造改革が経済成長に効果を発揮することは理論的にも計量的にも確証をえていないのである。とくに労働市場改革についてその点がはっきりしている。それは、ＩＭＦのリサーチによっても確かめられている。そうであれば欧州は、新自由主義に基づいた緊縮策＝構造改革ではなく、別の手段をとらねばならないのではないか。

ギリシャに即して言えば、そのオールタナティヴな道はやはり、債務削減による事実上の債権団からの資金トランスファー以外にない。筆者は以前より、ユーロ圏を維持するために欧州で緊急に必要とされることは、財政資金トランスファー・メカニズムによる財政同盟の確立であると主張してきた。※もし、このことに欧州が着手しなければ、次の返済期限を迎える二〇一八年にギリシャは再びディフォールト危機に見舞われ、それによって今度こそＧｒｅｘｉｔが表面化することは目に見えている。欧州にとって、もはや時間的余裕はないはずである。そう思えてならない。

【注】

（1）Negreponti-Delivanis, M., "La Grèce toujours dans l'impasse. Peut-elle en sortir ?", in Lafay, G., dir., *Grèce et euro : quel avenir ?*, L'Harmattan, 2015, pp. 99-100.

（2）Guillot, A., Charrel, M., & Ducourtieux, C., Périls sur la zone euro, *Le Monde*, 30, juin, 2015.

（3）Hope, K., "Race against time to prepare referendum", *FT*, 30, June, 2015.

（4）Hope, K., Jones, C., & Spiegel, P., "Greece closes banks to head off chaos as bailout talks break down", *FT*, 29, June, 2015.

※欧州の財政資金トランスファー・メカニズムについては、拙著『欧州財政統合論』ミネルヴァ書房、二〇一四年、第三章を参照されたい。

(5) Guillot. A., Charrel, M., & Ducourtieux, C., *op.cit.* Hope, K., Jones, C., & Spiegel, P.,*op.cit.*

(6) Münchau, W., " A 'take it -or-leave it' referendum is a recipie for disaster ", *FT*, 29, June, 2015.

(7) Hope, K., " Race against time to prepare referendum", *FT*, 30, June, 2015.

(8) Hope, K., " Legal appeal seeks to stop bailout plebiscite ", *FT*, 3, July, 2015.

(9) Spiegel, P., " EU leaders take risk with intervention in domestic politics ", *FT*, 30, June, 2015. Spiegel, P., & Wagstyl, S., " Greek voters warned that bailout rejection would spell ' No to Europe' ", *FT* 30, June, 2015.

(10) Foy, H., " ' No' campaign plays down threat to euro ", *FT*, 1, July, 2015.

(11) Petkovic, S., & Williamson, H., *Youth policy in Greece*, Council of Europe, June, 2015, pp.15-18.

(12) Dragasakis, Y., " All we ask is that Europe give Greece a chance ", *FT*, 18, March, 2015.

(13) Spiegel, P., " Brussels cuts Greek growth forecast ", *FT*, 6, May, 2015.

(14) Hope, K., & Spiegel, P., " Syriza presses social security funds for cash ", *FT*, 11, March, 2015.

(15) Tsipras, A., " Non à une zone euro à deux vitesses ", *Le Monde*, 2, juin, 2015.

(16) Hope, K., " Syriza criticized over €500m military contact", *FT*, 23, April, 2015.

(17) Hope, K., Spiegel, P., & Jones, C., " Athens raids public health coffers ", *FT*, 25, March, 2015.

(18) Hope, K., " Mayors defy Syriza's demands by refusing to hand over funds aimed at avoiding default ", *FT*, 17, June, 2015.

(19) Ducourtieux, C., Guillot, A., Lemaître, F., Mandraud, I., & Salles, A., " Dans la tête d'Alexis Tsipras ", *Le Monde*, 30, juin, 2015.

(20) Spiegel, P., & Hope, K., " Tsipras makes last-minute appeal for new Greece life line ", *FT*, 1, July, 2015.

(21) Hope,K., " Tsipras defiant as country lurches to the brink ", *FT*, 2, July, 2015.

(22) Spiegel, P., & Hope, K., " Tsipras accuses EU leaders of blackmailing Greek voters ", *FT*, 2, July, 2015.

(23) Ducourtieux, C., & Stroobants, J-P., " L'Europe défiée par le non massif des Grecs ", *Le Monde*, 7, juillet, 2015.

(24) Cojean, A., " Notre non entrera dans l'histoire ", *Le Monde*, 13, juillet, 2015.

(25) Le Monde, " Incertitudes sur l'avenir de l'Europe ", 11, juillet, 2015. L'Express, " Comment sauver l'Europe ? ", 8, juillet, 2015.
(26) Truong , N., " Une guerre des démocraties ", *Le Monde*, 6, juillet, 2015.
(27) Cojean, A., " La peur des lendemains qui déchantent ", *Le Monde*, 7, juillet, 2015.
(28) Monedero, J. C., " L'heure des peuples a sonné ", *Le Monde*, 6, juillet, 2015.
(29) Poleti, J., " Renzi's reformist agenda threatened by contagion ", *FT*, 4, July/5, July, 2015.
(30) Lasjaunias, A., " On a décidé de mourir comme on l'entend ", *Le Monde*, 7, juillet, 2015.
(31) Ducourtieux, C., & Stroobants, J-P., *op. cit*.
(32) Giscard d'Estaing, V., " Il faut mettre la Grèce en congé de l'euro ", entretien par. Barbier, C., *L'Express*, 8, juillet, 2015, No 3340.
(33) Delors, J., Lamy, P., & Vitorino, A., " Avec Ahènes, pour suivons l'odyssée ", *Le Monde*, 6, juillet, 2015.
(34) Ducourtieux, C., & Charrel, M., " Trois scenarios possibles au lendemain du référendum ", *Le Monde*, 7, juillet, 2015.
(35) Entretien avec T. Piketty, " Il faut restructurer l'ensemble des dettes Européennes ", *Le Monde*, 6, juillet, 2015.
(36) Landais, C., Piketty, T., & Saez, E., *Pour une révolution fiscale—Un impôt sur le revenu pour le XXIe siècle*—,Seuil, 2011, pp. 110-115.
(37) Le Monde, Éditorial, 7, juillet, 2015. Guillot, A., " L'audace récompensée d'Alexis Tsipras ", *Le Monde*, 7, juillet, 2015.
(38) Rachman, G., " Europe should welcome Greece's vote ", *FT*, 7, July, 2015.
(39) Wagstyl, S., " Determined Merkel turns the screw ", *FT*, 2, July, 2015.
(40) Münchau, W., " A stealthy route to Grexit ", *FT*, 7, July, 2015. Foy, H., & Hope, K., " Greeks dance but Tsipras faces big test ", *FT*, 7, July, 2015. Guillot, A., " Yanis Varoufakis sort de l'arène ", *Le Monde*, 7, juillet, 2015.
(41) Hope, K., " Firebrand Syriza energy minister defies gag to oppose accord ", *FT*, 9, July, 2015.

(42) Spiegel, P., " The leader taking Greece to the brink ", *FT*, 11 July/ 12 July, 2015.
(43) Foy, H., & Hope, K. " Enigmatic leader cuts dicisive figure as country faces jeopardy ", *FT*, 4, July/ 5, July, 2015.
(44) Ducourtieux, C., D'allonnes, D., & Stroobants, J-P., " L'Europe garde la Grèce dans la zone euro et évite l'implosion", *Le Monde*, 14, juillet, 2015.
(45) Tonnelier, A., "Un accord qui s'apparente à une mise sous tutelle ", *Le Monde*, 15, juillet, 2015.
(46) Spiegel, P., " Athens demands few changes from two-week-old proposals ", *FT*, 11, July/ 12, July, 2015.
(47) Foy, H., " Tsipras faces showdown with his own party ", *FT*, 14, July, 2015.
(48) Oliver, C., Foy, H., & Spiegel, P., " Syriza recriminations fly during bailout debate ", *FT*, 16, July, 2015.
(49) Spiegel, P., Wagstyl, S., & Foy, H., " Tsipras faces rebellion in Athens after accepting €86bn EU bailout ", *FT*, 14, 2015.
(50) Foy, H., *op. cit.*
(51) Oliver, C., Foy, H., & Spiegel, P., *op.cit.*
(52) Charrel, M., " Athènes annonce un accord sur son plan d'aide ", *Le Monde*, 12, août, 2015. Ducourtieux, C., " Et si la <troïka> cédait la place à un <quintet> ? ", *Le Monde*, 22, août, 2015.
(53) Barker, A., Nooman, L., & Jones, C., "ECB loans will keep struggling banks afloat ", *FT*, 14, July, 2015.
(54) Spiegel, P., " Regling damps Greek debt relief hopes ", *FT*, 2, October, 2015.
(55) Hope, K., & Wagstyl, S., " Mood remains subdued after day of talks yields outline deal ", *FT*, 12, August, 2015.
(56) Wagstyl, S., " Berlin throws spanner in works of Greek deal ", *FT*, 14, August, 2015. Robinson, D., Wagstyl, S., & Milne, R., " Call for wider Greek debt relief gathers momentum ", *FT*, 14, August, 2015.
(57) Wagstyl, S., " Merkel goes on offensive to quell revolt over €86bn Greek bailout ", *FT*, 17, August, 2015. Wagstyl, S., & Robinson, D., " Bundestag backs Greek deal amid Merkel rebellion ", *FT*, 20, August, 2015.
(58) Le Monde, " Les négociateurs grecs et européennes s'accordent sur un plan d'aide global ", 22, août, 2015.

Rafenberg, M., “ Alexis Tsipras convoque de nouvelles élections ”, *Le Monde*, 22, août, 2015.

(59) Hope, K., “ Hope, K., ”Feud by former comrades in arms threatens Syriza’s future ”, *FT*, 15, August, 2015.

(60) Hope, K., “ Centre right closes the gap on Syriza as voters recoil at party split ”, *FT*, 4, September, 2015.

(61) Le Monde, “ Les négociateurs grecs et europeéns s’accordent sur un plan d’aide global ”, *le Monde*, 22, août, 2015. Guillot, A., “ M. Meïmarakis, pompier de Nouvelle Démocratie ”, *Le Monde*, 16, septembre, 2015.

(62) Barber, T., “ Alexis through the looking-glass world of Greek politics ”, *FT*, 4, September, 2015.

(63) Guillot, A., & Salles, A., “ Le troisième pari gagné d’Alexis Tsipras ”, *Le Monde*, 22, septembre, 2015. Do, “ Les Grecs valident la politique de réformes et d’austérité de Tsipras ”, *Le Monde*, 22, septembre, 2015.

(64) FT, Editorial, “ Greece, democracy and the labour of Hercules ”, *FT*, 7, September, 2015. Hope, K., “ Support for Syriza plunges as general election nears ”, *FT*, 7, September, 2015. Foy, H., & Hope, K., “ Broken promises dog Tsipras campaign ”, *FT*, 15, September, 2015.

(65) Foy, H., & Hope, K., “ ‘Lone wolf’ scruggles to rally faithful on eve of poll ”, *FT*, 20, September, 2015.

(66) Barber, T., & Hope, K., “ Greek finance minister forecasts growth ”, *FT*, 28, September, 2015.

(67) Charrel, M., “ Le FMI envisage de nouveau un défaut de la Grèce ”, *Le Monde*, 5, avril, 2016.

(68) Spiegel, P., “ Lagarde warns Greek debt relief talks are ‘essential’ to IMF role in bailout ”,*FT*, 7, May, 2016. Barker, A., &Donnan, S.,“ IMF stands firm on Athens debt and urges cap on interest rates ”, *FT*, 24, May, 2016.

(69) FT, Editorial,“ The slow grind towards debt relief for Greece ”, *FT*, 25, May, 2016.

(70) Donnan, S., “ Germany at odds with IMF over debt relief for Greece ”, *FT*, 16, April/ 17, April, 2016.

(71) Barker, A., & Brunsden, J., “ Politics clouds Greek debt talks ”, *FT*, 11, May, 2016.

(72) Wagstyl, S., Chazan, G., & Donnan, S., “ Berlin confident of avoiding another Greek crisis ”, *FT*, 20, May, 2016. Wagstyl, S., “ Schäuble keeps IMF on board and deploys relief pact ”, *FT*, 26, May, 2016.

(73) Barker, A., Khan, M., & Donnan, S., “ Greek debt deal leaves key points open ”, *FT*, 26, May, 2016.

(74) Spiegel, P., & Hope, K., “Athens’ plea for emergency summit falls on deaf ears ”, *FT*, 28, April, 2016.

(75) Münchau, W., " The IMF should call Berlin's bluff over Greece ", *FT*, 23, May, 2016.

(76) Hope, K., " Greece hit by general strike as austerity protests make come back ", *FT*, 13, November, 2015. FT, Editorial, " No time for Tsipras to go wobbly on Greek reform ", *FT*, 13, November, 2015.

(77) Hope, K., " Greece approves austerity budget as forecasts brightens ", *FT*, 7, December, 2015.

(78) Kourtali, E., " Athens warns creditors on ' unreasonable ' pension cuts demands ", *FT*, 4, January, 2016.

(79) Tsipras, A., " Greece has defied the doom –mongers—now the IMF must do its bit ", *FT*,15,April,2016.

(80) Ducourtieux , C., & Guillot, A., " Grèce : les créanciers demandent de nouveaux efforts ", *Le Monde*, 19, avril, 2016.

(81) Le Monde, Reportages, " Grèce : un an après, le ras –le – bol silencieux ", *Le Monde*, 15, juillet, 2016.

(82) Palaiologos, Y., The threat of Grexit has not been banished ", *FT*, 29, May, 2016.

(83) Spiegel, P., Robinson, D., & Politi, J., " Greece faces border control challenge ", *FT*, 22, September, 2015.

(84) Münchau, W., " A continent overwhelmed by crises ", *FT*, 30, November, 2015.

(85) Barker, A., Robinson, D., & Hope, K., " Greece threatened with Schengen suspention over migrant response ", *FT*, 2, December, 2015.

(86) Robinson, D., & Spiegel, P., " EU weighs ringfencing Greece to stop migrant flow", FT, 23 January/24 January, 2016.

(87) Byrne, A., & Robinson, D., " Greece attacs plan to tighten border ", *FT*, 26, January, 2016.

(88) Hope, K., & Byrne, A., " Migrants trapped on islands as Greece overwhelmed ", *FT*, 2, March, 2016. Ducourtieux, C., & Guillot, A., " La crise des réfugiés menace le sauvetage de la Grèce ", *Le Monde*, 5, mars, 2016.

(89) Ducourtieux, C., & Stroobants, J-P., " Réfugiés: le grand retournement européen ", *Le Monde*, 9, mars, 2016.

(90) Barker, A., & Robinson, D., " Migration deal poses Herculean challenges ", *FT*, 17, March, 2016.

(91) Ducourtieux, C., " Migrants : pacte sans gloire entre l'UE et Ankara ", *Le Monde*, 21, mars, 2016.

(92) Guillot, A., & Jégo, M., " Alors ça y est, l' Europe nous expulse ", *Le Monde*, 6, avril, 2016.

(93) Pitel, L., & Brunsden, J., "Turkey rejects EU demands on terror laws", *FT*, 10, August, 2016.
(94) Robinson, D., & Barker, A., " EU urges Athens to improve refugee care ", *FT*, 10, February, 2016.
(95) Guillot, A., " La Grèce en état d'urgence humanitaire ", *Le Monde*, 2, mars, 2016.
(96) Antonin, C., Creel, J., & Villemot, S., "La Grèce, ou l'échec de la gouvernance budgétaire", in OFCE, *L'économie européenne 2016*, La Découverte, 2016, p. 113.
(97) Lafay, G., " L' échec ineluctable du gouvernement Tsipras ", in Lafay, G., dir., *Grèce et euro : quel avenir ?*, L'Harmattan, 2015, p. 175.
(98) Sandbu, M., " The case against ' cash for reform' ", *FT*, 19, August, 2015.

終章　欧州建設の課題と展望

一　はじめに

ギリシャの悲劇はくり返された。人々は、かれらを救うために権力に抵抗し続けるプロメテウスが現れることを夢見た。しかし、EUは絶対者であるゼウスとして弱小国のギリシャの前に立ちはだかり、その夢を打ち壊した。それを手助けしたのが権力者としてのドイツであった。このシナリオはまさに、アイスキュロスの描いた悲劇をなぞるものであった。

他の欧州の市民は、そうしたギリシャの悲劇を、自身のごとくに感じたに違いない。果して欧州のリーダーは、そのことを正しく認識していたであろうか。イギリス国民のEUに対する反逆が、そうした人々の不安感や怒りの結晶であったとしても何ら不思議ではない。今やブリュッセルと欧州市民の間には、確かに深くて大きな溝が横たわっている。この溝を埋めない限りは、欧州の再生はありえないのではないか。一体、ギリシャ危機で発現した欧州の課題はどのようなものか、それらを克服するためにはどうすればよいか、そこには明るい未来を描ける要素が見出せるのか。わき出る問いは尽きない。そこで最後に、これらの問題を検討することによって、将来の欧州建設のあるべき姿を、それこそ意思のオプティミズムをもって探ることにしたい。

二　ギリシャ危機と欧州建設の課題

（一）緊縮と社会問題

ユーロ・スタットによれば、二〇一二年に欧州の人々の二四・八％すなわち約一億二五〇〇万人が貧困と社会的排除の淵にあった(1)。当時、欧州の人口の実に四分の一が惨めな生活を送っていた。そして言うまでもなく他方で、極めて裕福な人々が存在する。この事実を見るだけでも、欧州が人々の連帯的な発展の必要に応えてこなかったことがよくわかる。その一方でかれらは、金融・経済の自由化の下に非常に魅惑的な単一市場をつくり上げ、世界の大資本を引きつけることができた。欧州で経済と社会の乖離が明白となったのである。

欧州のプロジェクトは、そもそも社会的進歩のプロジェクトを含んでいた。しかし、逆に欧州の人々に提示されたのは社会的後退であった。そして、この事態を招いたのが、欧州の支配層による戦略として採られた緊縮策であったと言わねばならない。それはまさに、人々の要求に反対するものであった。この点は、以上に見たギリシャの例により我々は十分に理解できる。ところが、それにも拘らず欧州は緊縮策を捨てようとしない。否、それどころか、ギリシャに対して行われたように、かれらはますます緊縮を容赦なく強いる。今や緊縮は欧州でイデオロギーと化した。それは二つから成る。一つは新自由主義であり、もう一つは懲罰である。

このように、欧州が社会的後退を進めると共に、一般市民の反緊縮という民主主義的要求を斥けたことは、人々の間の、あるいはまた欧州の中での分裂を深めるに違いない[2]。今回のBrexitもその一つの兆候を表していると言っても過言ではない。そうした分裂によって、国民的かつ地域的なエゴイズム、反フェミニズム、反人道主義、ファシズム、並びにゼノフォビア（外国人嫌悪）のアプローチなどが強まることは疑いない。その結末はどうなるか。イギリスの諺に「最後に我々は皆死ぬ」というものがある[3]。それは、すべての過剰な行為に警告を発するものであったと言われる。欧州はまさしく、あまりに緊縮し過ぎたのである。すべての人が死に至らないためにも、かれらはいち早く緊縮のワナから脱け出し、新たにオールタナティヴな社会を建設しなければならない。

そのためにはどうすればよいか。欧州は、そうした緊縮を支えるイデオロギーとしての新自由主義を一刻も早く捨て去る必要がある。実は皮肉にも、このイデオロギーを真先に提示し、それを全世界に広めたのはイギリスであった。新自由主義の旗頭として登場したサッチャー首相は一九八七年に、婦人雑誌とのインタヴィウで、「社会は存在しない」と発言する[4]。この場合の社会は、言うまでもなく社会的保護の意味で使われている。彼女はここで、文字通りに社会は存在しないかのように自身の政治活動を行うことを宣言した。それはまさに、「反社会」の動きを意味した。同様にそれは、「反欧州」をも示唆したのである。

そうだとすれば、本来EUに属するイギリスのそうした姿勢に対し、欧州の中枢部は真っ向から抗議すべきであった。ところが驚くべきことに、そうしたリアクションは一切なかった。それどころか、この「反社会=新自由主義」は、その後のEUを規定するイデオロギーと化したのである。この点は、サッチャーの発言から四〇年近く経った今日でも全く変わることがない。ECB総裁のドラギが発した宣言は、それを明確に裏付けている。彼は二〇一二年二月末のウォール・ストリート・ジャーナル紙とのインタヴィウで、「欧州の社会モデルは陳腐化して終った」と述べる(5)。

実際に欧州の社会モデルは、緊縮政策による社会的支出の減少の中で崩壊した。このプロセスを象徴的に物語るのが、欧州内で行われた社会的ダンピングであった。この点については、最近A・デフォセ（Defossez）による一大研究書が出されている(6)。そこで以下では、彼の行論を追いながらこの問題を考えることにしたい。

デフォセによれば、社会的ダンピングの明確な規定はない(7)。そのカテゴリーには、例えば労働コストの上昇した企業が、他国に生産拠点を移す脅威を労働者に与えて賃金を引き下げたり、あるいは国家が低賃金政策を採ることで企業に有利な環境をつくり出すことなどが含まれる。この後者はもちろん、労働者の権利を犠牲にした反社会的コースである。ただし、こうした賃金格差問題のみが社会的ダンピング戦略を決定させるファクターではない。そこでは、解雇権や労働組合活動の規制などの要素も重要な決め手になる。それゆえフランスの社会経済委員会は、社会的ダンピングを、合法的な社会的権利を抑制、回避、並びに規制する実践と規定する。

では、欧州建設の中で社会的ダンピングはいかなる意味を持っていたか。実は、社会的ダンピングはそもそも、欧州建設の枠組の中で特別に位置付けられてきた(8)。欧州はその意味で、社会的ダンピング戦略の出現する確率を高めたのである。EUの中で諸国間の競争は、補完性の原則によって強められる。ただし、この補完性は国家の能力に関し、とくに社会的領域において不当に侵害しないことを保証しなければならない。ところが、ここに危険が潜む。国家間の競争が激しくなるにつれて、かれらは、わずかしか保護されないような社会的規範を財政、環境、会社法などの分野で採用するように圧力をかけられる。この圧力が結局、社会的保護の下方圧力となる。そして、こうした国家間の争いが、ＥＵ加盟国に対して社会的権利を分散させることになる。そこでは、社会的領域での能力は依然と加盟国の手中にある。

そこで、もしＥＵ諸国が同一の社会的保護レヴェルを固定させるために協力しないのであれば、かれらは社会的権利を減少させる戦略、すなわち社会的ダンピング戦略を開始するリスクが生じる。このように社会的ダンピングは、ＥＵの中で社会的能力が分散されることによって可能となる。それはまた、加盟国間の信頼の不足によっても強められる。こうして反規制＝自由化のスパイラルが起こり、諸国の不安は一層高まる。

このようにして見ると、欧州建設は、社会的ダンピングの可能性を否定しないまま進んできたと言ってよい。現実にそれによって、社会的保護の多くのプロジェクトは欧州で廃止され、それは市場化された。そこでは、市場と競争のメカニズムが勝利した。こうした欧州の事態を象徴するのがギリシャのケースである。それはもちろん、人々にとって耐えがたいものであった。今日の金融・経済危機が、最終局面で社会危機と人道的・生命的危機を導いている以上、欧州は社会的保護のシステムの確立を改めて目指さなければならない。かれらは、社会政策の大転換を迫られている。それに応じるために、欧州は今こそ、サッチャー・ドラギ発言で謳われた欧州の社会モデルの終焉という考え、すなわち新自由主義のイデオロギーを払拭し、再び社会建設に向かって進むべきである。

（二）支配体制問題

（イ）ドイツ問題

ドイツはこの間、ギリシャに対して冷酷な姿勢をとり続けてきた。それは、ショイブレ財務相のGrexit論に端的に現れた。そして、その際の根拠は、欧州のルールに従うべきという点にあった。では、そうした論拠の正当性はあるのか。この点こそが問われねばならない。

FT紙のEU担当の有力記者であるミュンショーが唱えるように、欧州のほとんどの人は、このルールが何であるかわからない(9)。ドイツの主張はあくまでも、いわゆる「非救済条項（第一二五条）」を根拠とする。しかし、それは今までにも例外的措置を欧州司法裁判所により認めてきた。そこでは、経済的な理由が大前提として存在した。二〇一五年六月にドラギは、投機アタックを受けている国の支援を唱え、欧州裁判所もこれを支持した。ギリシャもこのケースに入る。ところがドイツの憲法裁判所は、そうした点を一切考慮しない。ドイツにとって、この非救済条項は最も強い法で他に先行されて守られる必要がある。したがってギリシャの債務免除も、ドイツはそれに反するとして認めようとしない。しかし、その際の救済が経済的救済を意味する以上、ドイツの憲法裁判所がそれを全く考慮しないのはあまりに理不尽である。

さらにショイブレは、ギリシャのレファレンダム後に、欧州委員会に対して準司法的権限を与えるという提案をドイツのフランクフルテル・アルゲマイネ紙で行った(10)。それは、財政ルールの一層の徹底を図ることをねらいとする。ドイツはこれによって、ユーロ圏のルールをより拘束的なものにすることを意図した。そのことはまた、欧州委員会をドイツの意向に沿うように、政治統合が進んだ場合の自己防衛的な独立の機関に仕立てることを目的とする。ここで財政ルールは、言うまでもなくドイツ・ルールを意味する。その遵守を他国が強いられるのであれば、かれらはドイツの高圧的な姿勢を強く感じない訳にはいかない。

こうしたドイツのギリシャに対する、さらには欧州のルールに対する姿勢を、コロンビア大学歴史学教授のマゾワは痛烈に批判する(11)。彼はまず、債権団とギリシャとの第三次金融支援協定は、ヴェルサイユ条約以上に厳しく、それは間違いなくギリシャを保護領化すると断じる。そこで示されたドイツの支配は、あくまでもドイツ・ルールに基づく。しかし、そうしたルール最重視の考えは、ドイツの外交政策にとって決して伝統的なものではない。むしろかれらは、ルールよりも力を歴史的に重んじてきた。ところが、ワイマール帝国の失敗はドイツに教訓を与えた。かれらは、力からルールに重点を移したのである。ルールは確かに、集団的であって独裁的ではない。しかし、その背後に必要とされるのは拘束力と管理力であり、ドイツはそれらを掌握することでヘゲモニーを保つことができる。マゾワは、ドイツのルール重視の考えをこのように説く。その上で彼は、ルールがリーダーシップにつながることはないと主張する。なぜなら、極度の危機のときに、ルールに対する集団的コンセンサスがえられないからである。この点は、今回のギリシャ危機においても、また今後も生じるであろう。もしそうであれば、ルールの重視と無視という相対立する場面が現れることにより、欧州そのものの存在が脅かされるに違いない。

他方でドイツが、これまで欧州統合の最大の推進者であったことも確かである。ドイツが様々に犠牲を払ってきたことも認めない訳にはいかない。ところがドイツはその反動として、今日、将来の欧州プロジェクトに悉く反対する姿勢を示している。

例えば、欧州銀行同盟にとって最重要な共通の預金保険スキームに対し、ドイツは強く反対する。ブリュッセルは二〇一五年一一月末に、四五〇億ユーロに上る汎欧州預金保険スキームを提案した(12)。それは、欧州のすべての銀行預金を一〇万ユーロまで保証するためであり、国民的保証ファンドをバック・アップするものである。しかしドイツは、この案に対して強く不安感を抱き反対した。そこには、国民的資金の共有化が将来進むと考えられたからである。同時にドイツは、銀行と救済の再編のルールづくりを優先すべきことを、ギリシャのケースを例としながら強調する。これに対してEUとECBは、銀行同盟の最終的な柱としてこのスキームを支持し、ドイツの反対を斥けたのである。さらには、ECBの金融政策に対しても、ドイツはその緩和策に一貫して反対してきた。それは、マイナス金利の導入の際にもはっきりと現れた。ショイブレは、そうした策を強く批判した。ドイツの銀行は多くの地方の貯蓄銀行や相互銀行から成り立っているため、かれらがマイナス金利によって大きな打撃を受けるからであった(13)。ここには、明白にドイツの国民的利害を優先する考えがある。では、それで以てドイツ経済自体がうまく機能するかと言えば決してそうではない。最近になってドイツ経済は、緊縮策のネガティヴ（デフレ）効果をはっきりと表している(14)。構造改革の失敗によるドイツの弱体化が見え始めているのである。

このようにして見ると、ドイツのルール重視や国民的利害を第一とする考えは、その正当性を失いつつあると言ってよい。それにも拘らず、ドイツはなぜそれを改めようとしないのか。この点こそが問われねばならない。実は、欧州はここにきて、そうしたドイツの方針を制御できないばかりでなく、逆にそれをむしろ擁護する立場を表明している。

フランスはかつて「ミッテラン＝コール」と「シラク＝シュレーダー」の関係の中で、ドイツに対する抵抗と妥協を図りながら、独仏の欧州におけるバランスを保つことに努めた。それは、ドイツの欧州化を目指すものであった。ところが「サルコジ=メルケル」の関係が「メルコジ」と称されるような緊密な関係をつくり上げることで、事態は大きく変化した。かれらは、ギリシャに対する政策で一致した。それは言ってみれば、独仏協調型支配体制の確立を意味した。もちろん、そこでの主導者はドイツである。こうしてフランスはドイツの欧州化に失敗した。そしてそのことは、「オランド=メルケル」の関係に影響を及ぼした。オランドは当初、メルケルと対決し、反緊縮を主張したものの、結局はメルケルに屈服する。彼はギリシャの救済に対しても、最初からドイツ寄りの姿勢を表した。これによってギリシャの望みが打ち砕かれたことは言うまでもない(15)。

ギリシャに対する第三次金融支援の決定はまさに、欧州統合におけるドイツとフランスの歴史的勝利を示すものであった(16)。この協定はまた、ドイツとフランスの妥協の産物でもあった。これにより、ドイツは債務再編を、またフランスはＧｒｅｘｉｔを回避できた。では、この両者の協調関係が永続きするかと言えばそうではなかった。

さすがにフランスも、ギリシャの完全降伏に加担した後に、それをカヴァーする意味でも欧州の新たなプロジェクトを提示した。それはまたフランス国内における、オランドに対する欧州でのリーダーシップ欠如をめぐる批判に応えるものであった(17)。オランドはそこで、ユーロ圏における経済政府と共通予算を持った財政同盟案を示し、ドイツに連帯を呼びかけた。しかしこの案は、従来と同じくドイツにより財政ルールの原則の下で拒否された。それどころかドイツは逆に、フランスの財政赤字責任を問うことで圧力をかけたのである。

一方、欧州の側はどうであったか。まず銘記すべき点は、ＥＵがギリシャ危機の発生以来、一貫してドイツの方針を支持してきたことである。それは、ショイブレに対する評価に端的に示された。彼はＧｒｅｘｉｔを強調したにも拘らず、欧州統合に最も貢献した人物とみなされた。そしてこの点は、今日まで全く変わっていない。

こうしたショイブレ賞賛は、トゥスク大統領の発言にはっきりと現れている。彼は新金融支援の決定直後に、ル・モンド紙とのインタヴィウで次のように答える(18)。まず、ドイツのギリシャに対する硬直性から生じる力を心配するかという問いに、彼は、ドイツは勝利者でないと答える。ギリシャ問題の議論は経済的事象についてだけであり、ドイツはギリシャに最も大きく貸し付けることになるので政治的に勝利した訳ではない。次いでショイブレの考え方に関して、トゥスクは彼を全面的に擁護する。彼はＧｒｅｘｉｔの可能性を正当なものとした上で、ショイブレのアイデアはユーロ圏とギリシャの双方にとってよりよいとみなす。結果的にショイブレのＧｒｅｘｉｔ論は、ギリシャとの交渉をスムーズに展開させる上で大きな役割を果した。トゥスクはこう捉える。

このようにして見ると、欧州大統領の発言に端的に示されているように、欧州は一国の国民的利害の観点から問題に対処しようとしていることがわかる。そこにはもはや、連帯の意識は見られない。本来であれば一国レヴェルで勝利者と敗北者を判断すべきでない。本当の勝利者は、連帯に基づく欧州全体でなければならないからである。さらに由々しきことは、ドイツのＧｒｅｘｉｔ論がギリシャに対するブラックメールと化したにも拘らず、欧州はそれを正当化している点である。こうした欧州のギリシャに対する圧制ぶりは、欧州の民主主義の欠如（赤字）を如実に示している。

(ロ)　大国主義問題

フランスのマリアンヌ誌は、ギリシャと欧州債権団との協定を、ドイツの鼓舞した強制条約（強国が小国に押し付ける無理強い）として強く非難した(19)。かれらは、プロシア帝国主義者とナチスのイデオロギーを表すミッテル・ヨーロッパがついに到来したとみなした。これはもちろん、大衆誌の得意とする大げさな表現であり、ストレートに信じてはならない。しかし、今回の欧州のギリシャに対する姿勢は、人々にそのような不安を募らせても不思議ではないほどに強硬であった。この協定はそれほどに弾圧的であると共に懲罰的であった。同時にそれは、小国のギリシャがドイツとフランスの大国に従属する姿を明白に示した。

このような、欧州ガヴァナンスの根底に潜む大国主義は、実はすでに至る所で現れていた。例えば財政ルールについても、あれほど強調するドイツが最初にルール違反したにも拘らず、欧州はそれに対する制裁を一切行わなかった。[※1]またフランスも依然としてルールを破っているのに、それは容認されている。これに対して、アイルランドやギリシャのような小国のルール違反には欧州は厳しい罰則を与えてきたのである。

さらにもっと恐ろしい話がある。それは、イギリスのEU離脱（Ｂｒｅｘｉｔ）の問題とギリシャのユーロ圏離脱（Ｇｒｅｘｉｔ）の問題に対し、欧州は全く正反対の姿勢を示したことである。すなわち、欧州はＧｒｅｘｉｔについては、小国のギリシャがたとえユーロ圏を離脱しても大した影響はないとして、その可能性を検討したのに対し、Ｂｒｅｘｉｔに関してはそれと全く逆に、イギリスがEUを代表する大国であるがゆえに、その実限を阻むためのあらゆる努力を尽くした。こうした欧州のダブル・スタンダードに基づく姿勢は、実はかれらの統合に対するヴィジョンを表していたと言ってよい。

Ｂｒｅｘｉｔそのものについては、別途に扱うべき重要なテーマであり、本書で論じる訳にはいかない。ここで注目するのは、イギリスのレファレンダムの前の段階（二〇一六年二月）で欧州が表明した方針である。それは、イギリスをEUに留めるために、D・キャメロン（Cameron）首相の要請に応じて、欧州が金融システムや移民の問題に対してイギリスに譲歩したことを示す。このことは、FT紙の記者ミュンショーが鋭く指摘したように、欧州の二層化を意味した(20)。イギリスは、もともとオプト・アウト（離脱の選択）を認められてユーロへの参加を拒否した。しかし、今回の欧州の譲歩は、そうした選択の問題ではない。欧州は公の形で、かれらが一層緊密な統合を目標に据えないことを表したのである。そうした譲歩は結局、Brexitの決定で無に帰した。欧州はこれにより、屈辱的な敗北を経験する。

では、なぜ欧州は譲歩をしてまでもイギリスをEUに留めさせようとしたのか。理由は簡単である。それは、イギリスがドイツやフランスと並ぶ経済大国であるからに他ならない。だからこそ欧州は、これまでイギリスの主張に耳を傾けてきた。サッチャーの主導した新自由主義路線について、欧州はそれを否定するどころかイギリスといっしょにその路線を歩んできた。また欧州の共通財政問題にしても、サッチャーの強調した徴収地原則（払戻しの原則）が容認されてきた。※2 要するに欧州は、今回のレファレンダム以前からすでにイギリスに大きく譲歩してきたのである。それは、欧州のリーダーが、欧州統合の問題を市場統合の問題に還元してきたことの証左を示す。そうであれば、経済大国で

※1 この点について詳細は、前掲拙著『欧州財政統合論』第一章を参照されたい。
※2 この点について詳細は、前掲拙著『欧州財政統合論』第六章、第七章を参照されたい。

シティという一大金融センターを持つイギリスを、欧州は手離す訳にはいかない。ところが今日、Ｂｒｅｘｉｔが決まった以上、欧州がイギリスに譲歩する必要はもはやない。では、これまでの欧州のイギリスに追随する姿勢は何を意味したのか。この点こそが問われねばならない。それはまた、欧州の統合プロジェクトそのもののあり方を問うことにもなる。

ここで留意すべき点は、欧州のリーダーがこれまで、ギリシャ危機の問題をたんに金融・経済危機の問題としてのみ扱ってきたという点である。したがってかれらは、それを解消する手段がいかなる影響を及ぼすかという問題について真剣に考えてこなかった。しかし、イタリアのボッコーニ大学経済学教授のＦ・ジアヴァッジ（Giavazzi）が説くように、ギリシャ危機の問題は欧州統合の核心に進む問題と捉えなければならない(21)。したがってそれは、当然に財政統合や政治統合の問題を検討することになる。そこには、大国による小国の支配という要素が入り込む余地は絶対にない。その逆に、相互性に基づく平等主義の観点から、加盟諸国の連帯組織が築かれねばならない。ところがドイツは、これまでそうした方向に進むことを拒絶してきた。そして、欧州はそれを支持してきたのである。ギリシャとの協定もその一環であった。もしそうであれば、ギリシャ危機の終結は、連帯に基づく連邦欧州への道を断ったと言わざるをえない。ほんとうにそれでよいのだろうか。ユーロは結局、ドイツがいくら反対しても、財政統合と政治統合を達成することなしに存続できないのではないか。ギリシャ危機はまさしく、そのことをよく我々に示している。

他方で、この欧州の大国主義が、もう一つの重要な問題と結びついている点を指摘しなければならない。それは、欧州内南北問題である。そもそも欧州には、北の南に対する潜在的な差別意識がある。南欧諸国をＰＩＧＳ（ポルトガル、イタリー、ギリシャ、スペインの総称）、あるいはガーリック・ラインと称すことは、明らかな差別のメタファーを示す。そうした表現が、南欧が経済困難に陥ってから生まれたことにも注目すべきである。さらには、ドイツの南部を中心とする保守派の政治家（その代表がショイブレ）が、ギリシャへの金融支援を認めることは、南への譲歩であると考えている点も注意する必要がある。

北部欧州の中心国であるドイツはこれまで、南欧の経済困難国に対して金融支援と引換えに構造改革を強要してきた。それは緊縮政策を軸とするものであった。南欧諸国はその拘束の下で、低成長に追いやられると共に労働コストの低下を余儀なくされた(22)。このことが、ドイツを中核とする北欧の脅迫によって進められる以上、南の北への従属が欧州で構造化されることは疑いない。ギリシャのケースは、間違いなくその証左であった。

(三) 制度設計問題

(イ) ユーロ問題

欧州は現在、数多くの難問に直面している。そこには、そもそも制度設計の面で問題はなかったのか。この点が問われて然るべきであろう。そこでまず、欧州統合をこれまで支えてきた最大の柱としての単一通貨ユーロを取り上げて考えてみよう。

この点についてB・テレ（Théret）が、貨幣の本質的機能の観点から鋭い分析を行っている(23)。以下では、彼の行論を整理しながらこの問題を検討することにしたい。

第一に、ユーロ・プロジェクト自体に大きな矛盾があることを指摘しなければならない(24)。貨幣に対する信頼は、それがたんなる取引手段を果すことからのみではなく、一つの社会的機構を成すことからも生まれる。そのために、貨幣をつくり出す組織は、政治的コミュニティに支えられねばならない。実は、この点についてはあのM・フーコー（Foucault）が、古代ギリシャの貨幣（ドラクマ）を論じる中ですでに指摘していたことは非常に興味深い[25]。彼はそこで、古代ギリシャにおける貨幣は政治的機能と関連し、それは権力と結びつく一方で、社会的調整を果すものであったことを明らかにしている。

ではユーロ・プロジェクトはどうであったかと言うと、それは同時に二つのことを追うものとして現れた。一つは、ユーロをドルに対するオールタナティヴな準備通貨にすることであり、もう一つは、そのことで欧州の政治同盟を強化することである。しかし現実には、この両者の間に大きなタイム・ラグが生じた。後者は、より長期的なものとならざるをえなくなったのである。したがってユーロは当初より、政治的な原則に基づく機能を果すことができない。ここに、ユーロ危機が醸成される根拠を見ることができる。

さらに、ユーロ・プロジェクトにはより基本的な矛盾もある。ユーロが国際準備通貨を目指すのであれば、それは政治的コミュニティの関係から解放される。つまりユーロは、純粋な商業的債務となる。しかし他方で、ユーロが欧州の共通の貨幣となる以上、それは政治同盟の強化による各国の相互依存的活動を必要とする。それは、商業的債務を乗り越えたものとならなければならない。

その点で、貨幣の持つもう一つの重要な側面、すなわち、それが社会的債務を負うという面に注目する必要がある。テレは、一国が民主主義国家を謳うからには、そこでの貨幣は社会的債務の形をとらねばならないと説く[26]。国家は、市民に対して課税支払い義務を課すと同時に、市民を保護するための社会的支出を行わなければならない。この後者が、貨幣の負う社会的債務となる。そこでは市民が、公的債務に対する債権者として現れる。社会的債務は、貨幣に対する信頼の下に民主的な政治的秩序を築くための最適な債務を表す。そうした債務を、一つの統一された政治的コミュニティが負わねばならない。貨幣はこのように、商業的債務と社会的債務という二つの本質的機能を持つ。

ユーロの立案者は、貨幣のそれらの機能を真に理解しているであろうか。欧州が厳しい緊縮政策を課したことを考えると、この点は甚だ疑わしい。そうした政策の下で、経済困難国では社会的保護と賃金が抑制され、人々の生活が困窮したからである。ギリシャのケースはそれを明らかにしている。ユーロ圏にあるギリシャの市民は、もはやユーロが社会的債務を負うものではないことを否というほど経験したに違いない。このことはまた、ユーロに対する信頼の危機を意味する。その信頼は本来、社会的公正のシステムに組み込まれた倫理的信頼を示す。それが失われたのである。この点は、ギリシャにおけるユーロ支持のバロメーターによく現れていた。そこでは、中・上流階級の人々がユーロを支持しているのに対し、最底辺の人々はユーロの必要を全く感じていない。

それでは、ユーロに対する倫理的信頼を生み出すためにはどうすればよいか。それは言うまでもなく、欧州が社会的債務を負うことのできるシステムをつくる以外にない。ユーロ問題についてつねに鋭い分析を行っているD・プリオン（Plihon）が主張するように、欧州はこれまで共通財政政策を拒絶してきた[27]。そのことは、一方で加盟国の財政主権を願うナショナリズムにより、また他方では自由主義的マネタリストと反ケインジアンのイデオロギーにより支持された。欧州建設は実際にそうしたイデオロギーで支配されてきたのである。

プリオンと並んでフランスの著名なユーロ研究者であるM・アグリエッタ（Aglietta）も、欧州では通貨と財政の間の有機的関係が切断されており、そこにユーロの不完全性を見る[28]。つまり、通貨は統一されて共通の金融政策が施されるのに対し、財政は依然として国民的なままである。ここに基本的な矛盾がある。この矛盾を解消するには、やはり筆者がかねてから主張しているように、統一された欧州財政に基づく財政同盟を設立する以外にない※。

ところが、ドイツはこの財政同盟について最も強く反対してきた。かれらは、政治同盟がないからには財政同盟はできないという、いわゆる載冠式理論を振りかざした。しかし、この考えは純粋に論理的に見ても説得的でない。なぜなら、このドイツの考え方は論理としては、財政同盟があれば政治同盟ができるということと同じだからである。欧州は今後、従来の新自由主義的なイデオロギー、並びに新古典派のアプローチをいち早く捨て去り、連帯に基づく相互依存的な共通の財政システムをつくり上げない限りは、ギリシャ危機ひいてはユーロ危機が消えることはない。

(ロ) テクノクラート問題

ところで、ギリシャと欧州債権団との金融支援交渉において、主たるアクターとして前面に登場したのは、先の検討で明らかにしたようにテクノクラートであった。この点はとくに、ユーロ圏の財務相から成るユーログループと呼ばれる組織の中で鮮明に現れた。交渉の最重要な場は、このユーログループであったからである。

ユーログループはそもそも、欧州理事会と欧州委員会の中間的な組織を示すもので、それは公式の存在ではない(29)。リスボン条約の中でユーログループの会合は次のように規定された。「ユーロを通貨とする加盟国の財務相は、非公式にかれらの間で会合を持つ。この会合は必要であれば、単一通貨に関して共有する特別な責任と結びついた問題を議論するために開かれる。」ただし、ユーログループの内部で規則はない。

現在のユーログループ総裁は、オランダの財務相ディーセルブルームである。彼は、二〇一三〜一五年の最初の就任以来再選された。しかし彼は、この仕事に専属している訳ではない。彼の本務はあくまでも財務相であり、この総裁は兼務にすぎない。そこで、むしろユーログループのキー・パーソンは、副総裁のT・ヴィーザー（Wieser）（元オーストリア財務省官僚）であると言われる。実は、この点は公には知られていない。ヴィーザーは、ユーログループのワーキング・グループをブリュッセルに設置し、一九人の財務相をユーログループの会合前に召集する。このワーキング・グループでは、各国の財務相に政治的なテーマしか残さないようにするため、テクニカルな問題が議論される。

一方、欧州委員会も、事前に経済問題の書類を提出することに責任を持った専門官を用意している。かれらは、欧州経済委員長であるモスコヴィシの指導の下にある。そしてモスコヴィシもユーログループの会合を支援する。そこで銘記すべき点は、ユーログループは決定機関ではないという点である。例えばかれらは、ディフォールトしかかった国に対する金融支援に合意できない。また、安定・成長協定を尊重しない国に対する制裁を加えることもできない。それらの決定を下す機関は、あくまでもEUの財務相からなる会議（Ecofin）、あるいは政府のトップの会議である。ところが実際には、そうした決定に際し、ユーログループの意見が証拠となる。ギリシャに対する緊急支援のケースでも、それは事実上のユーログループに相当するESMの会議で決定される。

さらに注意すべきことは、ショイブレがユーログループで特別で最重要な役を演じている点である。

※欧州財政同盟問題について詳しくは前掲拙著『欧州財政統合論』第三〜四章を参照されたい。

事実、彼はそこで意見を集約する際の決定権を握っている。ドイツがユーロ圏第一位の経済大国であるがゆえに、その財務相が最も尊重される。ショイブレはそれゆえ、確信をもってあらゆる術策を施す。欧州の交渉相手は、それを乗り越えることができない。彼はユーログループの独裁者として君臨する。ギリシャとの交渉は、このことを如実に示す。

他方で、ユーログループは民主主義的なコントロールを欠いている。この点も忘れてはならない。ドイツやフィンランドなどの北欧諸国には、システマティックに議題の決定に関する相談が事前になされる。これに対して、フランス、イタリー、並びにスペインなどの南欧諸国にそれは一切ない。これこそまさに、制度上の南北問題を意味する。それが、ユーロ圏の異なる諸国の間で不平等をつくり出すことは疑いない。このように、ユーログループの透明性は乏しい。それは、欧州民主主義の死を表すと言っても過言ではない。そこでは、ショイブレの独裁的指令やヴィーザーの事前的指示がまかり通っている。

だからこそヴァルゥファキスは、ユーログループのあり方を当初より痛烈に批判し続けた。彼は、ユーログループを「不透明な化け物」と形容し、それは欧州民主主義の赤字を一層大きくすると警告した。大胆にも彼は、ユーログループがショイブレによってその生命力を吸い取られているという点で、それを中国になぞらえている。こうしたヴァルゥファキスのユーログループ批判は全く正当であると言わねばならない。

それでは、ユーログループは、今回のギリシャ危機の解消に向けて有効な策を打ち出せたであろうか。答は全く否である。数多くの会合が開かれたにも拘らず、それは時間の浪費であった。もちろん、そこには、ユーログループが政府間主義をとるがゆえに全会一致が困難という事情もある。つまり、ユーログループには、欧州の一般的で共通の利害が十分に反映されていない。結局のところ、それは国民的利害の調整の場であって欧州全体のものとはならない。ユーログループは、欧州の経済政策の方向性について議論できる場であるはずなのに、その運営はテクノクラートによって管理される。その結果、かれらはテクニカルな問題の議論に終始してしまう。フランスの財務相M・サパン（Sapin）が、根本的な討議の欠如を嘆いたのもそのためであった。

（八）「ユンケル・レポート」問題

そうした中で、欧州委員会の作業グループは、ユーロ圏の深化に向けた報告書を作成する。かれらは二〇一五年六月二二日に、ユンケルを長として他の欧州のリーダー（トゥスク、ディーセルブルーム、ドラギ、並びにM・シュルツ（Schulz））の協力によるレポートを公表した(30)。それは「経済・通貨同盟（EMU）の完成」と題され、「ユンケル・レポート」と称された。欧州は二〇一二年にも、やはりギリシャ危機に合わせてEMUの改革案を示した※。そして再びかれらは、危機に対処する姿勢を表した。それは皮肉にも、まさにギリシャとの金融支援交渉が決裂する寸前に公表されたのである。果して、この「ユンケル・レポート」は、ギリシャ危機さらには欧州危機を克服できるものであろうか。

まず、欧州がこのレポートを作成した動機を確認しておこう(31)。それは、ユーロ圏だけでも一千八百万人もの失業者が存在する欧州で、経済政策を改善しなくてはならないという点にある。そのためにはもはや、欧州はルールをベースにした管理だけでは無理であり、経済政策に関する共同の

※二〇一二年の一連の報告書に関して詳しくは、前掲拙著『欧州財政統合論』、第五章を参照されたい。

意思決定を必要とする。このことは最終的に、経済的収斂と財政統合を視野に置く。欧州はこの基本認識の下で、そうしたプロセスを三つのステージに分けて進め、二〇二五年に最終ステージを迎える。ユンケル・レポートは、その進展の内容を経済同盟、金融同盟、財政同盟、並びに政治同盟について各々論じながら欧州の将来設計を提示する。そこで以下では、各々についてその内容を簡単にフォローしながら検討することにしたい。

第一に経済同盟について(32)。まず銘記すべき点は、従来の方針と同じく、競争力重視の姿勢が貫かれている点である。したがって構造改革が重要であるとみなされる。それはとくに賃金の決定で現れる。その中で「マクロ経済不均衡是正手続き (Macroeconomic Imbalance Procedure, MIP)」が示され、それは赤字国のみならず黒字国も是正対象とする。ただし、黒字国の是正のための賃金調整 (引上げ) については何も議論されていない。この点も、これまでの方針と全く変わっていない。要するに欧州は、基本的に賃金の引下げによる競争力の増大という戦略を保つ。今日、そうした構造改革の有効性に疑いが持たれているにも拘らず、欧州はその基本方針を変えようとしない。

他方で欧州は、雇用と社会的パフォーマンスの増大を唱える。かれらは「社会的トリプルA」を獲得することを目指す。それは、失業の減少、並びに社会的不平等や社会的排除の廃絶で達成される。しかし、その具体策については一切論じられていない。そこでまず問題とされるべきは、欧州のそうした「社会モデル」の復権と、先に見た構造改革とりわけ労働市場改革に基づく競争力重視との整合性である。賃金や労働のフレキシビリティを容認しながら社会的パフォーマンスを高められないことは、ギリシャのケースを見れば一目瞭然ではないか。現在のギリシャが、社会的トリプルCとランク付けされることは間違いない。

このように、欧州の将来設計は、経済と社会を連結させるモデルを提示するどころか、逆に競争モデルの下で両者を分断させるに至る。これでは欧州の人々に対して、明るい未来図を描くことは到底できない。このことは、ギリシャの市民が十分に感じているはずである。

第二に金融同盟について[33]。欧州は、金融同盟は経済同盟と相互に補完的であると捉えた上で、その完成のためには共通の預金保険スキームと資本市場同盟を立ち上げる必要があることを謳う。かれらは金融同盟の核に銀行同盟を据え、それを達成するのに預金保証問題を解決しなければならないとする。この認識は全く正しい。預金保証は銀行破綻処理と並んで最重要課題である。ただし、ここで注意すべき点は、それらのいずれも、ファンドづくりをクリアしなければ何にもならないという点であろう。欧州はこの点について、いずれも民間によりファンドされるべきと唱える。すなわち、そうしたファンドは、加盟国のすべての参加する銀行によって支払われる事前的なリスク・ベースの手数料をつうじてつくられる。それは、加盟国の負担によるものでは一切ない。

果して、民間依存のファンディングで以て、それらの問題が解消されるであろうか。甚だ疑問である。そもそも欧州の銀行のリスクは、総じてかなり高いことが明らかにされている。そうした中で、かれらがそのような手数料を払う余裕を持っているであろうか。やはり、そうしたファンディングは、民間レヴェルではなく国民的かつ欧州的レヴェルで行われるべきではないか。それこそ欧州が宣言したように、そこには経済政策の共同の意思決定が必要とされる。

一方、欧州はそうした民間依存のファンディングを重視する姿勢に立ちながら、資本市場同盟の設立を訴える。それは、より多様な原資を保証するためである。これにより、市場からのファンディングが強化される。このことが、ＥＣＢによるファンディングの補充をねらいとしていることは疑いない。では、こうした民間主導のマネー・フローの促進によって、金融・経済危機に陥った国を救えるであろうか。そもそも、そうした国は信頼されていないがゆえに市場から資金を受けることができない。この点は、ギリシャのケースではっきりと知ることができた。そこで信頼をえるためには、危機国は構造改革を進めなければならない、と欧州は説く。その結果は社会の崩壊である。このプロセスは、ギリシャを例として否というほど見た。それにも拘らず、欧州がそうした市場同盟の形成を強調するのは、やはり国民的レヴェルでの資金提供負担を増やしたくないと考えているからに他ならない。同時に欧州は社会的トリプルAを目指すと言いながら、危機国で生じる社会問題を軽視ないしは無視していると言わざるをえない。

第三に財政同盟について(34)。欧州は最初に述べたように、最終的に財政統合を視野に入れる。しかし、今回のレポートはこの点について、二〇一二年の前回の最終レポートと比べて全く前進していないどころか、逆に大きく後退していると言わねばならない。そこでは、財政資金トランスファーの問題が、そのためのファンドづくりも含めて十分に論じられていない。それと対照的に、欧州は加盟国に対して、責任のある財政政策を要求する。それは言うまでもなく、財政ルールの遵守に基づく。とくに財政困難国に対しては監視の必要が強調される。さらに、景気安定化のための諸国間における資金トランスファーにしても、それは永続的であってはならないし、また一方向に導くべきではないとされる。つまり、危機国にのみ資金をトランスファーしてはならない。なぜなら、加盟国は経済同盟への収斂が前提となっているからである。

このように欧州は、財政統合を目指すべきとしながら実際には、そのためのファンドによる基盤をつくる意思を示していない。また、欧州の財政赤字を容認することになるユーロ共同債の発行についいての言及も一切ない。結局は、財政ルールのコンプライアンスとそのための監視が最重要であると言うのであれば、一体何のために財政同盟をわざわざ検討するのか。その理由は全くわからない。ギリシャを筆頭に財政困難国では、この財政ルールこそが批判の対象となっていることを、欧州は理解しているのか、あるいは理解しようとしないのか。疑いは強くなるばかりである。

最後に意思決定機構について(35)。ここでとくに注意すべき点がある。それは、欧州が今回のレポートで初めてユーログループの役割をより重視する姿勢を明示した点である。かれらは、ユーログループが、ユーロ圏の利害を議論する上で中心的な役割を演じるべきと主張する。ただし、ユーログループ自体の組織について欧州は全く言及していない。それが、組織的にかつまた運営的に様々な問題を抱えていることは先に指摘したとおりである。とくに、そのオピニオン・リーダーがドイツの財務相であることは今後に大きな問題を引き起こすに違いない。それは、ギリシャの救済をめぐるユーログループの対応を振り返れば明らかであろう。同時に欧州が、そうしたドイツ主導的な意思決定を公に認めたことは、ドイツと他国との間の溝を深めると共に、欧州の分断というリスクさえ生むであろう。このことが、欧州民主主義の赤字を一層膨らませることは言を俟たない。

以上、我々はユンケル・レポートについて、その内容を紹介しながら検討を重ねた。これにより判明したことは、結局のところ、このレポートにはドイツの意向が最大限に反映されているという点である。ユンケルに協力した欧州のリーダーのほとんどがドイツの息のかかっている人物である点を踏まえれば、これは当然の結果であろう。

この点は、財政同盟をめぐる方針に端的に表されている。ユンケル・レポートが公表された直後のＦＴ紙の社説が論じたように、欧州共通の財政政策に関して説得力は全くない(36)。そこには、ドイツの財政同盟に対する根強い反対の姿勢が色濃く映し出されている。また、マクロ経済不均衡是正について、賃金の引上げによる黒字国の調整が語られないのもドイツを意識しているからに他ならない。さらに、フランスの主張する経済政府あるいはユーロ圏政府の考えを斥けるかのように、ドイツが主導権を握れるユーログループの役割を重視したことは、ドイツ寄りの考えを露骨に示している。要するに、欧州の将来に向けた制度設計は、現行のドイツ主導型支配体制の維持を前提としているのである。

他方で、今回のレポートでもう一つ注意すべき点がある。それは、欧州が依然として市場主義＝新自由主義のイデオロギーを尊重している点である。この点は、構造改革の推進が強く謳われていることにはっきりと現れている。唯一ドイツと対立できるドラギも、この構造改革には根本的に賛同する。彼は、ユーロ圏レヴェルでそうした改革が共同で働くことを信じる(37)。

このように構造改革は、欧州にとって「他に代わるものがない（There is no alternative,TINA）」こととみなされる。ほんとうにそうであろうか。構造改革の失敗は、ギリシャのケースで鮮明に証明されたはずではないか。欧州が、そうした新自由主義に基づく構造改革に執着する限りは、ギリシャを代表とする危機国ひいては欧州の難局を乗り越えることはできない。

三　ギリシャ危機と欧州建設の展望

これまで我々は、ギリシャ危機とその救済という事例を振り返りながら、そこから引き出される諸問題について論じてきた。それらの問題は確かに、ギリシャの人々のみならず、欧州のすべての人に暗い将来を予感させる。では、全く明るい兆しは見えないのかと言えばそうではない。かつてサッチャーが新自由主義の旗頭として登場して以来、欧州の支配層は、先に見たＴＩＮＡ論に沿う形で、そうしたイデオロギー以外にないという信条を掲げた[38]。この信条が、今こそ問われているときはない。我々は、ギリシャの経験を念頭に入れながら、もう一つの欧州を描くことができるのではないか。

（一）「マクロン・ガブリエル共同声明」の意義

まず、欧州の支配層ではない部分から新たな改革を求める動きが示されたことに注目したい。それは、フランスの経済相Ｅ・マクロン（Macron）とドイツの副首相でＳＰＤの党首ガブリエルの共同声明で表された[39]。この声明は、「欧州はもはや待てない。フランスとドイツは先に進まなければならない。ＥＵが生き残るために、ユーロ圏諸国は一層統合して共通の財政能力をつくり出す必要がある」と題され、世界の主要な一八紙に二〇一五年六月三日付けで発表されたものである。これは、迫りくるギリシャのディフォールト危機と、その回避に欧州が難航する事態に直面して、中道左派の政治家が共同でその打開の方向を指示したものであった。それが、先に見たユンケル・レポートに先がけて出されたことに注目すべきであろう。以下ではその内容を概観しながら、この声明の意義を考えることにしたい。

かれらはまず、欧州危機を目の前にして欧州建設の脆弱性を認識する。それは、反欧州勢力の台頭という政治的緊張の中で生まれた。ギリシャとイギリスのケースは、そうした脆弱性を端的に表した。そこでは、欧州における一般的利害と国民的利害の乖離が見られた。これは欧州建設そのものの欠陥を意味する。かれらはこのような視点の下に、具体的な改革の方向を次の三点にわたって提示した。

第一に欧州経済・社会同盟の建設。これは収斂のプロセスの新たなステージを示す。その中には、労働・ビジネス環境の改善や、経済ガヴァナンスの創出だけでなく、社会と課税の収斂（最低賃金と同一の法人税）が含まれる。これによって、加盟国の課税競争と社会的ダンピングが阻止される。

第二に共通の財政能力の創出。現行の欧州の財政フレームワークは、ユーロ圏全体に対する適切な財政を保証しない。そこでは、国民的予算を超えた一層大きな財政能力が求められる。それは、自動的安定の力を改善すると同時に、景気循環に沿った欧州レヴェルでの適切な財政政策を遂行させる。ユーロ圏自身の収入は、金融取引税や同一法人税などの共通税による。ただし、ユーロ圏レヴェルの予算は、国民的レヴェルでの財政原則を犠牲にしてはならない。これは、自滅的な財政緊縮を阻止することになる。

そして第三に民主主義の赤字問題への取組み。ここでは、ユーロ圏レヴェルでの新たな執行権限が必要とされる。それは、欧州議会内で説明責任を持つものとならなければならない。

かれらは、これらの基本的な将来の方向を示しながら、結局欧州がよりよく機能するためには、より強い共同体意識が求められることを訴える。欧州機構の正当性は、市民間のより緊密な結びつきからしか生まれない。そこで欧州内の社会的親愛を強める必要がある。そのことなしに、欧州の一般的利害と国民的利害が合致することはない。このゴールは連帯をつうじてしか達成されない。そしてフランスとドイツは、この道をリードする責任を持つ。かれらはこう結論づける。

このようにして見ると、この共同声明は、それより後に出されたユンケル・レポートと決定的に異なる。第一に銘記すべき点は、そこにドイツの意向が全く現れていない点である。この点は、かれらの提示した三つの方向のいずれにも見ることができる。社会同盟に必要な共通の財政政策と労働条件において、ドイツの主導する構造改革や競争力の視点はない。また共通の財政能力についても、それはドイツが一貫して反対してきたものである。さらに、ガヴァナンス方式においてもドイツの権限が出されることはない。

要するに、マクロンとガブリエルは、欧州がこれまで十分に議論してこなかった、と言うよりはむしろ遠ざけてきた最重要な諸問題、すなわち社会問題、財政問題、並びに民主主義問題について、大胆な提言を行った。これは確かに、ブルー・プリントにすぎないかもしれない。しかしそれでも、ギリシャと欧州の危機が深まる中で、欧州の将来あるべき姿が素描されたことの意義は非常に大きい。しかも留意すべきことは、かれらがそうした方向に進むことを待てない状況に欧州は追い込まれているると認識している点である。この点を共通認識にしない限りは、深刻な危機は何度も訪れることを欧州のリーダーは肝に銘じる必要がある。

（二）「もう一つの通貨」論と財政統合論

ギリシャと債権団の金融支援交渉が難航する中で、Grexit論が飛び交ったことは先に見たとおりである。こうした事態に、実は研究者の間でもユーロ離脱論や反ユーロ論が唱えられた。それは、ギリシャ内外の研究者により発せられた。そこでまず、ギリシャの自発的なユーロ離脱＝ドラクマ復帰論を見ることにしよう。

マセドニア大学でのギリシャ危機をめぐる国際会議を主催したパリ第二大学教授のG・ラファイ（Lafay）は、ユーロがこれまで、経済的にも政治的にも失敗したことを指摘した上で、それは欧州統合主義（européanisme）の害を示すものであったと唱える(40)。それはまた、欧州が遂行してきた超自由主義の誤りを表していた。そこで彼は、ギリシャの復興するための十分条件ではないにしても、少なくとも必要条件となるのは新ドラクマの確立であると主張する(41)。つまり、ギリシャはユーロを国民通貨に置き換える必要がある。この解決の大きな優位性は、通貨の切下げを可能にすることによってギリシャ経済を再び競争的にすることにある。

こうしたユーロ離脱=新国民通貨(ドラクマ)設立の考えは、ギリシャ国内でも一部で強く支持されている。その代表的論者が、マセドニア大学元教授のネグレポンティ-デリヴァニスである。彼女は、ラファイの主催した国際会議を主導した一人であり、やはりドラクマ復帰論を唱える。ギリシャに残された唯一のチャンスはドラクマへの復帰である。彼女はこう主張する。ただし、彼女はラファイと異なり、ドラクマ復帰の優位性を切下げによる競争力の増大には見ない。むしろ彼女は、ドラクマ復帰による十分な流動性供給のおかげでギリシャは急成長を期待できると考える(42)。それは、公共投資と国内消費の刺激のおかげで可能になる。

他方で、ユーロを離脱するのではなく、ユーロと共存する形でもう一つの通貨を発行してはどうかという考えも出されている。フランスの研究者テレは、欧州で財政連邦制の欠如が市民の社会的権利の発展を妨げていると認識した上で、それを補うものとして、ユーロと並行しながら加盟国が独自に通貨を発行し、一つの通貨連邦制を設けることを推奨する(43)。彼は、この各国固有の通貨を財政的通貨と称す。それは、将来の財政収入を先取りするもので国民的領域に限定される。したがって財政的通貨は、リセッションで苦しむ国民経済の活動を保護するものとみなされる。ただし、国家は最終段階で、そうした通貨のユーロとの交換可能性を保証する。こうした、言わば並行通貨としての財政的通貨は、欧州から見れば、集権化されたユーロに対する分権化された通貨を表す。そして、この両通貨は補完的であって競争的ではない。ここで財政的通貨は本質的に人民の通貨であり、それが国内規模で使われるのに対し、ユーロは共通通貨であって、それは欧州規模で用いられる。以上がテレの行論の概要である。

このように、欧州における「もう一つの通貨」論は、ギリシャを例にしても、また欧州全体を対象にしても最近になってよく唱えられている。では、そうした通貨で以て現在の危機を乗り越えられるであろうか。実は、この議論をめぐって論争がある。例えば、フランスの著名な国際金融研究者であるプリオンは、先に見たマセドニア大学での国際会議で、もう一つの通貨に反対する考えを明らかにしている。プリオンは、ユーロ離脱論の主たる議論が、新国民通貨の切下げによって競争力を確立させることに主眼を置いているとみなす。しかし彼は、それは誤った解決方法であることを様々な理由を挙げて説く(44)。まず、大きな対外赤字を抱える国が国民的通貨に復帰すれば、それに対する投機売りアタックが直ちに起こる。この点は、ユーロ圏に属する場合と決定的に異なる。そこで、そうした投機によって国民的通貨の価値が下がると、その国の債務は自動的に膨らんでしまう。また、ギリシャを含めた南欧諸国では、一般に通貨切下げ効果は弱い。そこでは、特化が世界的需要に適応していないか、あるいは生産手段が効率的でないからである。さらに、通貨を切り下げて輸出競争力を改善しても、それは輸入価格を引き上げて輸入インフレを引き起こす。これにより、切下げ－インフレのスパイラルというネガティヴ効果が生まれてしまう。

このような、プリオンのユーロ離脱＝国民的通貨復帰論に対する批判は、経済理論の点からも、また経済構造の点からも正しい。ユーロから国民的通貨に復帰しても、それは結局、競争的切下げと保護主義的報復を引き起こし、欧州諸国の間の対立を深めることになりかねない(45)。これにより、再び緊縮政策が強まることになるのではないか。さらに、通貨切下げに基づく競争論が、一見ユーロから離れて立論しているように見えても、実のところはユーロ圏が主張することと同じではないか。ユーロ支持者が賃金引下げを論拠とするのに対し、ユーロ離脱論者は通貨切下げを論拠とするにすぎないからである。他方で、国民的通貨の自由な発行による流動性供給増大の考えに対しては、今日の量的緩和策と同じ問題が指摘できる。いくら流動性を供給しても、需要が不足していれば、それは何の功も奏さない。

一方、並行通貨としての財政的通貨の議論はどうか。そうした通貨は確かに、社会的債務を補うという点で一定の意義を認めることができる。しかし、ここにもやはり大きな問題が潜む。それは、財政的な国民的通貨とユーロとの交換レートの問題である。もしも大きな赤字を抱える国が並行通貨を大量に発行すれば、その価値はユーロに対して当然に低下する。それゆえ、並行通貨の保有者はユーロと交換する際に大きな損失を被る。そうなれば、並行通貨に対する人々の信頼がなくなることは決まっている。

このようにして見ると、「もう一つの通貨」論には限界があると言わざるをえない。ではどうすればよいか。むしろ考えねばならないことは、現行のユーロの存続を前提とした上で、それが本来の貨幣機能、すなわち商業的債務のみならず社会的債務としての機能を十全に発揮できるための体制づくりについてであろう。

欧州の単一通貨制度が脆弱であり、度重なる危機に見舞われるのはなぜか。それは、欧州が連邦制への動きからますます遠のいているからに他ならない。このことを端的に示すのが、先に指摘したように、社会的ダンピングに基づく財政競争の激化である。そこには、財政政策の同一化が全く見られない。それが、欧州の経済政策のコーディネーションに対して大きなハンディキャップとなっているのである。

この財政の同一化問題について、フランスの経済分析審議会は、先に見たマクロン・ガブリエル共同声明より以前に分析結果を表していた(46)。そこでは、現行の欧州において、単一市場の機能が財政競争すなわち財政の非同一化によって破壊されることを指摘した上で、ユーロ圏に対して財政協力に基づいた財政能力を与える必要のあることが提言される(47)。そのために、欧州は財政同盟を確立しなければならない。この同盟なしに銀行同盟が完成されることはないし、それはまた通貨同盟を補完することになる。そして、この財政同盟を通して経済困難国への資金トランスファーも可能となる。この点こそが、現在のギリシャにおいてまさに必要とされる。

欧州統合研究の第一人者の一人であるアグリエッタは、ユーロ圏の加盟国の協力による財政政策の同一化の道が二〇一二年の段階で開かれたにも拘らず、それはドイツのリーダーシップの下でふさがれ、かれらは現行の財政緊縮の方向に進んだことを指摘する(48)。そこで彼は、欧州は再び財政協力を進展させて真の財政同盟のための機構をつくる必要があると唱える。それは、各国の非対称的ショックに対抗する安定機能と、各国間の資金トランスファーを可能にする分配機能を合わせ持つからである。

先に見た反ユーロ離脱論者のプリオンも、欧州再建の第一ステップが、共通財政という柱を設けることにある点を声高に主張する(49)。現行の欧州の財政フレームワークにおいて、共通財政の重みは実に小さい。それは欧州全体のGDPのたった一%に満たないほどである。その割合は将来、一〇%ぐらいにまで高められねばならない。その目的は、危機によって最も打撃を受けた国に大きな公的トランスファーを行うことであり、また欧州全体で公共投資を推進することである。このようなプリオンの考えは全く正当であり、筆者はそれを強く支持したい。

ところで、欧州はそもそもEMUの発足に向けて、そうした加盟国間の公的な資金トランスファーを謳っていたことを我々は忘れてはならない。それは、一九八九年四月に出されたドロール・レポートではっきりと示されていた(50)。このレポートは、経済同盟が国民的意思の決定に深刻な制約を及ぼすため、緊張時には公的資金トランスファーの行われる必要があることを謳っていた。そこでは欧州の連帯と責任のスピリットがいっしょになって働くとみなされた。すなわち、経済同盟は本来、ユーロ圏の予算や富国から貧国への資金トランスファーという連帯精神と、経済・財政ルールの集団的責任とのバランスの上に成り立つ。ドロール・レポートはこのように唱えた。

こうして見ると、ドイツはこれまで、ルールを守る責任の面しか主張してこなかった、と言ってよい。この点はショイブレの発言に端的に表されている。それゆえかれらは、連帯に基づく共通財政や資金トランスファーの問題を全く無視してきたのである。しかも留意すべきことは、そうしたドイツの姿勢を欧州が一貫して支持した点であろう。欧州が今、変えねばならないのはこの点にこそある。

実際に欧州は、財政同盟に基づく支出プログラムによって、不平等の削減などの社会的保護システムを改善できる。そして、それを支えるのが、欧州レヴェルでの財政的資金トランスファーであると言わねばならない。それは、経済的、社会的、並びに政治的な理由で支持される。この点は、ギリシャの例に即して強調されるべきである。

（三）欧州の再連帯に向けて

（イ）欧州連邦制への道

欧州の社会は、緊縮政策によって鋭く切り裂かれてしまった。ギリシャの社会はそれを代表している。欧州は、そのようにして崩壊した社会を建て直さなければならない。欧州危機の核はまさしく、社会危機にこそある。

ユンケル・レポートでいみじくも謳われたように、今こそ欧州は、真に社会のトリプルAを目指す必要がある。そのためには、従来と異なるもう一つの欧州プロジェクトが用意されねばならない。それは、これまでの欧州で社会的後退をもたらしたモデルを否定することから始まる。このことはまた、人々の尊重に重づく。要するに、求められるプロジェクトは欧州の民主的かつまた経済・社会的な転換のためのプロジェクトを意味する。それは、欧州の新たな社会モデルを目指す。そのために、欧州は財政同盟を軸とした財政連邦制、さらには政治同盟による欧州連邦制を図らねばならない。

実は、そうした動きを促すための絶好の機会を与えてくれたのが、皮肉なことに今回のイギリスのEU離脱（Brexit）であったのではないか。筆者がここで注視するのは、このBrexitに対する欧州の対応の仕方である。

欧州はこれまで、約四〇年間にわたって、言ってみればイギリスの新自由主義的イデオロギーにより条件付けられてきた。サッチャーは三つの基本的原則、すなわち反連邦、反規制、並びに反社会という原則を掲げて欧州のあるべきプロジェクトに反抗した。一方、欧州側もそうしたイデオロギーを受け入れたのである。とくに反連邦の原則は、イギリスの伝統的通念（fワード論という連邦嫌い）に基づいており、サッチャーは、欧州の共通財政の面での協力を拒否した。その意味で、イギリスはすでに欧州の理念から離脱していたと言わねばならない。それにも拘らず、EUはこれまで、金融の自由化を推進し、社会的ダンピングの促進の下に財政連邦制を否定し、そしてトリックル・ダウン効果を信奉して人々の間の格差を拡げてきた。かれらはまさに、サッチャリズムに毒されたのである。そうであれば、EUは今こそ、サッチャーの否定した連邦、規制、並びに社会を復権させねばならない。それは、EUのイギリス離脱を意味すると言ってよい。

フランスのレ・クスプレス誌は、Brexitの直後に特集を組む中で、Brexitが欧州再建の転機になることを謳っている[51]。真の欧州は、各国の予算を融合して財政を同一にしなければならない。それによって欧州は社会システムを調整し、経済的な力を与えることができる。つまり欧州は、共通の価値を尊重しながら同一の政策を遂行する必要がある。それはまた、あのV・ユーゴ（Hugo）が一八四九年に描いた欧州連邦を目指すことになる。

筆者も、この見解に全く賛同する。ただし、ここで一つだけ注意しておくべき点がある。それは、EUのイギリス離脱と言っても、その離脱は、イギリス政府の生み出すイデオロギーから離れることであって、イギリス市民から離れることではないという点である。考えてみると、今回のイギリスのレファレンダムは、根本のところでギリシャのそれに相つうじていた。そこには、一般市民の反緊縮の意思が、政府に対する反逆となって現れていたからである。実際にイギリスの保守党政権が二〇一〇年以降に市民に課した緊縮政策は、ギリシャにおけるそれと並んで欧州で最も厳しいものであった。オズボーン財務相は、緊縮のチャンピオンと揶揄された。その点で、イギリス市民の「ノー」は反緊縮をも示しており、ギリシャ市民の「ノー」と同じ意思を表していたのである。そうだとすれば、イギリス市民とギリシャ市民は、いっしょになって反緊縮の運動を展開できるのではないか。そこで欧州は、そうした一般市民の気持を汲みながら、かれらの利害に沿う形で真に公正な社会づくりを目指さなければならない。

(二) 欧州の連帯の再建

このような観点に立ったとき、欧州で現在最も必要とされるのはやはり連帯の精神であろう。事実、欧州理事会におけるEUの将来に関する検討グループのレポートは、二〇三〇年をめどにした欧州プロジェクトの核に連帯を据えると謳っている。しかし、フランスのトゥール大学教授のA・ベランダン（Berramdane）が連帯の性質を詳しく分析した中で指摘したように、そもそも連帯こそが欧州建設のベースとなっていたはずである[52]。EEC条約の前文に、「欧州をつなぎ止めるのは連帯」と明記されている。そしてこの点は、マーストリヒト条約においても、またリスボン条約においても一層強調された。以下ではベランダンの整理によりながら、欧州における連帯の精神を確認しておきたい。まず、連帯は原則として位置付けられる。それは、EUを構成する社会の質と共に、EUの異なるアクター間の関係をも規定する。そこには、財政的連帯も非明示的ではあるが、一つの要素とみなされていた。EUは、経済的かつ社会的な連帯的政策の促進を目的としていたのである。この点を絶対に忘れてはならない。しかもそのことは、加盟国の規模の大小や特殊な経済状況を考慮しながら進められる。これによって連帯が深まることは言うまでもない。さらに銘記すべき点は、連帯が利害調整を可能にする相互性や、欧州の根本的権利としての社会的権利と結びつくという点である。だからこそ、欧州議会の元議長J・ブゼック（Buzek）が二〇一一年八月三〇日に、「連帯のない欧州は存在しない」と宣言したのである。

このようにして見ると、欧州はこれまで、この連帯の原則に真に基づきながらギリシャ危機に対応してきたであろうか。この点こそが問われるに違いない。もし欧州が、そうした原則を蔑ろにすれば、欧州と一般市民との間の溝が深まるのは決まっている。現にギリシャとイギリスでそうした事態が生じた。ここで欧州は、今一度連帯の精神の下で一般市民の欧州に対する思いを高めなければならない。

（八）労働・社会運動の復権

以上のような連帯に基づく新たな欧州建設はまた、欧州における民主主義の復権を誓うことになる。その際に欧州の労働者と一般市民が最大の動力となる必要がある。

欧州機関はこれまで、労働者や一般市民の介入する権利を十分に認めてこなかった。かれらの権利と権限を増すことが、欧州の民主化の進展にとって最も重要になる。労働者の側が様々な権限を要求できることは、経済・社会的民主主義を確立する上の第一歩になる。それには、解雇の制限や雇用の停止の拒否などに関する規定が含まれる。あるいは職業教育の発展も考えられる。これらによって欧州は、失業や労働者の社会的排除を抑制できる。一方、欧州の中で男女の平等が謳われているにも拘らず、雇用や賃金の面で依然として性差別が存在する。この点は欧州が全世界に先がけて是正しなければならない。他方で一般市民の側は、社会的保護や医療に対する権利を獲得する必要がある。欧州は今まで、これらの市民の権利を緊縮の名の下に奪ってきた。この点でもギリシャは、その典型的なケースであった。

このようにして見ると、欧州は結局のところ、競争力の原則を神聖不可侵の如くにみなすことで、労働者と一般市民の権利を軽視ないし無視してきたのではないか。そうした原則の下で、労働コストの低下や社会的保護の喪失が容認されたのである。では、その際の競争力とは何か。この点が欧州で真剣に問われたかと言えばそうではない。

資本主義に対抗するべきものとして協同組合主義を唱えるB・ボリッツ（Borrits）が説くように、製品の競争力は本来、魅力的な質と関係する[53]。最良の質を持った製品が高価格で売れるのは当然であろう。それゆえ、一律的な賃金の低下は、そうした競争力の基本的性質を無視するものであると共に、労働者にとっては絶望的な解決でしかない。欧州のリーダーは、この競争力原則を再考しない限り、社会のトリプルAを達成することは到底できない。

今日、欧州の人々の間で、資本主義に反対する姿勢が示されつつある。資本家の圧倒的勝利の下で生じる巨大な所得格差と著しい社会的後退を目の前にして、一般市民は資本主義に対する失望感を強めているのである。事実、フランスのレ・ゼコー（Les Échos）紙が二〇〇九年三月に行った世論調査によれば、フランス人の六九％が資本主義にネガティヴな姿勢を表していた[54]。そうした中で、人々を困窮から救い社会的進展を図るために、欧州では最近、ボリッツの議論で示されたように協同組合主義を唱える論者が増えている。ポスト成長の経済を検討するジャーナリストのA・シナイ（Sinaï）もその一人である。彼の編著の中で、協同組合主義はヒエラルキーのシェーマに代わるものであることが謳われる[55]。そこでは個人が、大きな決定や戦略的方向を共有する。要するに協同組合主義は、共同参加する集団に基づくもので、民主主義的権威を保つことができる。それはまた、連帯の社会的ネットワークをつくることで促進される。それによって連帯と直接民主主義が結びつく。そしてこの動きをつくり出すのが、現代の社会運動の鍵となる市民運動に他ならない。実は、この点はギリシャではっきりと現れたのである。

四　おわりに

悲劇のどん底にあるギリシャにおいても、一筋の光が指していることを我々はまず認める必要がある。それは、ギリシャにおける若者世代の新たな運動として現れている。欧州の政治学者や社会学者は、かれらを「ノー・ジェネレーション」と名づける(56)。というのも先に見たように、かれらの圧倒的割合がギリシャのレファレンダムで「ノー」に投票し、反緊縮のために怒りと抗議の意志を表したからである。実際にアテネに集まった若者は、ギリシャと欧州のエリートに対して激しく対決する姿勢を露にした。それはまた、欧州が若者に課した致死に至るワナへの反逆であり、継続する覚書の拒否を意味した。

しかも留意すべきことは、そうした虐げられた若者達が、極右派ではなくむしろ急進左派（シリザ）の支持に回ったという点である。そこには、極右派（とくに黄金の夜明け）による若者の反ファシスト運動に対する度重なる暴力行為（殺人を含めた）への反発がもちろん見られた。しかし、そればかりではない。かれらは、欧州人としての連帯的な集団意識を強く持っている。それゆえ、反欧州をスローガンとする極右派の支持は考えられなかった。これらの観点から、若者の大量の「ノー」票が正当に評価されねばならない。この「ノー」の動きは、パリ大学政治学教授のV・ゲオルギアドゥ（Georgiadou）が指摘するように、ギリシャの若者のラディカル化のプロセスとして理解されねばならない。同時にかれらが、反緊縮という欧州内改革を唱えたことも重視されねばならない。こうした動きは必ずや、今後のギリシャ社会を新たな民主主義的ヴェクトルに向かわせる契機になる。それは他方で、エリート対一般大衆という欧州のアンビヴァレンスを解消する動力にもなる。そしてこのことは、様々な社会運動を展開する中で発揮される。

ギリシャの歴史を振り返って見ると、それは弾圧とそれに対する抵抗の歴史であった。今日の若者を中心とする大衆の反乱も、ギリシャひいては欧州の民主主義を復権するための抵抗運動として捉えることができる[57]。かれらは勇気を持って民衆の運動を盛んに進めたのである。

パリ第八大学で行われた国際シンポジウムの参加者の一人であるC・ドゥジナス（Douzinas）は、現代を抵抗の時代とみなす。この点は今日、ギリシャの人々によって鮮明に表されている。そこでは、人々の抵抗による願いが、緊縮という触媒を通して膨らんだのである[58]。唯一、新自由主義的な緊縮と闘う市民・社会運動が、ギリシャの失業者、貧困者、並びに移民を守ることができる。そうだとすれば、欧州の将来は、この抵抗するギリシャの経験からいかにレッスンを受けるかにかかっている。こう言っても過言ではない。そもそも欧州建設の運動がナチスに対する汎欧州的レジスタンスから出発していた点を思い起こせば、そうしたギリシャの反緊縮に基づく抵抗運動がオールタナティヴな欧州をつくり出す機会を与えるのではないか。筆者はそう願って止まない。

【注】

（1）Santi, M., *Misère et opulence—Chroniques d'austérité globalisée—*, L'Harmattan, 2014, pp.121-122.

（2）Boccara, F., Dimicoli, Y., & Durand, D., *Une autre Europe contre l'austérité—Pour le progrès social, une autre coopera-tion et un autre euro*, Le temps des cerises, 2014, p.12.

（3）Santi, M., *op.cit.*, p.179.

（4）Woman's Own, "Aids, education and the year 2000 !", October, 1987, pp.8-10.

(5) The Wall Street Journal, " The euro crisis. Q&A: ECB president Mario Draghi ", 23, February, 2012.

(6) Defossez, A., *Le dumping social dans l'union européenne*, Larcier, 2014.

(7) *ibid.*, pp.15-29.

(8) *ibid.*, pp.31-36.

(9) Münchau, W., " The make believe world of Eurozone rules ", *FT*, 27, July, 2015.

(10) Vasgar, J., Spiegel, P., & Chassany, A-S., " Schäuble in push to limit power of Brussels ", *FT*, 31, July, 2015.

(11) Mazower, M., " Berlin's outdated devotion to rules harms Europe's union", *FT*, 3, August, 2015.

(12) Spiegel, P., & Wagstyl, S., " Brussels plans bank deposit gurantee and ignores Berlin concerns ", *FT*, 25, November, 2015, FT, Editorial, " A strong Eurozone needs a full banking union", *FT*, 28, December, 2015.

(13) Münchau, W., " Defending German model threatens European stability ", *FT*, 18, April, 2016.

(14) Wolf, M., " Germany is the eurozone's biggest problem ", *FT*, 11, May, 2016.

(15) Negreponti-Delivanis, M., " La Grèce toujours dans l'impasse. Peut-elle en sortir ? ", in Lafay, G., dir., *Grèce et euro: quel avenir* ? L'Harmattan, 2015, p. 97.

(16) Heisourg, F., "The end of an affair for France and Germany", *FT*, 16, July, 2015.

(17) Chassany, A-S., "Hollande hails Tsipras and touts greater integration with common Eurozone budget", *FT*, 15, July, 2015.

(18) Entretien—D.Tusk, "80milliards d'aides, il n'y a rien d'humiliant pour la Grèce", *Le Monde*, 25, juillet, 2015.

(19) Thornhill, J., "European federalism is not dead yet", *FT*, 4, August, 2015.

(20) Münchau, W.,"Concessions to Britain will create a two-tier Europe", *FT*, 22, February, 2016.

(21) Giavazzi, F., " Greeks chose poverty—let them have their way", *FT*, 10, June, 2015.

(22) Boccara, F.,Dimicoli,Y.,& Durand,D., *op.cit.*, p.115.

(23) Théret, B., " Pour un fédéralisme monétaire européen—De la monnaie unique à une monnaie commune et des monnaies subsidiaire nationales" , in Badiou, A., Balibar, É., Caygill, H., et al., *Le symptôma Grec*, Éditions Lignes,

2014.

(24) *ibid.*, pp.49-50.

(25) Foucault, M., *Leçon sur la volonté de savoir*, Seuil/Gallimard, 2011, pp. 132-133.

(26) Théret, B., *op.cit.*, pp.52-53.

(27) Plihon, D.,"L'avenir de l'euro", in Lafag, G., dir., *op.cit.*, pp.28-29.

(28) Aglietta, M., " Dette publique monétaire dans la zone euro", in CEPII., *L'économie mondiale 2015*, La Découverte, 2014, p.35.

(29) Ducourtieux, C., "Eurogroupe,pouquoi tant de haine ?", *Le Monde*, 12, septembre, 2015.

(30) European Commission, *Completing Europe's Economic and Monetary Union*, Raport by J-C. Juncker, in close cooperation with D. Tusk, J. Dijsselbloem, M. Draghi, & M. Schulz, European Comission, 2015.

(31) *ibid.*, p.4.

(32) *ibid.*, pp.7-9.

(33) *ibid.*, pp.11-12.

(34) *ibid.*, pp.14-15.

(35) *ibid.*, pp.17-18.

(36) FT, Editorial, " Making a true union of an embattled eurozone", *FT*, 30, June, 2015.

(37) Sandbu, M., "The case against 'cash for reform'", *FT*, 19, August, 2015.

(38) Sinaï, A.,"Introduction—Renouveler l'imaginaire économique", in Sinaï, A., dir., Économie de l'après-croissance, Presses de Sciences Po., 2015, p.7.

(39) Macron, E., & Gabriel, S.,"Europe cannot wait any longer : France and Germany must drive ahead—For the EU to survive, eurozone countries need to integrate further and creat a joint treasury — ", *The Guardian*, 3, June, 2015.

(40) Lafay, G., "Quell solution pour la Grèce?", in Lafay, G., dir., *op.cit.*, pp.78-79.

(41) *ibid.*, pp.86-88.
(42) Negreponti-Delivanis, M., "La Grèce toujours dans l'impasse. Peut-elle en sortir?" ,in Lafay, G., dir., *op.cit.*, p.98.
(43) Théret, B., *op.cit.*, pp.54-55.
(44) Plihon, D., *op.cit.*, pp.32-35.
(45) Boccara, F., et al., *op.cit.*, p.83.
(46) Bénassy-Quéré, A., Trannoy, A., & Wolf, G.,"Renforcer l'harmonisation fiscale en Europe", in Conseil d'analyse économique, *Les notes du conseil d'analyse économique*, La documentation Française, no.14, juiellet, 2014.
(47) *ibid.*, pp.11-12.
(48) Aglietta, M., *op.cit.*, p.37.
(49) Plihon, D., *op.cit.*, pp.38-39.
(50) Stephens, P.,"Delors had the answer to the Greek question", *FT*, 17, July, 2015.
(51) Barbier, C., "Refaire l'Europe", *L'Express*, numéro 3391, 29, juin, 2016.
(52) Berramdane, A., "La nature de la solidarité dans le droit de l'union européenne", in Berramdane, A., Cremer, W., Puttler, A., & Rossetto, J., *Union européenne—crises et perspectives—*, Éditions mare&martin, 2014, pp.41-49.
(53) Borrits, B., *Cooperatives contre capitalisme*, Syllepse, 2015, pp. 154-155.
(54) Borrits, *op.cit.*, p.179.
(55) Canabate, A., "Décroissance et récession en Europe",in Sinaï, A., dir., *op.cit.*, 2015, pp.57-58.
(56) Cojean, A., "Notre non entrera dans l'histoir",*Le Monde*, 13, juillet, 2015.
(57) Badiou, A., "L'impuissance contemporaine",in Badiou, A., et al., *op.cit.*, pp.209-211.
(58) Douzinas, C.,"La résistance, la philosophie et la gauche", in Badiou, A., et al., *op. cit.*, pp. 122-125.

あとがき

ギリシャの危機的状況は今日、全く解消されていない。それどころか、ギリシャ社会の混迷はますます深まるばかりである。そうした中でツィプラスは、南欧の他の債務国に呼びかけながら南欧サミットを開く動きを新たに示した(1)。それは、かれらの債務の軽減をねらいとした。同時にそのことは、かれらが債務の結果被った社会的赤字をなくすと共に、南北間のひいては欧州内の分裂を回避することを意味した。しかし他方で、ツィプラスは反緊縮の立場を保つものの、彼自身はリアリストであって新自由主義を容認する。こうした姿勢で、緊縮に代わるべき真にオールタナティヴな政策を打ち出せるであろうか。甚だ疑問である。

一方、ギリシャの市民は、超緊縮の政策によって生活の困窮を一層強いられている。年金のさらなる削減によって最も被害を受けた高齢の低額年金受給者が大規模なデモをアテネで繰り広げたのは、その証左である。さらに、緊縮策の下でギリシャの銀行の再資本化が強く求められたことにより、かれらの不良債権処理が、一般市民の所有するローン未返済の不動産を強制的に処分させている(2)。これこそまさに、あのサブ・プライム危機で顕現した略奪的ローンを彷彿させるものである。

では、このようなギリシャを代表とする南欧債務国の窮状を、欧州はいかに打破すべきか。今ほど、かれらの債務削減を含めた大胆な提言が待たれるときはない。とりわけドイツの姿勢の大転換が真に求められる。そのことはまた、欧州で連帯を原則として確認させると同時に、欧州発の新たな民主主義モデルを出現させるに違いない。それを切に願うのは私だけではないであろう。

ところで、本書の企画は、明石書店の編集者である小林洋幸氏との話し合いの下に立ち上げられたものである。氏の的確な助言がなければ、本書をこれほど早くまとめることは到底できなかった。しかし、氏は誠に残念ながら、本書の完成を待たずに逝去された。ここに、氏への深謝と哀悼の念を表したい。また、この企画を快諾していただき、つねに温かく励ましていただいた同書店の大江道雅社長に心よりお礼申し上げたい。そして最終的に編集の労をとっていただいた同書店の神野斉編集部長に深謝申し上げたい。

最後に、私事になって恐縮だが、本書を亡き義父、M・ヴーズロー氏に捧げたい。氏はエコール・ノルマールでフーコーと共に学び、ギリシャ哲学をこよなく愛したすばらしい知識人であった。ここに、氏のギリシャに対する思いを振り返りながら、氏への感謝と哀悼の意を表したい。

【注】

（1）Le Monde, “L'Europe est menacée de décomposition”, 9, septembre, 2016.

（2）Guillot, A., “En Grèce, le poison des saisies immobilières”, *Le Monde*, 12, octobre, 2016.

参考文献

Badiou, A., et al., *Le symptôma grec*, Éditions Lignes, 2014.

Baslé, J-L., *L'euro survivra-t-il* ?, Bernard Giovanangeli Éditeur, 2016.

Berramdane, A., Cremer, W., Puttler, A., Rossetto, J., *Union européenne*, Éditions mare &martin, 2014.

Bitzenis, A., Karagiannis, N., & Marangos, J., eds., *Europe in crisis*, Palgrave Macmillan, 2015

Boccara, F., Dmicoli, Y., & Durand, D., *Une autre Europe contre l'austérité*, Les temps des cerises, 2014.

Borrits, B., *Coopératives contre capitalisme*, Éditions Syllepse, 2015.

Boulineau, E., & Bonerandi-Richard, E., dir., *La pauvreté en Europe*, Presses universitaires de Rennes, 2014.

Burgi, N., dir., *La grande régression*, Le bord de l'eau, 2014.

CEP II, *L'économie mondiale 2015*, Éditions La Découverte, 2014.

CEP II, *L'économie mondiale 2016*, Éditions La Découverte, 2015.

Caldwell, D., ed., *Greece*, Nova publishers, 2016.

Christodoulakis, N., *Greek endgame*, Rowman & Littlefield, 2015.

Clarke, J., Huliaras, A., & Sotiropoulos, D.A., *Austerity and the third sector in Greece*, Ashgate, 2015.

Conseil d'analyse économique, *Les notes du conseil d'analyse économique*, La documentation Française, 2015.

Defossez, A., *Le dumping social dans l'union européenne*, Larcier, 2014.

Di Salvo, F., *La Grèce à l'heure du décrochge européen*, L'Harmattan, 2012.

Économistes européens pour une politique économique alternative en Europe, *Euro Mémorandum 2015*, éditions du croquant, 2015.

Flassbeck, H., & Lapavitsas, C., *Against the troika*, Verso,2015.

Foucault, M., *Leçons sur la volonté de savoir*, Seuil/Gallimard, 2011.

Galbraith, J.K., *Welcome to the poisoned chalice*, Yale university press, 2016.

Karyotis, G., & Gerodimos, R., eds., *The politics of extreme austerity*, Palgrave Macmillan, 2015.

Lacoste, O., *Les crises financières*, Eyrolles, 2015.

Lafay, G., dir., *Grèce et euro : quel avenir* ?, L'Harmattan, 2015.

Landais, C., Piketty, T., & Saez, E., *Pour une révolution fiscale*, Seuil, 2011.

Laskos, C., & Tsakalotos, E., *Crucible of resistanse*, Pluto press, 2013.

Lordon, F., *La malfaçon*, Les liens qui libérent, 2014.

Lordon, F., *On achève bien les grecs*, Les liens qui libèrent, 2015.

Manolopoulos, J., *Greece's 'odius' debt*, Anthem press, 2011.

Mavroudeas, S., ed., *Greek capitalism in crisis*, Routledge, 2015.

Nasioulas, I., *Greek social economy revisited*, Peter Lang, 2012.

OFCE, *L'économie européenne 2016*, La Découverte, 2016.

Pelagidis, T., & Mitsopoulos, M., *Who's to blame for Greece*?, Palgrave Macmillan, 2016.

Petkovic, S., & Williamson, H., *Youth policy in Greece*, Council of Europe, 2015.

Rancière, J., *Aux bords du politique*, Gallimard, 2012.

Santi, M., *Misère et opulence*, L'Harmattan, 2014.

Sinaï, A., *Économie de l'après – croissance*, Presses de Sciences Po., 2015.

Skilias, P., & Tzifakis, N., eds., *Greece's horizons*, Springer, 2013.

Trantidis, A., *Clientelism and economic policy*, Routledge, 2016.

Triandafyllidou, A., Gropas, R., & Hara, K., *The greek crisis and European modernity*, Palgrave Macmillan, 2013.

Varoufakis, Y., *And the weak suffer what they must* ?, Nation books, 2016.

め

も

ゆ

よ

ら

り

る

れ

ろ

ち

つ

て

と

な

に

ね

の

は

す

せ

そ

た

さ

し

事項索引

あ

い

う

え

お

か

索引

人名索引

アグリエッタ, M（Aglietta, M.） 313
アラヴァノス, A（Alavanos, A.） 107
イグレシアス, P（Iglesias, P.） 159
ヴァルゥファキス, Y（Varoufakis, Y.） 50, 99, 140, 173, 187
ヴィーザー, T（Wieser, T.） 315
ヴゥツィス, N（Voutsis, N.） 190
ウォルフ, M（Wolf, M.） 156, 201
オズボーン, G（Osborne, G.） 173, 332
オランド, F（Hollande, F.） 162
ガブリエル, S（Gabriel, S.） 151, 211, 323
カメノス, P（Kammenos, P.） 138, 241, 264
キャメロン, D（Cameron, D.） 309
クーレ, B（Couré, B.） 205
グリロ, B（Grillo, B.） 250
グレゾス, M（Glezos, M.） 185
ゲンニマータ, F（Gennimata, F.） 273
サッチャー, M（Thatcher, M.） 55, 67, 81, 300, 331
サパン, M（Sapin, M.） 175, 317
サマラス, A（Samaras, A.） 92, 115, 241
サルコジ, N（Sarkozy, N.） 91
ジスカール・デ・スタン, V（Giscard d'Estaing, V.） 252
シュルツ, M（Schulz, M.） 317
ショイブレ, W（Schäuble, W.） 149, 175, 179, 188, 213, 258, 303, 307, 315
スタタキス, G（Stathakis, G.） 128, 131
ストゥブ, A（Stubb, A.） 154, 161
ソロス, G（Soros, G.） 207
ツァカロトス, E（Tsakalotos, E.） 188, 258, 277
ツィプラス, A（Tsipras, A.） 16, 104, 105, 114, 134, 138, 146, 206, 220, 233, 243, 257, 260, 272
ディーセルブルーム, J（Dijsselbloem, J.） 154, 162, 187, 279, 315
テレ, B（Théret, B.） 311
トゥスク, D（Tusk, D.） 213, 307
トムセン, P（Thomsen, P.） 195, 278
ドラガサキス, Y（Dragasakis, Y.） 188
ドラギ, M（Draghi） 213, 290
ドロール, J（Delors, J.） 253
ネグレポンティ-デリヴァニス, M（Negreponti-Delivanis, M.） 52, 232, 326
パパス, N（Papas, N.） 140, 246
パパデモス, L（Papademos, L.） 92
パパンドレウ, A（Papandreou, A.） 136, 147
パパンドレウ, G（Papandreou, G.） 91, 139, 233
バルタス, A（Baltas, A.） 190
ピケティ, T（Piketty, T.） 256
ファン・オフェルトフェルト, J（Van Overtveldt, J） 200
フィリポ, F（Philippot, F.） 161
フーコー, M（Foucault, M.） 312
プリオン, D（Plihon, D.） 313, 327, 329
ブルギ, N（Burgi, N.） 13, 68
マクロン, E（Macron, E.） 323
マゾワ, M（Mazower, M.） 17, 304
ミシャロリアコス, N（Michaloliakos, N.） 95, 137
ミュンショー, W（Münchau, W.） 126, 222
メイマラキス, E（Meïmarakis, E.） 272, 274
メタクサス, I（Metaxas, I.） 244
メランション, J-L（Mélenchon, J-L.） 107
メルケル, A（Merkel, A.） 91, 149, 180, 194, 208, 212, 271, 285
モスコヴィシ, M（Moscovici, M.） 163, 187, 315
モネデーロ, J. C（Monedero, J.C.） 249
ユーゴ, V（Hugo, V.） 332
ユンケル, J-C（Juncker, J-C.） 211, 221, 290
ラガルド, C（Lagarde, C.） 163, 270
ラファイ, G（Lafay, G.） 325
ラファザニス, P（Lafazanis, P.） 164, 190, 197, 221, 258, 263, 273
ラフォイ, M（Rajoy, M.） 69, 159
ラフマン, G（Rachman, G.） 165, 225
ランシエール, J（Rancière, J.） 11
ルッケ, B（Lucke, B.） 150

【著者略歴】

尾上　修悟（おのえ　しゅうご）

1949年生まれ。現在、西南学院大学経済学部教授。京都大学博士（経済学）。2000年と2004年にパリ・シアンス・ポリティークにて客員研究員。
主な著書は『イギリス資本輸出と帝国経済』（ミネルヴァ書房、1996年）、『フランスとＥＵの金融ガヴァナンス』（ミネルヴァ書房、2012年）、『欧州財政統合論』（ミネルヴァ書房、2014年）、『Ａ．アルティ著、「連帯金融」の世界』（訳書、ミネルヴァ書房、2016年）、『国際金融論』（編著、ミネルヴァ書房、1993年）、『新版 国際金融論』（編著、ミネルヴァ書房、2003年）、『新版 世界経済』（共編著、ミネルヴァ書房、1998年）、『イギリス帝国経済の構造』（共著、新評論、1986年）、『国際経済論』（共著、ミネルヴァ書房、1987年）、『国際労働力移動』（共著、東京大学出版会、1987年）、『世界経済』（共著、ミネルヴァ書房、1989年）、『新国際金融論』（共著、有斐閣、1993年）、『世界経済論』（共著、ミネルヴァ書房、1995年）、『世界経済史』（共著、ミネルヴァ書房、1997年）など。

ギリシャ危機と揺らぐ欧州民主主義
緊縮政策がもたらすEUの亀裂

2017年3月10日　初版第1刷発行

著　者　尾　上　修　悟
発行者　石　井　昭　男
発行所　株式会社明石書店

〒101-0021　東京都千代田区外神田6-9-5
電　話　03（5818）1171
ＦＡＸ　03（5818）1174
振　替　00100-7-24505
http://www.akashi.co.jp
装丁　清水肇（プリグラフィックス）
印刷／製本　モリモト印刷株式会社

（定価はカバーに表示してあります）　ISBN978-4-7503-4483-6